新时代教育改革丛书

# 新时代教与学策略

丛书主编 李 方

本书主编 时俊卿 沈兴文 姜晓波

XINSHIDAI JIAO YU XUE CELÜE



语文出版社
·北京·

图书在版编目（CIP）数据

新时代教与学策略 / 时俊卿，沈兴文，姜晓波主编
. -- 北京 : 语文出版社，2020.8（2021.9重印）
（新时代教育改革丛书）
ISBN 978-7-5187-1065-2

Ⅰ. ①新… Ⅱ. ①时… ②沈… ③姜… Ⅲ. ①课堂教学－教学研究－中小学－文集 Ⅳ. ①G632.421-53

中国版本图书馆CIP数据核字（2020）第104936号

---

**责任编辑** 井禹潮
**装帧设计** 徐晓森
**出　　版** 语文出版社
**地　　址** 北京市东城区朝阳门内南小街51号 100010
**电子信箱** ywcbsywp@163.com
**排　　版** 北京大有艺彩图文设计有限公司
**印刷装订** 山东临沂新华印刷物流集团有限责任公司
**发　　行** 语文出版社 新华书店经销
**规　　格** 787mm×1092mm
**开　　本** 1/16
**印　　张** 24.25
**字　　数** 282千字
**版　　次** 2020年8月第1版
**印　　次** 2021年9月第2次印刷
**定　　价** 65.00元

---

010-65253954（咨询） 010-65251033（购书） 010-65250075（印装质量）

# 丛书编写委员会

# 目　录

# 导 言

习近平总书记在2018年全国教育大会上强调，在党的坚强领导下，全面贯彻党的教育方针，坚持马克思主义指导地位，坚持中国特色社会主义教育发展道路，坚持社会主义办学方向，立足基本国情，遵循教育规律，坚持改革创新，以凝聚人心、完善人格、开发人力、培育人才、造福人民为工作目标，培养德智体美劳全面发展的社会主义建设者和接班人，加快推进教育现代化、建设教育强国、办好人民满意的教育。

北京市教育委员会基础教育课程改革研究专项“教与学策略”项目组，围绕解决基础教育教学过程中的实际问题，提出了一些思路、方法和措施。自2008年以来，项目组在北京市东城、西城、朝阳、海淀、门头沟等区县开展了大量实证研究，并在此基础上总结出新时代教与学策略，主要涉及积极的动力、合理的结构与内容、个性的方法、适宜的方式、有效的评价与管理等方面。

本书以新时代教与学策略为内容主线，以反映当前教学环境下普遍可行的、有利于促进学习成效的通用策略为落脚点。书中提及的新时代教与学策略符合教学过程（由课堂观察判断得来）与学生成就（主要由标准化学业成就水平测试结果得来）呈直接正向线性关系的标准。其中，有些策略以教学设计理论为基础，有些策略涉及最新的教育教学理念，还有些策略依据各学科的学习标准而定。

本书中提及的新时代教与学策略体现了课程与教学优化的基本

假设。第一，学校在进行课程建设时应结合学生的特点，课程中应包含学生不同的学习方式和教师相应的教学方式。在不同的教学条件和情境下，教师应选择最合适的教学方法，而不能一成不变。任何一种教学方法（如直接讲授法、交际学习法等）都不能成为所有教学情境下的唯一选择。最有效的教学应兼顾教师的教学活动与学生的学习活动，将二者融为一体。第二，随着学生年龄的增长和身心发育，其学习需求和学习动机也会有相应调整。因此，无论哪个科目或哪个学习领域，在进行设计和规划时都应结合学生的学习需求，而教学方法和学习活动之间的互动关系也应随着学生年级的不同、教学内容的变化做出相应的调整。第三，对于难度较高的学习内容或技能型知识，学习进度应该根据课程的发展循序渐进。课程的内容和活动应该难易适当，如果太难，会使学生丧失学习兴趣；如果太简单，又无法刺激学生进行持续性的学习和探究。也就是说，由最近发展区理论来看，教学内容与教学活动应该适应学生现有的水平和可能发展的水平。教师要通过恰当的引导，帮助学生掌握规定的知识和技能。

## 一、新时代教与学策略的研究背景

《基础教育课程改革纲要（试行）》中指出："改变课程过于注重知识传授的倾向，强调形成积极主动的学习态度，使获得基础知识与基本技能的过程同时成为学会学习和形成正确价值观的过程。"从前，教师更多地关注学生"会不会"，忽略了学生是"如何会的"，很少注意学生在学习的过程中方法和策略是否存在偏差。死记硬背、题海战术往往掩盖了学生在学习方式上存在的问题。因此，在教学中，教师要想引导学生正确学习，就要转变教学的关注点，从知识传授向过程引导转变，同时关注学生在学习过程中的方法和策略。

通过文献研究、问卷调查及组织访谈等形式，我们对于通用教与学策略理论和实践中存在的某些消极因素有了比较明确的认识。这些认识有助于我们有的放矢地研究那些对提高教学质量有决定作用的教与学策略问题。

调查研究结果显示，尽管许多一线中小学教师认为教学策略十分重要，但是，当处于具体的教学问题情境之中时，他们往往很难选择合适的教学策略进行恰当处理，理论与实际很难结合。具体来说，第一，教学工作缺乏科学性和系统性。教师在教学中缺乏整体规划，统筹意识不足，教学各环节和要素独立存在，缺乏有意义的联结，缺乏系统联系和整体思考，尚未建立科学有效的学科教学策略模型。第二，教师对教学策略的认识及运用处于较低水平。调查发现，经过系统培训的教师对教学策略的认识程度和操作水平比没有接受过培训的教师要高。但实际上，满足教师需求的继续教育培训课程和资源仍然有限，且缺乏指导性。第三，教学媒体的选择和运用存在盲目性。由于观念和技术方面的限制，教师在课堂教学中对教学媒体的选择和运用不够切合学生的实际，很难调动学生的学习兴趣。因此，教师教学媒体的运用水平仍有待提高。第四，教学方法的选择缺乏科学性。调查结果表明，讨论法与练习法是教师在课堂教学中最常使用的教学方法，不少教师认为在课堂教学中加入讨论与练习的环节就可以突出学生的主体地位。这未免失之偏颇。第五，理论无法指导教学实践。有些教师虽然学习了一些理论，但面临真实的教学情境和问题仍不能应对自如、得心应手。有些教师听了优秀教师的课，看了优秀教师的教学设计，学习了优秀教师的成功经验，但回到自己的课堂时，具体情况发生了变化，使得教学效果并不明显。究其原因，这并不是理论本身存在问题，而是教师没有真正掌握所学的教学策略，没有将所学理论与自己的教学实践相结合。

学习者能够正确运用学习策略标志着他们学会了如何学习，这比学会知识更加重要。学习者个人有限的时间、精力和不断增加的知识需求之间矛盾的日益突显，已经成为目前教育界亟待解决的问题。很多教育领域的专家认为，教会学生如何学习是解决这一问题的最好办法。教会学生如何学习是指在教学过程中，教师不仅要传授学生知识，更要把自主获取和掌握知识的技能教给学生，提高学生运用学习策略的水平，帮助学生通过运用有效的学习策略来控制学习过程。学生只有掌握了学习的技能，才能更有效地提高学习效率，在有限的时间内学习更多的知识。学习策略是影响学习效率与学习质量的重要因素，掌握学习策略对于学生“学会认知”具有很重要的意义。如何教给学生有效的学习策略是学习策略教学所要研究的课题。因此，对教师进行系统、科学的培训，对于解决如何教学生“学会认知”，提高学生的学习能力，具有十分重要的意义。

总之，让学生学会学习是教学追求的基本目标。教师在教学设计时，应该将学习策略的掌握与灵活运用纳入其中，将其设置为教学目标的一部分。

## 二、教与学策略的理论基础

二十世纪八十年代后期，我国教育理论界开始关注教与学策略的研究。先后发表在各种教育学术刊物上的相关论文提出了一些带有规律性的问题，但这些研究还存在一些不足。首先，研究主要集中在有关教学策略的含义、性质、结构、具体种类、意义等问题的讨论，偏重理论化，缺乏可操作性，忽视了教学策略在教学第一线的实际应用研究和实验研究。其次，现有研究主要集中在微观层面，侧重于具体教学情境下的问题解决策略，如“预防和纠正错别字的教学策略”“克服学生粗心的教学策略”等，忽视了课堂教学的整体性教学策略以及宏观上的研究。再次，为了描述方便，许多论文将教学策略与学习策略分别加以研究，缺乏整体性。单一进行教学策略研究，忽略了学生学习的过程与效果；单一进行学习策略研究，则忽略了教师教学的干预与影响，造成策略的整体性与针对性较弱，存在一定的片面性。

任何一种教学策略及教学策略的实施，都建立在教育思想和教育理论的基础之上。我们研究现代课堂教学策略，除了需要借鉴和吸收传统学习理论和教学理论中的有益成分、承认教学规律的继承性和延续性之外，还应该严肃认真地、带有批判性地将现代教与学的理论以及关于教学过程、教学方法、教学活动等最新研究成果的合理成分及科学的内容作为研究课堂教学策略的理论基础和指导思想。

**（一）教与学策略的理论基础之一——认知主义学习理论**

认知主义学习理论的代表人物，美国认知教育心理学家布鲁纳（Bruner）、奥苏贝尔（Ausubel）分别提出了发现学习理论和有意义学习理论。

1. 布鲁纳的发现学习理论

布鲁纳认为，好奇心会驱使学生对未知事物产生兴趣，并通过探究得到结果。他强调内在动机，把好奇心称为“学生内部动机的原型”。学生的心智发展虽然与环境之间存在相互影响的关系，但更遵循自己独有的认知程序。布鲁纳认为，任何学科都可以用理智上忠实的形式教给任何年龄段的任何儿童。这里提到的“理智上忠实的形式”主要是指适合于学生认知发展水平的学科基本结构、概念、原理。因此，发现学习理论强调学习的过程，在这一过程中，学生是知识的主动探究者，而不是被动接受者。

2. 奥苏贝尔的有意义学习理论

奥苏贝尔认为有意义学习是将符号所代表的新知识和学习者认知结构中已有的适当观念建立起非人为的和实质性的联系。有意义学习包括两个前提条件，即主动性与有效性，如果不符合这两个条件，学习的过程将是机械无意义的。具体来说：第一，学习者需要对有意义学习表现出需求，希望在新旧知识之间建立起非任意的、实质性联系。第二，有意义学习的学习任务应该对学习者具有潜在意义，学习材料也应注意逻辑联系，可以帮助学生建立新旧概念之间的联结。也就是说，学习内容应该建立在学习者已有认知结构的基础上，学习内容与已有知识之间建立起有意义的联结。

学习者都具有自己的知识体系，有意义学习的过程就是新知识与已有认知结构之间的持续互动。这一新知识被已有认知结构“同化”的过程是动态的。奥苏贝尔提出的理论关注新知识的吸收和学习模式，即将“下位学习”“上位学习”和“并列结合学习”组合，并借此说明“同化”过程中的相互作用。

除此之外，奥苏贝尔还提出了组织者战略。在有意义学习的过程中，教师作为组织者应在学习者原有知识基础上进行设计，注重整体的规划，建立起“已知”和“要知”之间的认知桥梁，促进新旧概念之间的交换与联结。奥苏贝尔主张在同化的基础上进行教学设计，根据教学内容、教学环境的不同进行有针对性的设计，保证知识与技能的掌握情况和教学目标的达成，从而促进学习者有意义地学习。

**（二）教与学策略的理论基础之二——建构主义学习理论**

传统的行为主义学习理论认为学习是因经验而引起的行为变化，并认为通过强化练习就能完成这种变化。它把学习看作是对外部环境刺激做出的被动反应，把学生作为知识的灌输对象。这种理解显然过于片面，忽略了发展的主体内部的逻辑结构。

早在十八世纪，哲学家维柯（Giambattista Vico）就曾指出，人们只能清晰地理解由他们自己所建构的一切。这可以算是建构主义的雏形。随后，不少学者对建构主义这一学习哲学进行了深入研究，其中，做出过重要贡献的代表人物有瑞士心理学家皮亚杰（Jean Piaget）和前苏联心理学家维果茨基（Lev Vygotsky）。

皮亚杰提出了“发生认识论”，他主张学生的学习是一个主动建构的过程，而不是被动接受的过程，这一过程是通过学习主体与环境之间的相互作用完成的。学习者的学习过程并不是将学习内容从外部转移到记忆中，而是在已有知识和经验的基础上，与外界环境相互作用，建构起新的记忆体系和认知图式。因此，学习并非受到内部因素或外部因素的影响，而是受到学习者与环境之间相互作用效果的影响，知识并非客观或主观，而是由学习者与环境之间相互作用建构起的结果。这是皮亚杰的核心思想和观点。他的理论十分辩证、深刻地认识和解释了学习活动，这是目前比较科学的一种学习理论。

皮亚杰的理论包含四个核心概念，即“图式”“同化”“顺应”和“平衡”。“图式”是指个体对世界理解和思考的方式，是人类心理活动的框架和组织结构，是认知结构的起点和核心。“同化”是指个体把外界刺激纳入头脑中原有的认知结构（图式），使其成为自身的一部分，这是一个消化和吸收的过程。“顺应”是指当个体原有的认知结构（图式）不能同化新刺激时，需要改变和重建原有图式，以适应环境。“平衡”是指个体通过自我调节机制使认知发展从一个平衡状态向另一个平衡状态过渡的过程。通常，当个体受到新的环境刺激，会用原有的认知图式去进行同化，如果成功，会呈现出新的平衡状态，如果失败，个体会做出顺应，使个体与环境达到新的平衡。学生的认知就是在“平衡—不平衡—新平衡”的循环中得到发展的。

维果茨基认为人类的学习最早是在社会性的活动中完成的，人的高级心理机能是由社会性学习造成的。因此，他强调交互学习、合作学习，以及社会交往等。

基于以上理论，知识学习的过程是学习者在一定的情境下，使用必要的学习资料，借助其他学习者的帮助，凭借同伴之间的协作互助，通过意义建构的方式习得知识的过程。因此，“情境”“协作”“会话”“意义建构”是学习认知过程的四个核心要素。

这里我们需要明确地指出，建构主义并不是万能的，不是在任何情况下都是最佳的，它作为一派理论也会有其缺陷或不足。例如，激进的建构主义者走向了另一个极端，即削弱教师的作用，这使得教学活动变得杂乱无章，教学质量也大大降低。

### （三）教与学策略的理论基础之三——人本主义教学理论

1. 学习原则

人本主义心理学派提出的学习原则具体表现如下：

（1）学习者处于主动认识周围世界的状态，他们具有天生学习的潜能。

（2）如果学习内容与学习者的学习动机相关，意义学习就发生了。

（3）当学习过程中营造出友好的交流和评价环境时，学习者更容易觉察和同化学习内容，从而促进学习。

（4）当学习者全身心参与学习过程，并肩负起责任时，学习会取得进展。

（5）无论学习者自身是由情感层面还是由理智层面发起学习，这种学习都是最持久、最深刻的。

（6）在评价环节中，如果学习者首先参考自我批判和自我评价，而将他人评价作为次要依据时，会促进其独立性、创造性和自主性的发展。

（7）创设真实的问题情境对于学习者的主动学习具有促进作用。

（8）同侪互助和小组合作学习有利于学习者学习。

人本主义的学习理论对我们进行课堂教学设计的学习者分析研究有一定的借鉴作用。例如，教学应关注学习内容与个人目的之间的关系：如何让学习者的情感和理智都介入学习过程？如何让学习者的学习变成自发的行为？如何让学习内容与学习者的个人目标联系起来？这些都涉及学习者分析的问题。

2. 核心主张

人本主义在教育领域提出的主张主要包括：

（1）自我调节的学习

人本主义教育认为，学习者是学习的主动发起者，他们会进行自我调节来控制并指导自己的学习，包括学习内容、学习方式、学习策略的选择，甚至学习的时间安排等。因此，人本主义主张让学习者在学习过程中进行自我指导和自我激励，根据自己的学习情况进行自主选择和调节。和被动学习的信息接收者相比，自我调节的学习者具有更强的学习动机，能够产生更好的学习效果。

（2）情感教育

人本主义教育家认为，情感目标和认知目标处于平等地位。合作、尊重、体谅、诚实是情感教育中需要着重强调的要素，围绕这些要素，教师既可以树立榜样，又可以讨论并强化其价值。例如，通过举行“班级会议”等活动来讨论人与人之间的问题、价值和感情。人本主义教育家认为，帮助学习者成为一个有责任心、有爱心的人比考试中多得几分更加重要。

（3）真实性评估

人本主义教育不主张使用标准化测验、等级评定等正式的教育方法进行评价，他们更倾向于使用书面评价、真实性评估，甚至不使用任何评价方式，让学习者在真实情境中解决实际问题或完成实验任务。

（4）自我激励

人本主义认为，教育应该注重培养学习者如何学习与如何评价。他们建议教师在进行教学设计时，给学习者更多机会主动获取信息，在这个过程中，教师的指导可以尽量减少。因此，人本主义的教学程序往往设计频繁的开放式或参与式活动，让学习者成为学习的主体，从活动中寻找信息、做出判断、选择策略、解决问题，创造出自己的作品并完成任务。

总之，人本主义主张教学应该关注学习者，从学习者的实际出发；他们认为教学是为了培养完整意义上的人，知识的学习与情感、意志等身心品质的发展同样重要，应该把二者统一起来。

**（四）教与学策略的理论基础之四——主体教育理论**

主体教育是弘扬人的主体性的教育。对主体性的认识不应仅仅停留在讨论人的能动性、自主性、创造性层面，而应该深入自我意识领域进行研究，主体教育的过程也是培养学生自我主体意识的过程。人的主体性是自我意识的能动性，以及建立在这种意识之上的认识和实践能力。唤起与提高自我意识是主体教育的重中之重。一个人的自尊、自立、自强、自信等意识都是建立在自我意识之上的。因此，只有让学生形成正确的自我意识，并提高自我意识的水平，才能够使其确立在教育中的主体地位，发挥在教育中的主体性。在这种情况下，学生会逐渐认识到外在的教育内容是“为我而存在的”，并逐渐接受教育内容，在教育活动中发挥能动性、自主性、创造性，将知识内化并建构起自己的认知体系。可见，主体教育的提出实际上是对传统教育的改革，是“促进教育对象自我教育的教育”。

从教育目的的角度来看，主体教育是“发展学生的整体素质，培养学生的主体型人格”的教育。“整体素质”是学生生理素质、社会文化道德素质、心理素质的综合水平。“主体型人格”是一种独特的、整体的，有利于发挥人的主体精神，激发人的潜能，实现人的价值的人格模式，它主要表现在自主性、独立性、责任心和创造精神四个方面。

主体教育是一种以发展和培养学生主体性为目标的教育实践活动，强调尊重学生的主体性，培养学生的自主性和创造性，帮助学生学会学习、学会创造，体现了主体教育的思想。主体教育虽然没有固定模式，但具有以下四个特点：

1. 主动参与

主体教育的课堂为学生提供了在课堂中表现自我、自由创造的机会，培养了学生的自主性、选择性和创造性。学生在积极主动的参与过程中获得成功的体验。这体现了科学实践观与主体能动性的统一。

2. 合作学习

主体教育的合作学习以科学交往观为基础，教学的过程是师生共同建构学习主体的过程，体现了师生之间、同学之间平等、民主、合作的和谐人际关系。主体教育关注教学过程中群体之间的人际关系和人际交往活动，通过丰富多样的形式建立起群体合作的学习关系，使教学活动成为一种社会文化活动。

3. 尊重差异

与传统教育不同，主体教育更加关注对象的个体差异，并强调尊重个性、尊重差异。这包括两个含义：一是依据学生发展所存在的差异性，进行个性化教学，使学生在原有的基础上获得最优发展；二是承认学生的发展存在独特性，在教学过程中让学生形成自己的鲜明个性和特点。因此，在教学过程中，教师要进行个性化指导、层次化教学，而不是将所有学生都按一个模子塑造。

4. 体验成功

主体教育强调让学生获得成功的学习体验，强调乐观向上、体验强烈主体意识的积极心态。在强调成功体验的同时，主体教育还提出可以让学生适度体验失败和挫折，从而激发学生的进取心。

综上所述，以上特点都反映了主体教育中建构学生主体的思想。在主体教育中，教师通过调动学生的积极性，让学生主动参与到课堂教学活动中，并通过分层指导、及时反馈、评价激励等方式，逐步构建学生在教育教学中的主体地位，从而促进学生主体性的发展。

### （五）教与学策略的理论基础之五——教学设计理论

教学设计是教育技术学的最核心内容，是教育技术学的一个重要分支，是一项现代教育技术。在教育技术领域中，无论从事工作或研究，都离不开教学设计。教学策略的研究同样需要以教学设计的理论或基本框架为理论基础。教学设计的理论和方法为我们提供了研究教学策略的理论依据和操作方法。

教学设计是以获得优化的教学效果为目的，运用系统方法分析教学问题，确定教学目标，建立解决教学问题的策略方案、试行解决方案、评价试行结果和修改方案的过程。教学设计通常把教学系统作为研究对象，主要研究“教什么”“怎么教”的问题，以学习理论、教学理论及传播理论为理论基础，制定一套具体的操作程序，包括教学背景及学习者分析、教学理论依据、教学目标设置、教学内容及其重难点分析、教学运用的策略和方法、教学过程中师生活动设计、教学组织形式、教学媒体的选择、教学评价方式与标准等。不论是何种教学设计观点，也不论是哪代教学设计理论，教学设计都包括四个基本要素，即教学目标、学习者分析、教与学策略、教学评价。在教育领域，无论是从事一线教学实践还是教育研究工作，都离不开教学设计。

教学设计的整套理论、过程和方法为教学策略提供了研究条件和基础，以及研究框架和思路。例如，学习者分析是教学策略研究的前提和基础，学习内容的分析、教学活动的设计等环节都必须切合学习者自身的水平和发展，学习者的认知能力、知识水平、心理特征都会影响到教学策略的选择与运用。大量教学实践和研究都表明，学习者之间的差异会对其学习效果产生不同的影响。因此，只有在学习者特征和教学策略之间建立起有意义的联系，教学设计中教学策略的选择才能具有针对性和实效性。从后面的章节内容中还可以看出，教学设计中的教与学策略模块是发展最快、最活跃的研究领域，在教学实践和教学理论领域具有十分重要的意义。

## 三、新时代教与学策略的界定

在推行教与学策略的过程中，应首先明确教与学策略的定义，即我们到底在研究什么，研究对象区别于其他概念的本质属性是什么。简而言之是要解决“什么是教与学策略”的问题。

### （一）教学策略

教学策略一词的英文有两种表达形式：Instructional Strategy 和 Teaching Strategy。目前，教学策略还没有明确统一的定义，不同学者对其有不同的解释。汉语“策略”一词最早见于《人物志·接识》：“术谋之人，以思谋为度，故能成策略之奇。”《辞海》对“策略”做了科学的定义，即计策谋略。顾明远主编的《教育大辞典》中，“教学策略”被定义为“建立在一定理论基础上，为实现某种教学目标而制定的教学实施总体方案”。

高校教育技术学专业教材《教学设计》中对教学策略的表述为：

“对完成特定的教学目标而采用的教学活动的程序、方法、形式和媒体等因素的总体考虑。”

在日本教育技术研究会编写的《教育的方法和技术》一书中，教学策略被定义为：“在充分理解教学内容、学习者特征、教学媒体和学习环境等教学要素与学习目标的关系的基础上，教师在教学过程中的各个阶段如何行动，如何构成教学过程并实施教学的基本想法。”

### （二）教与学策略

对于教与学策略的定义，国内学者的主要看法有：第一，教与学策略是指在具体的情境下，教师运用某些教学理论去解决实际问题的谋略。第二，为实现教学目标，完成教学任务而采用的多种教学措施，如教学活动程序、教学方法、教学媒体、教学组织形式等的综合性方案。第三，教与学策略的基础是教育思想和教育理论，它是在特定教学情境中制定并实施的系统决策与设计，目的是实现教学目标，达到最优的教学效果。第四，教与学策略也是一种教学观念或原则，教学方法、教学模式和教学手段都是它的表现形式。第五，教与学策略是关于有效解决教学问题的方法、技术的操作原则与程序的知识。此外，还有人认为，教与学策略是为达到教学目标所采用的教学方法、实施步骤和教学模式。

虽然以上对教与学策略的解释与界定不尽相同，但都有各自的角度与合理性。综观各定义可以发现，它们包含了一些共同的观点：它们都强调将一定的理论和思想作为指导，实现一定的教学目标或解决一定的实际问题；与方法相比，更强调教与学策略的层次，并整体考虑教学的各个要素；提倡重点研究“如何教”的问题，是教学方法、教学活动、教学内容、教学媒体等要素的总和，等等。

### （三）新时代教与学策略

本书借鉴了多种教育理论，在结合教学实践经验的基础上，提出了通用教与学策略。通用教与学策略是适合基础教育阶段各个学科、各个学段教学的整体化实施方案，它以一定的教育教学法为理论依据，对影响教学的各个环节和要素进行系统研究，充分关注学生学习活动，为最终完成特定的教学任务或教学目标提供可操作的具体方案。

综上所述，我们可以得出这样的结论：第一，教与学策略要有一定的理论支撑。任何一种教学策略都有其依据的教育理论和教育观念，不同的教育理论会产生不同的教与学策略。教学策略的选择和设计也需要在一定的教育理论和教育观念的指导下进行。第二，教与学策略要有明确的指向性。教与学策略服务于实现教学目标、完成教学任务、解决教学问题等，它是由特定的教学目标决定的，受一定的教学任务限制。在教学策略选择、设计和实施的过程中，教师需要结合教学目标不断进行调整，使教学策略与教学目标更加契合。如果没有明确的教学目标，教学策略就无从谈起。第三，教与学策略要建构学生的知识体系。教与学是对立统一的关系，二者相互作用，相辅相成。因此，教与学策略不仅要重视教师的“教”，更要重视学生的“学”，在选择的过程中注重学生对知识的整体建构。第四，教与学策略要体现全面性。美国教育心理学家加涅（Gagne）认为，在进行教学设计时，应首先确定教学目标，并完成教学内容分析和学习者分析，再选择恰当的教学策略。相应的教学策略应包括对课堂教学活动和程序的综合制定、教学事件的选择、活动次序的确定和教学媒体的选择等。因此，教师在选择教与学策略时应考虑师生特点、教学内容、教学方法、教学组织形式、教学工具（如教学媒体类型）、教学活动，以及学习背景与环境等多种因素。此外，教与学策略的全面性不仅包括智力因素，还包括非智力因素，不仅包括认知领域因素，还涵盖情感和动作技能等领域因素。

第五，教与学策略是教学实施的总体方案。教与学策略不是简单的教学方法，而是方法的方法。与教学方法相比，教与学策略的内涵更加丰富，层次更为深入，外延相对宽泛。它不仅仅包括教学方法的选择，还包括教学组织形式的设计、教学媒体的选择等。第六，教与学策略要具体明确，具有可操作性。与教学原理不同，教与学策略供教师在教学中参照执行。因此，教与学策略不应是抽象的或高度概括的，而应该是明确的、具体的、操作性强的，它介于理论与方法之间，是教育观念与教学实践之间的桥梁。第七，教与学策略具有通用性。它在基础教育的各个学科、各个学段中普遍适用。

## 四、新时代教与学策略的特点

了解通用教与学策略的基本特点有助于建构教与学策略模型。由前面教学策略的本质可以推导出通用教与学策略具有如下特点。

### （一）问题情境的针对性

教与学策略应根据不同的教学情境有针对性地选择。一般来说，不同教师在每一次课堂上遇到的教学环境和教学问题都各不相同，教学目标、教学内容和学生认知的情况都会发生变化。因此，适用于某一种教学情境的教学策略如果迁移到另一种情境之下，就未必能起到相应的作用。这是因为每一种问题情境都具有其特殊性和具体性，而教与学策略是基于特定的问题情境产生的。在进行教学设计时，如果问题情境发生了变化，原有的策略已经不适用于新情境，那么就要对原有策略进行修改完善或选择创造新的策略，以适应新的情境。因此，教与学策略是与教学情境相对应、相适应的，没有好坏之分，只有适当与不适当之别。教与学策略是为达到特定教学目标而存在的，具有特定的指向性。没有哪种教与学策略能够解决解决所有教与学过程中遇到的问题。教师在教学策略的选择上需要结合特定的情境进行考虑，达成特定的目标，并实现最优的效果。

### （二）教学设计的整体性

在教与学的过程中，多种要素构成了一个复杂的有机系统，各要素之间紧密联系，在教学过程中起着不可或缺的作用。如果忽视了某些要素，会使得教学策略无法适应教学任务和教学目标的需要，教学效果就会大打折扣。因此，教师在选择教与学策略时，要综合考虑多种因素，从整体上进行设计，形成最佳教学方案。

### （三）前置性与过程性相结合

教学策略的选择与设计是课堂教学活动开始的前提条件，即教与学策略具有前置性。在制定教学策略时，教师要先对教学过程中可能出现的情况进行预设，合理安排所有的教学要素，并做好预案。因此，教与学策略可以说是教师在采取教学行动之前预先制定好的程序与方案。

教与学策略的过程性是指，在教学实施的过程中，教与学策略同时存在并发生。教与学策略虽然需要在课前进行预设，但它是针对教学准备、实施、评价三个教与学环节而展开的设计。在课堂实施过程中，一般会出现两种情况：一是教学实际进程按照预设策略方案顺利开展；二是教学过程中出现突发的关键事件，没有按照预设方案和设计进行，那么此时，就需要进行“课堂教学决策”，即教师在现场做出决定，判断如何应对事件，思考如何引领课堂发展，并改变预设的教学策略。

在教学中，教师要注意教与学策略的前置性与过程性的有机结合，提高对教学过程中遇到的突发关键事件的应变能力，以达到最好的教学效果。

### （四）可操作性

在制定教与学策略时，应明确设定好师生教学活动的过程和步骤，使其具有可操作性。教学活动的过程应包括师生的具体行为，并要结合具体的教学要求、教学内容、教学对象进行设计，完成可操作的执行方案，最终达成教学目标。在这一过程中，教学活动应体现相应的教学原则、教育观念、教育理论，师生行为应符合教学要求。如果教与学策略不具有可操作性，该策略就没有任何实际意义和价值。这一特点也是教与学策略的重要性所在。

### （五）灵活性

教与学策略的灵活性是指，当教学的各项要素，如教学目标、教学内容、教学对象等发生变化时，教与学策略也应随之进行调整。也就是说，教与学策略是根据不同的教学情境（包括教学目标、内容和任务、学生情况等）将最适合的教学方法、教学媒体、教学组织形式等要素进行整合，以便完成特定的教学任务。这也和问题情境的针对性有着密切联系。此外，从另一角度而言，教与学策略的灵活性还意味着同一种策略可以解决不同类型的问题，不同策略也可以解决相同类型的问题；对于不同的学习者，即便是同一种策略也可能产生不同的教学效果，针对同一个问题，对不同的学习者也可以采用不同的教与学策略。

总之，在教育教学实践过程中，通用教与学策略的各个方面和各个要素都是不可分割的，它们之间需要相互协调、相互配合，共同支持教学活动的开展和进行，使教师的教学计划、课堂学习氛围的管理、课程与教材内容、学习活动与评价等各个教学环节之间有机结合，进而实现既定的学习目标和教学目标。

# 第一编　积极的动力

# 第一章　建立学习心向的策略

建立学习心向的策略，在实践中适用于教师根据学生的主体条件，选择合适的教学方法、教学手段及模式，对学生进行前期的学习心理刺激，从而实现学习的理想效果。

## 第一节　建立学习心向策略的概述

### 一、建立学习心向的界定

在心理学上，心向是一种心理准备。学习心向是指，学生积极主动地把新学习的内容与认知结构中已有的知识加以联系的倾向性。这种倾向性使新旧知识发生相互作用，新旧知识的意义相互之间进行同化和异化，进而使学生原有的知识结构得以改造，新的知识得以巩固。建立学习心向的目的就是帮助学生在教学开始之前就明确此次教学拟实现的教学目标，开展学习策略指导，帮助学生开展自主学习，为学生更好地理解教材、教学资源及其内在联系做充分的准备。建立学习心向也称为准备性学习，它能够帮助学生在正式开始学习前建立起积极的心理准备，对以后的学习起到积极的定向和限定作用。

例如，初中数学，学生在学习“分式的基本性质”之前已经学过“分数的基本性质”，教师可据此提出问题：“分式是否也有相同的性质呢？”让学生产生学习心向。这样的类比可以很自然地导入新课的学习。利用学生旧有的数学知识，诱发其深入探索新内容，使学生在正式学习之前产生积极的学习心向，提高课堂教学的实效性。

依据学习内容，建立学习心向可分为课堂学习心向、单元学习心向和学期学习心向三种类型。

## 二、建立学习心向的意义

建立学习心向有利于激发学生的学习动机。教师可以借助起始阶段的课堂教学与活动对学生进行前期的学习心理准备。在一堂课或一项学习活动开始之前，教师应让学生明确学习的目标及其重要性。这样，学生便可围绕重点进行学习，有序地组织他们的思维，并在信息加工和完成学习任务的过程中，坚持既定的学习目标，采取有效的学习方法。教师在导入新课之前可对知识的价值及其实用性做热情洋溢的介绍，这有利于激发学生的学习动机。例如，北京市崇文门中学松雪老师就在思想政治课中进行了实践研究。在实践建立学习心向策略的这段时间内，思想政治课的教学效果有了很大提高，学生呈现出空前的学习热情。同时，学生的学习能力和学习的主动性也都大幅提高。

### （一）提高了学生从广域网获取信息的能力

学生获取知识的源泉不再单一地集中在书本上。当他们每天穿梭在熟悉的道路上，畅游在网络中，或者在读报、看新闻时，他们会用搜寻的目光去捕捉一切有价值的学习信息，尤其是与即将学习的知识相关的信息。他们从中获得了更丰富的知识，提高了自己从书本以外的途径获得新知识的能力。

### （二）提高了学生分辨、总结、归纳、取舍及表达的能力

当学生从身边获取大量信息后，他们便会在自己的脑海中对所有相关信息进行加工、整理，对一切美好的或者是丑恶的现象进行

评价。每次上课前，总能见到学生忙碌的身影，他们从大量的材料中，选择出可以支撑自己观点的。课上，每个人或者每个组对于与自己相背离的观点，都可以用清晰、精练的语言去辩驳。这都要归功于课前的准备。现在，学生已经形成了课前查找资料、整理资料、提炼观点的习惯，这一学习习惯提高了他们分辨是非的能力。可以说，建立学习心向使学生的诸多能力得到了锻炼和提高。

**（三）提高了学生交流互动的能力**

学习本身就是一种活动，在此过程中，每个学生都应与教师或其他同学交流、互动。建立学习心向加强了师生之间、生生之间的交流。在实施建立学习心向之前的思想政治课上，学生缺乏与教师交流的积极性和主动性。在实施建立学习心向后，学生在课间向教师询问问题的人数和次数明显增多，并且还会通过互联网等手段与教师或同学交流。在课堂上，学生的积极参与度明显提高，师生间的关系明显改善。在建立学习心向策略下，一个问题往往需要几个学生组成小组来共同完成。在小组解决问题的过程中，学生增强了彼此之间的交流，提高了与人交际的能力，且在遇到问题和困难时能够相互协作、互相帮助。

**（四）改善了受教育的方式，使学生受教育的过程贯穿于学生生活的始终**

学生对问题进行准备的过程，也是他们接受教育和不断学习的过程。区别于课堂教学的形式，建立学习心向将受教育的过程延伸至课堂外，教学目标也从课堂这一小段时间扩展到学生整个学习的过程。这种灵活的教育方式，比硬性教育更受学生的欢迎。学生虽然和以前一样畅游在网络中，但他们不再把时间浪费在电脑游戏上，而是遨游在查找资料、不断学习的世界里，并且乐在其中。

### （五）德育成果显著

建立学习心向的实施，不仅使学生在学习上有了很大进步，思想上也获得了大幅提高。思想政治课本身就是德育的主阵地，在师生、生生的互动中，学生加强了凝聚力，每个人都更爱班集体了。在学习山东省首届十大孝星之一田世国的过程中，学生都表示要做孝敬父母的好子女；在对社会上不良现象的批判中，学生知道了要依法约束自己，做一名遵法、守法、护法的好市民；在对我国改革开放四十多年取得成就的资料查找中，学生们沉浸在祖国发展强大的喜悦中，激起了无尽的爱国热情。可以这样说，在准备问题的过程中，学生的心灵受到了教育与震撼，无形中提高了他们的道德境界，达到了良好的德育效果。

## 三、建立学习心向的特征

### （一）准备性

建立学习心向是指教师在学生正式学习之前，帮助学生建立起积极的心理准备。它对以后的学习具有积极的定向和限定作用，也可以称之为准备性学习，是为正式学习进行的准备性学习。

### （二）主动性

良好的学习心向可以使学生积极主动地参与学习。学生对收集资料表现出的极大热情，体现了他们学习的主动性。建立良好的学习心向使学生对学习的态度发生了根本性转变，使学生对某门课程的态度由以前的漠然变成了如今的喜爱。在学习的准备过程中，学生对查找信息较之前更有针对性，而在这一过程中，学生也学会了如何对一个问题进行深入地扩展性思考。良好的学习心向使学生主动参与学习，实现了由原来的被动学习向爱学、会学的方向转变。

### （三）向心性

建立学习心向的所有活动都应围绕着学习目标展开，这样才能建立起丰富学生知识、扩大学生视野的学习心向策略，使学生能够沉浸在学习的快乐之中。良好的心向创设了师生平等交流、相互促进、共同学习的新型师生关系，进而形成强大的学习向心力。建立学习心向的学习不仅不会增加学生的课业负担，反而会促进学生的学习，提高学习效率。

建立学习心向是一种现代化、开放化、素质化和活动化相互交融的教学活动，它使教学实践充满生动性、自主性和创造性。

## 第二节　建立学习心向的基本操作程序及具体策略

对于学生学习心向的引导可以采用诸如介绍特定学习活动的性质和目的、构建新旧知识之间的联系、提出该项学习活动对学生的新要求等方法。另外，还有许多方式可以促使学生进行有目的的学习，其中包括：唤起学生对特定学习活动目标的关注；简述将要讲授知识的内容及教学步骤；围绕将要进行的学习内容进行预测，以唤起学生对学习重点的注意；在课前提出问题，激发学生围绕这些问题进行思考。结合北京市崇文门中学松雪、武玉坤老师在思想政治课中进行的实践研究，我们总结出了建立学习心向的操作策略。

### 一、建立学习心向的基本方法

根据教材内容的需要，有效地组织学生参加社会实践活动就是很好的方法之一。随着物质文化生活的提高，当代中学生更关注生活，追求生活的多样性。他们对单纯的课堂教学已经不感兴趣，希望能够更多地参与到多彩的社会生活中。因此，根据教材内容引导他们参与社会实践活动，必然可以激发他们的积极性。

建立学习心向主要有以下几种方法：

**（一）调查式**

可以要求学生根据学习的需要，带着相关问题，到有关场所进行社会调查，让他们在实践活动中体验、感受、思考、探索、发现，在实践活动中获取知识。例如，在讲高一政治经济学《市场交易的原则》一课时，根据教学内容，学生可自主分成小组，到离家近的超市、商厦、菜市场等交易场所，观察哪些交易现象是公平的，怎样做不公平，等等。讲这节课时，教师先把市场交易的原则阐明，然后让学生根据自己调查的实际情况举例回答。学生们的回答有："经营者对商品明码标价，就意味着对消费者童叟无欺、一视同仁，是公平原则的体现"；"在超市中购物时，扫条形码计费，就会消除一些人为因素造成的不平等，也是公平原则的体现"；"质检部门对商品严格的质量检查，物价管理部门对商品价格的检查等都可以保护消费者的权益，保障消费者与经营者等量劳动的交换，也体现了公平原则"；"'质量万里行''百城万店无假货'活动，是商品生产者和经营者对广大消费者发出的郑重承诺，活动中这些商家如果做到了言而有信、履行了承诺，就是诚实信用的体现"……此外，他们还提出了"计量秤要准、宣传广告要真、工商执法要严、商品质量要硬……"学生的回答是精彩的，内容是丰富的。可以肯定的是，这些认知大多是在市场调查或实际生活中，经过认真观察和思考获得的。当教师把社会生活中发生的一些经济现象作为案例让学生分析时，大多数学生能够用所学的理论分析、解决问题。

与此同时，许多学生向教师反映，他们不仅从这次活动中学到了很多知识，即市场交易要遵守自愿、平等、公平、诚实守信的原则，也学到了课本上学不到的内容，即作为社会生活的一员，诚实守信不单是对企业经营者和消费者的要求，也可以是对自己做人的要求。同时，他们还学会了如何在生活中保护自己作为消费者的合法权益，如何选择产品和经营者，等等。

可见，实践活动可以为学生提供展示自我风采、增长知识见闻、培养各种能力的机会，有利于他们形成科学的世界观、人生观和价值观。

**（二）讨论式**

讨论式是建立学习心向中广泛采用的一种形式。教师要根据教学内容的需要，提前交给学生一个有代表性的问题，让学生分小组讨论，并在课堂上检查他们讨论的结果。

例如，在讲《国民收入的分配》一课前，教师给学生留了一道辩论题："对一个国家而言，人民的生活和国家的经济建设哪个更重要？要求说明理由。"讨论的结果是：有人认为"没有生产就没有消费，所以搞好国家的经济建设更重要"；有人认为"生产的目的是为了消费，国家搞经济建设就是为了让人民过上好日子，所以人民的生活更重要"；而有的同学认为"两者都不可偏废，因为两者是互相促进的，都很重要"。学生们在相互讨论的基础上最终达成了一致，那就是两者都要搞好。明白了这个问题，学生在接受"要正确处理好积累和消费的关系"时也就不难了。

讨论式引导法可以集思广益，可以在学生的各抒己见中寻找确切的答案，也可以充分发掘学生的智慧，在相互启迪中学到知识。

**（三）调研采访式**

调研采访式是指，学生带着问题到有关部门或场所去调研采访与课题有关的人员或专家。这种方法也是锻炼学生能力，让学生从实践中获取知识的有效方法。下面以问卷调研式为例进行讲解。

问卷调研式是教师在讲授新知识之前，让学生设计好调查问卷，并要求其通过多种形式完成问卷。如讲《在挫折中奋起》一课时，教师要求学生设计一套关于学生父母是如何对待挫折的问卷，让学生拿回家由父母填写后装入信封。上课时，学生打开信封，看看父母是如何对待挫折的，让学生体会父母的生活、体会父母的人生态度，从而使授课内容得到升华。在讲《建设中国特色社会主义》时，可设计这样的一份调查问卷："我国是完全社会主义国家？完全资本主义国家？还是半社会主义半资本主义国家？请你选择一种观点并发表自己的看法。"在上课之前，教师要统计学生的观点比例，这样就可以有针对性地对学生进行讲解，从而使学生明确我国是社会主义国家，而且是具有中国特色的社会主义国家。这种方式可以用在一些有教育意义或者存在分歧的问题上。从分歧入手，最后得出共识，这样就使较难的知识也变得容易理解。

**（四）网络交流式**

在建立学习心向策略的实施过程中，网络是十分重要的工具。学生可以通过互联网来共享自己获取知识的情况，并互通有无。在网络上，学生可以展示查找到的所有资料，还可以针对某一问题进行讨论；教师也乐于通过网络对学生提出的问题进行有针对性的讲解，如图 1-1 所示。

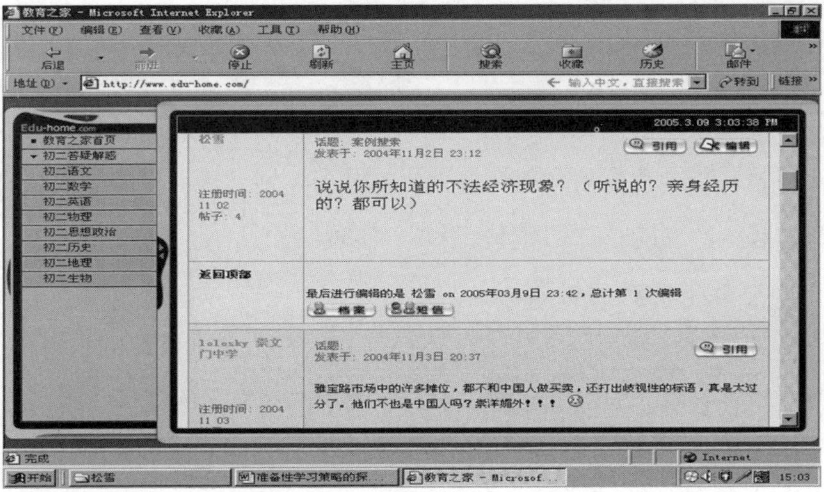


图 1–1　学生课前交流的反馈样本

## （五）多种资料搜集式

思想政治课需要大量的材料，教师可以让学生自己完成资料搜集的工作。学生可以到校图书馆、书店、市图书馆等场所，或通过互联网来查找与课题有关的资料。

### 1. 文字资料的搜集

思想政治课涉及许多内容，有很多可以补充的课外资料。学生可以利用图书馆、网络等资源，查找相关内容用以说明问题。如对“民族区域自治的意义”问题，很多同学都进行了大量的资料查找工作，找到了许多事例。

### 2. 图片资料的搜集

在讲《建设中国特色社会主义政治》中的《充满生机和活力的制度》一节时，教师可以让学生带着相机，去捕捉身边存在的经济形式，如商场、饭店、个体商店、超市等。教师上课时可以利用这些照片，帮助学生分析我国存在的经济成分。这种图文并茂的讲解，既生动又直观，可以让难于理解的死知识变得形象易懂。

在讲我国的资源问题时，教师可以让学生通过一切可以利用的手段，去查找我国河流、湖泊、动植物、沙漠化、酸雨问题的图片，并做成展板，使知识形象化。同时，学生在查找资料的过程中，可以深刻认识到我国的环境问题，明确其严重性，从而促使学生从自身做起，形成良好的资源环境意识，实现政治教育与德育相统一。

3. 数字资料的搜集

数字往往能起到强有力的震撼作用。在讲《水资源的重要性》时，教师可以让学生事先做一个“一滴水的计算”的题目。题目为：中国有 13 亿人口，如果每天浪费一滴水，那将浪费多少水？一滴水的质量约为 0.2 克，这些水若用容量为 10 千克的桶装能装多少桶？用承载量为 12.5 吨的车装能有多少车？学生在上课之前得出了结论，计算方法如下：0.2 克 ×13 亿人口 =260000 千克，也就是 260 吨，用 10 千克的桶可以装 26000 桶，用承载量为 12.5 吨的车能装 21 辆车，这相当于一个人一生的用水总量。这强有力的数字让学生意识到不应浪费任何一滴水。

关于我国的土地荒漠化程度、国有经济控制国民经济命脉等问题的数据也极具说服力。这些课前数字的搜集强化了学生对所学知识的理解。

4. 案例的搜集

讲初二法律课时，学生大都喜欢听教师讲的案例。在课堂上，学生也经常会举手讲述一些案例。例如，在讲“法律规范经济行为”的内容时，教师可在上课之前给学生布置他们需要查找的内容，如“说说我们身边的不法经济行为”。根据实践经验，学生查找资料时涉及的面十分广泛，可以达到教师的预期效果。在课上，学生也会踊跃发言，并在教师的引导下总结出平等、公平、诚实信用的经济活动三原则。学生在这一过程中，完成了从准备性学习到自主学习的转变，这充分说明了建立学习心向在教师授课过程中的重要性。

### （六）小品表演式

教师应先针对某一教学内容编写小品，并要求学生以 AA 组合的方式（即问题的回答者或展现者均为班级中的优秀学生）在课余时间排练小品。这个小品应该既简练又能准确表达出所要传达的信息。例如，在“讲情绪”这一教学内容时，教师可以先选择两名语言表达能力强、有表演欲望的学生，把小品内容告诉他们，然后分别辅导两位学生表演。辅导中要强调面部表情、语气及动作的精准。当两名同学达到教师的要求后，再进行合练。合练时则要强调对角色身份把握的准确性。这些都是上课之前的工作。这种方式在课堂中从一开始就能吸引学生的眼球。观看小品表演后，再要求学生对表演中所涉及的问题进行分析、回答就容易多了。

## 二、建立学习心向的学生组合方式

由于设计问题的不同，教师需要采取不同的方法引导学生解决问题。学生在解决问题的时候，可采取不同的模式。结合北京市崇文门中学松雪老师在思想政治课中进行的实践研究，我们总结出了以下四种建立学习心向的学生组合方式：

### （一）AA 组合

AA 组合是指一种全优的组合，即问题的回答者或展现者全部为班级中的优秀学生。这种组合方式往往应用于那些展示性的问题，如小品的表演、展板的制作等。展示性的问题往往需要花费学生大量的课余时间，因此需要学有余力的同学来承担。这种组合模式涉及的学生范围较小，多为两至三位，其他的学生则不能参与其中，只能作为课堂上的观看者，因此有一定的局限性。

### （二）AB 组合

AB 组合是将不同层次的学生组合在一起的方式。不同学习层次的学生搭配在一起，成为一个小组，并针对课前问题进行讨论，这多用于需要相互协作的问题。例如，在学习初三活动课“社会主义在曲折中前进”的内容时，教师要事先把社会主义发展时期分为六个阶段，把不同层次的学生混合后分为六个小组，每个小组负责一个问题。因为 AB 组合中不同层次学生的优势不同，A 类学生的归纳总结和表达能力较强，而 B 类学生则较擅长查找资料，并对一些相关问题有独到的见解。因此，这种模式可以取长补短，并使全员参与，使学生能够更好地理解和掌握相关知识。

### （三）BB 组合

BB 组合是将学习能力等方面较差的学生组合在一起的方式。思想政治课在学生心目中的形象往往是枯燥乏味的。B 类学生往往不把思想政治课放在心上，他们总认为思想政治课是一种说理性教育，只有教师说的份，不需要他们的参与。而建立学习心向策略中的 BB 组合模式能够充分把学生吸引到政治课堂的教学中来。思想政治课往往需要大量的课外材料、案例补充教学。而 B 类学生大多对于计算机、网络的运用能力较强，对于一些敏锐性问题有着自己独特的见解，他们往往比 A 类学生更关心学习之外的世界。因此，教师可以充分利用他们的优势，让 B 类学生运用现代化的资源来查找可以补充教学的资料，让他们对一些敏感话题发表自己的见解。例如，“一国两制”问题中的“台湾问题”就得到了 B 类学生的高度关注。在他们之间存在不同的主张，有主张用武力方式收复台湾的，有主张和平谈判的……他们为了支持各自的观点会不断地查找资料，甚至可以在图书馆坐上一天，而课堂则成为他们发表看法、展示自己的舞台。这种组合模式改变了 B 类学生上网只为玩游戏的习惯，并取得了较好的教学效果。

**（四）个人单独参与**

人与人的思维是有差异的。因此，当教师在上课前希望学生对某一社会现象发表自己的想法时，就可以采用个人单独参与的模式。这种模式可以使每个学生都能参与其中，还能利用网络资源，在网络上畅所欲言。如针对“劣质奶粉”一事，许多同学都发表了自己的看法，表达了自己对造假者、贩假者的唾弃以及对无辜婴儿的怜惜。这种模式设计的范围最为广泛，也是建立学习心向最常采用的模式。

在教学中，以上四种建立学习心向的组合模式经常被采用。建立学习心向可以使学生充分利用课余时间，开辟新的学习阵地，还能以不同的方式引导学生学习，使教学效果明显增强。

## 三、建立学习心向的基本要求

结合北京市崇文门中学松雪老师在思想政治课中进行的实践研究，我们总结出建立学习心向的基本要求。

**（一）设计建立学习心向的中心内容**

在建立学习心向策略的实践中，教师往往会提前准备好问题，发给学生，让学生有充分的时间深入思考。教师应该不仅仅是知识的传播者，还应是课前问题的设计者，是课上的导航者，引导学生深入探究、解决问题，并在学生就某一问题讨论白热化时化解尴尬的局面。

教师设计每一次活动时，一定要以学生的已有知识结构和生活经验为基础，不能急于求成，应做到三个“不能”：活动目标不能过高；活动范围不能过宽；活动内容不能空泛。教师的教学过程应从准备教学设计开始，学生课前建立学习心向也应是教学设计中的一个重要环节，引导学生建立学习心向是教师备课的内容之一。教师应设计好学生课前需要准备的知识内容、范围，以及获得知识的方式、途径等。教师应在理顺《新课程标准》的基础上，充分挖掘教材内容，提供给每一个学生有效可行且合乎实际的知识框架。

思想政治课教学中的很多内容都与学生的现实生活密切相关，教师在备课时应根据《新课程标准》的要求，在准确把握教材的基础上，把与生活密切相关的部分提炼出来，为学生设计好活动主题或活动内容，让学生自主开展实践活动，并在课堂上展示活动成果。让学生通过动手、动眼、动脑参与其中，掌握获得知识的方法，可以收到很好的教学效果。

例如，讲高一《经济生活》中《银行的分类及其职能》一课时，教师可以让学生去了解家附近都有哪些银行，这些银行的名称是什么，并详细了解这些银行的业务范围。讲《储蓄的类型及作用》一课时，教师可以让学生去银行或其他储蓄机构，用小数额的钱开立账户，并且独立填写开户申请单；或者与父母一同去取款，了解取款的程序及相关手续。这样，在讲课时，学生就能清楚地说出存款单或取款单的填写方法、存期的长短、存款利率等信息。这种方式不仅锻炼了学生存款、取款的实践能力，又帮助他们在实践中掌握了相关的储蓄常识。在讲《树立正确的消费观》时，教师可让学生按照合理消费的要求，结合自己家庭的收入状况，制定一份家庭月消费计划，或者一份自己的零花钱消费计划，同时让他们在课堂上充分阐述自己的设计，互相讨论，比一比谁的计划更合理。

**（二）研究建立学习心向的指导策略**

教师在进行活动安排时还要探索合适的指导策略。教师的指导策略实施得如何，关系到学生有意注意和无意注意保持的长久程度、活动过程能否顺利完成等问题。因此，必须研究在不同情境下对不同学生的指导策略的设计和实施技巧，尽量保持学生对建立学习心向的积极性。常见的指导策略有如下几种：

1. 激励法

每位学生都渴望得到教师的认可，教师应不吝惜自己的表扬。当学生在学习中取得进步时，教师要及时给予学生充分的肯定，让学生有一种“我能成才”的自信心。教师要善于欣赏学生，即使学生在某次活动中并无成果，教师也不应指责，而应帮助学生去分析失败的原因，并且鼓励学生继续实践。教师应该用审美的眼光来看待教育、看待学生，尽量去发现学生的长处，哪怕只是很小的优点。

2. 激将法

当学生在实践活动中受到挫折，教师应想办法激起学生的勇气。比如，学生在采访某人受到拒绝时，教师可以帮助学生分析被拒绝的原因，协助学生完成采访，并不断鼓励学生，帮助学生树立信心和勇气。中学生正处于青少年时期，上进心很强。教师可利用学生的这一心理特点，培养他们知难而进的进取意识。

3. 求助法

教师有时候可蹲下来，向学生求教，让学生也感受到传授别人知识的成就感。

**（三）了解建立学习心向的条件**

为了使课前学习准备更有实效性和针对性，教师必须对学生方方面面的情况进行充分的调查和了解。学生是学习的主体，他们建立学习心向直接受学习热情的高低、自我管理能力和活动能力强弱的影响。因此，教师必须全面了解学生的知识结构现状、能力层次、研究兴趣、活动区间和生活环境等。

1. 兴趣方面

教师既要了解学生对参与建立学习心向所持的态度，也要了解学生对哪种建立学习心向的方式感兴趣，并愿意参与哪种类型的活动。

2. 知识结构方面

中学生的知识结构尚未定型，容易出现偏科现象，因此教师有必要对学生的学科知识现状进行调查，以便在设计活动时更有针对性。教师在开展活动时可以最大限度地发掘学生的聪明才智，如了解他们更喜欢人文科学还是自然科学，学得最好的是哪些学科，最不感兴趣的是哪些学科，喜欢看哪种类型的课外书等。

3. 合作意识方面

现在的学生大多是独生子女，而建立学习心向的大多数内容需要集体的协作完成。因此，激发学生的合作意识就成为教师进行建立学习心向教学设计前必不可少的一个环节。

4. 活动能力方面

教师应尽可能地了解学生的性格特点及日常生活中的行为习惯。如学生是否经常与其他同学交往，是否愿意与陌生人聊天，是否经常与家长交流，是否敢在大庭广众之下高声说话，是否愿意到一个不熟悉的部门采访等。学生的活动能力有强弱之分，而活动能力往往受到家庭环境和心理性格等方面的影响。一般来说，性格外向的学生社会活动能力比较强，但自制能力相对较差，工作相对浮躁；而性格内向的学生虽然不善交际，拙于言辞，却非常沉稳。教师在教学设计时要根据不同学生的具体情况制定不同的指导策略。

5. 困难预见方面

教师要提前了解学生对待活动的真实态度，帮助学生消除顾虑，为学生的实践活动提供必要的支持。例如，有些学生认为，花过多的时间做调查采访没有必要，他们担心因为遭到拒绝或用时过长使其他科目的学习受到影响等；还有的学生惧怕面对客观存在的困难。教师可以向学生了解他们希望学校能为他们提供哪些方面的支持和帮助，如是否需要学校提供校内图书馆、电脑室等。教师若能全面地了解学生的主客观情况，在进行教学设计时就能做到有的放矢。

## 第三节　建立学习心向的案例及评析

**案例：**

### 建立学习心向策略在英语复习课中的应用

北京钢铁学院附属中学　汪艳美

**一、问题与困惑**

一直以来，各类英语笔试中，阅读部分的分数都占卷面整体分数的30%左右，无论考生是初中生、高中生、大学生还是成年人，都对这一题型极其重视。北京钢铁学院附属中学是一所普通中学，学生们的学习能力属于中等偏下，平时的学习处于“不到考试不着急”“平时不用功”的状态。而英语是一门需要长期学习、积累的学科，对他们来说，是很难学好的科目。英语阅读只有在学生们掌握了一定的词汇量，并且有了一定量的阅读训练基础的情况下，才能有较高的答题正确率。所以，在有了一定能力，辅之以做题策略后，他们才能在这类题型上取得较理想的成绩。

**二、学生学情分析**

我校本届高三学生在高一入学时，全区排名基本上是在8 000～9 500名之间，学生的基础比较薄弱，尤其是对阅读理解题的分析，学生缺少对专题内容的方法总结。所以在授课时我常常帮助学生归纳一些解题的方法，并用“以点带面”的方法，处理所授的专题内容。由于高三学生要参加高考，所以我把帮助学生总结归纳解题方法和技巧作为教学重点。

目前我负责高三文科A层班和理科A层班的英语教学。这些班的学生相对普通班学生而言，有一定的学习自觉性，至少课堂上大部分学生能够听从教师的指导，能够参与课堂活动，能够思考问题并认真学习。但学生在课下的自我掌控能力较弱。这主要体现在非书面作业不完成、笔头作业的完成情况也不尽如人意两个方面。因此，作为教师，应从学生的实际出发，把握授课内容的密度及难易度。

案例课我选用了理科A层班。理科A层班的学生们平时只喜欢做数、理、化的练习题，因为他们觉得每做出一道题都会增强自信心，而做英语题，尤其是阅读题时，错误率有时甚至高于正确率，这使他们失去了做题的兴趣。为此，我这节阅读复习课应用了“建立学习心向及合作学习策略”。

**三、教学策略应用及效果**

1. 教学环节1：帮助学生建立积极的心理准备

课前对学生进行的学习适应性测验（AAT）结果反映出我校学生在学习热情方面普遍不高。学习热情主要体现在学生是否有主动自觉学习的习惯；是否厌学；学习的努力程度等方面。因此，我采用了建立学习心向策略，即在正式学习之前，帮助学生建立积极的心理准备，这对以后的学习具有积极的定向作用。（头一天给学生布置五篇阅读练习，并要求其在规定时间内完成，且在做题时，学生需在文章中画出答题区间，为第二天课上讲评分析做充分的准备。）

针对学生们的测评结果中反映出的一些问题，如做任何事都以自我为中心、不会听课、不懂交流和沟通等情况，我从预习、复习、课上参与等听课方法中挑选了“预习＋课上参与”的组合形式，要求学生以相互结对或结成小组的形式进行合作学习，这将有利于他们提高理解能力，发展新的技能。实践证明，这种方式能起到事半功倍的学习效果。（这节阅读复习课主要就学生作业中的中等及中等偏上难度的B篇和C篇做详细的讲评分析，要求学生在订正答案之前以小组合作学习的方法确认每小组的每题答案，再让小组代表与同学一起分析。）

2. 教学环节2：小组合作学习

课上，我先将学生分组，要求小组内进行充分讨论，并订正答案，具体教学设计如表1-1所示。

**表1-1　教学环节2的教学设计思路**

| 内容设计 | 时长（分钟） | 教师活动 | 学生活动 | 设计意图 |
| --- | --- | --- | --- | --- |
| 小组讨论、订正答案 | 4 | 将全班43名学生分为7个组（其中1个组为评价组）<br>①订正各题答案<br>②认为自己答案正确的学生阐述答题的依据 | 学生讨论，可有不同意见，但要各自说明理由 | 学生通过小组合作学习，可以取长补短，各抒己见，引发求知欲 |

课堂上，同学们畅所欲言，绝大多数同学能够积极参与到小组学习中来，且乐于合作，达到了本教学环节的预设目的，具体情况如表1-2所示。

**表 1–2 教学环节 2 学生学习投入状态统计表**

| 时长（分钟） | 学习小组 | 认真倾听（5 分） | 小组讨论参与度（5 分） | 发言（5 分） | 呼应（5 分） | 自主阅读（5 分） | 小计 |
|---|---|---|---|---|---|---|---|
| 6 ～ 10 | 1 | 5 | 5 | 5 | 5 | — | 20 |
| | 2 | 5 | 4 | 4 | 5 | — | 18 |
| | 3 | 5 | 5 | 5 | 5 | — | 20 |
| | 4 | 5 | 5 | 5 | 5 | — | 20 |
| | 5 | 5 | 4.5 | 4.5 | 5 | — | 19 |
| | 6 | 5 | 4 | 4 | 5 | — | 18 |

3. 教学环节 3：学生主讲答疑

小组内充分讨论后，请小组代表上台讲评，并鼓励主讲同学组织课堂，回答其他学生的提问，具体教学设计如表 1–3 所示。

**表 1–3 教学环节 3 的教学设计思路**

| 内容设计 | 时长（分钟） | 教师活动 | 学生活动 | 设计意图 |
|---|---|---|---|---|
| 展示 | 18（2+8+8） | 根据自愿的原则，请两个小组的代表到讲台上讲评分析两篇文章<br>①先综述文章的主旨大意<br>②订正各题的答案，且找出答题区间（可请下面小组同学来回答）<br>③下面的同学如有疑惑，可提出质疑，前面的主讲可自己回答，也可求助本组其他学生 | 主讲同学成为讲解员兼课堂组织者，下面的学生先倾听，后提问 | 学生根据学习的需要，带着问题听，如仍有疑惑，可举手提问 |

学生在课堂教学环节3的表现情况如表1–4所示。不难看出，学生自始至终都非常认真地听课。由此也表明我们实施的“建立学习心向策略”是成功的。教师引导学生们做好准备性的学习，使学生们在从课前的作业完成到教学环节2的小组合作学习的准备过程中，更好地奠定了理解文章的坚实基础。在主讲同学解析后，学生针对还没能完全感悟的难度高的题向主讲同学提出质疑，这时，主讲所在组的其他成员也可以帮助主讲一起答疑解惑。课堂呈现出积极学习的氛围。

**表1–4 教学环节3学生学习投入状态统计表**

| 时长（分钟） | 学习小组 | 认真倾听（5分） | 小组讨论参与度（5分） | 发言（5分） | 呼应（5分） | 自主阅读（5分） | 其他 | 小计 |
|---|---|---|---|---|---|---|---|---|
| 21～25 | 1 | 5 | — | 5 | 5 | — | 5 | 20 |
| | 2 | 5 | — | 4 | 5 | — | 4 | 18 |
| | 3 | 5 | — | 5 | 5 | — | 5 | 20 |
| | 4 | 5 | — | 5 | 5 | — | 5 | 20 |
| | 5 | 5 | — | 4.5 | 5 | — | 4.5 | 19 |
| | 6 | 5 | — | 4 | 5 | — | 4 | 18 |

由此可见，建立学习心向的意义就在于:（1）提高学生从广域网获取信息的能力。（2）提高学生分辨、总结、归纳、取舍及表达的能力。（3）加强学生之间的交流互动。（4）把学生受教育的过程贯穿于学生生活的始终。学生对一个知识进行准备的过程，也是他接受教育的过程，同时更是不断学习的过程。教学目标从课堂这一狭小的空间扩展到整个学习的过程，比硬性教育更受学生欢迎。在整个学习过程中，学生们都乐在其中。（5）增强

学生的德育成效。通过建立学习心向策略的实践，学生不仅在学习上大有进步，同时还在思想上受到了教育，每位同学都在为自己所在组积极努力。

除了6个学习小组以外，还有一个组的学生担任了本节课的评价组。他们对班上各学习小组的同学在课堂的表现做出了评价与统计，如表1–5所示，并在下课前做出小结。评价组的每位同学手上都有一份评价表，每位同学负责一组。

**表1–5 对各学习小组的评价表**

| 学习小组 | 共有人数 | 认真倾听人数 | 参与讲解人数 | 提出有效问题次数 | 回答问题次数 | 提供帮助次数 | 总计次数 | 平均每人参与次数 |
|---|---|---|---|---|---|---|---|---|
| 1 | 6 | 6 | 3 | 4 | 4 | 3 | 20 | 3.3 |
| 2 | 6 | 6 | / | 3 | 3 | / | 12 | 2 |
| 3 | 6 | 6 | / | 2 | 5 | / | 13 | 2.1 |
| 4 | 6 | 6 | / | 3 | 4 | 3 | 16 | 2.7 |
| 5 | 6 | 6 | 3 | 1 | 3 | 4 | 17 | 2.8 |
| 6 | 6 | 6 | / | 3 | / | / | 9 | 1.5 |

评价组对本节课的小结情况如下：最佳解题同学为丁家正、胡男、王敬旸，最佳提问同学为陈炼、刘佳仁、苗晗，最佳协作小组依次为第1组、第5组和第4组，最佳评价员为高鑫。

**四、本节课的启示**

本次案例课在高三（9）班应用了“建立学习心向策略”，该策略激发了学生学习英语的兴趣。教师在备课时，邀请了学习程度不同的4名学生共同参与，因此，教师在设计课堂教学与活动时，对学生的前期学习有了充分的心理准备。这有利于课堂上有序地组织学生思考并使他们围绕重点进行学习，也保证学生在做题过程中，坚持既定的学习目标，采取有效方法完成学习任务。

在实践运用“建立学习心向策略”的时间里，课堂教学效果比以往有了明显提高。学生们呈现出极大的英语学习热情。课前，学生们忙碌准备，从5篇阅读材料中找出可以支持自己观点的答题依据。课上，每位同学在组里讨论时都对与自己不一致的观点据理力争，并用明确、清晰的语言去驳斥，这都要归功于学生课前的充分准备。有准备的学习使学生的各方面能力得到了提升和锻炼。我们倡导的“活到老，学到老”的学习理念并非是要求学生在教师的带领下学习，而是引导学生掌握学习方法，受用终生。在采用该策略之前，部分学生认为英语阅读课的练习只是为了完成教师布置的任务，在他们练习之后，教师一定会给讲明白。但实施了“建立学习心向策略”后，教师的一言堂转化为以学生为主体的课堂。学生会在课下追着教师说解题思路，让教师帮助检查是否正确。课上更是积极参与，师生间的交流大大增强了。此外，学生在英语学习上有了显著进步。同时，学生对于自身的学习思想有了进一步的认识，在师生、生生的互动过程中加强了班级成员之间的凝聚力。

以下挑选了部分学生的思想感受：

金艺文（各科学习都很优秀的学生）：这种形式的课可以让我们对阅读的文章有更多的注意和更深的理解，思考过程也很充分。

樊润泽（对英语学习感兴趣的学生）：通过这次课，我觉得“思与学”能让我们自主学习，充分挖掘我们的潜力，我认为这种模式非常好，希望能继续开展下去。

胡男（英语学习中等偏下，但组织能力强）：其实作为主讲人，我对这堂课的参与度不用多说。给我印象最深的一点是同学们团结向上的精神！同学们积极踊跃地回答问题！平心而论，这是我们上过最好的一节公开课！

李云龙（聪明但不认真的学生）：通过这堂课，可以使同学们更好地融入课堂，上台的同学可以提高他们的表达能力，另外，同学提问以及同学解答问题，可以充分地解决我们经常犯的错误。

（注：以上提及的学生名字，均为化名。）

**评析：**

该课例针对的是高三学生英语阅读理解比较薄弱的问题。教师运用建立学习心向的策略，帮助学生学会了分析阅读理解题，帮助学生总结归纳阅读理解题的解题方法和技巧。教师在备课时，找来学习程度不同的学生，对学生的前期学习有了充分的心理准备，并据此设计课堂教学与活动。学生在课堂上积极参与，围绕重点积极思考，自主学习。建立学习心向策略的运用激发了学生学习英语的兴趣。学生在课前的积极准备使课堂教学效果比以往有了明显提高，学生们呈现出极大的英语学习热情。

# 第二章　激励性课堂氛围的策略

教与学过程的有效建构是指教师以自身的经验、学识、人格、热情与智慧激起学生维系学习动力的过程。师与生、生与生的认知、情感和活动的真情合作与讨论，构建了激励性课堂教与学的积极氛围，是课堂教学目标有效实现的最根本动力。激励性课堂氛围是建立有效教学，培养学生学习动力、学习志趣以及综合学力的有效前提，教师建立激励性课堂氛围是教学基本功之一。

## 第一节　激励性课堂教学氛围概述

### 一、什么是激励性课堂教学氛围

激励性课堂教学氛围是指在教学设计、教学活动和教学辅导等活动中，通过与教学有关的各种方式、手段、内容、教学场景、人际氛围，尤其是目标任务等展现出的积极、健康、高效的活动场，有时也称为与有效教学有关的积极的教学情景和环境。

氛围听起来比较抽象，但其实通过人的感知觉活动对外部环境的体验和反映，可以窥见环境氛围的客观存在。像公共活动场所闹哄哄的“软”环境和五光十色的“硬”环境很容易使人的注意力涣散，从而对学习产生负效应。因此，课堂作为用于学习活动的专设环境，对氛围要求特别高，尤其要注意保持师生对学习活动注意力的集中。

## 二、建立激励性课堂氛围的意义

心理学实验研究结果表明，一个没有得到激励的人，仅能发挥其能力的20% ～ 30%，而当他受到激励时，可以发挥其能力的80% ～ 90%。也就是说，同样一个人，在受到充分激励后，所发挥的作用相当于激励前的三至四倍。

具体说来，建立激励性的课堂氛围具有以下四个方面的意义：

### （一）有利于建立起和谐、融洽的师生关系

融洽的师生关系可以使教学信息顺畅地以正能量的方式传递给学生，最大程度降低教与学的效能损耗。教师和蔼的语言、亲切的态度，能拉近师生间的心理距离，使学生对教师产生信赖的情感，从而能够自觉愉悦地接收教师传递的信息。

### （二）有利于激发学生的潜力和学习动力

学习活动的最高境界就是学生将学习潜力发挥到最佳。研究表明，中小学生学习只有在确立高于现有水平的要求下，才会产生有效学习，发挥学习潜力。而使学生发挥潜力并实现有效学习行为的策略，主要受学习场景等外部氛围和兴趣等非智力因素的影响。总之，积极的氛围会促进学习潜力和效能的发挥，且学习动力对学习效果具有决定性作用，因为学习动力也是学习目标之一。

### （三）有利于营造活跃的课堂氛围

课堂教学中，师生的心理无疑应处于生动而活泼的状态，沉闷的课堂氛围无论是对学生群体还是个体而言都是非常不利的。为了避免课堂教学心理氛围出现僵化，教师首先应该把每一个学生都视为活生生的具有主观能动性的人，并且相信他们具有积极的学习期待和对成功的向往、求知的策略，具备一定的接受能力、自我学习调控能力和创造能力等。对于一个某段时期或较长时期内表情冷淡、

反应迟钝、学习消沉的学生，教师绝不可以轻易地视之为“不可雕”的“朽木”；相反，他们这种对于学习的消极反应恰恰表明了他们作为个体的生动存在，而在这种存在的背后必有更深层的原因。教师应查找问题所在，并做出科学的诊断和有效的矫治。

### （四）有利于获取最佳教学效果

课堂教学的激励性氛围有利于学生学习行为与教师教学的顺应同化。建构主义认为，学生的学习过程是一种心理活动的顺应与同化过程。教学活动中，教师的教与学生的学实际上是两个心理活动过程，一旦学生学习活动与教师教授、启发、设问以致评价与学生的有效学习形成认知活动的顺应与同化，师生、生生之间必然会产生共识、共鸣、共赏的学习境界或氛围，引发积极、愉悦、有效的教学行为。正如江苏省特级教师周度所认为的：“如果一个教师善于调动学生对于知识的主动追求的欲望，善于引导学生唤醒自身的知识储备和经验积累，善于排除学生在知识和心理两方面的障碍，并诱导学生在克服困难的过程中获得成功的满足，那么，课堂教学的心理氛围必定是活跃的，同时也是愉悦的。”[1]

教与学激励性课堂教学氛围作为课堂有效教学氛围的根基，是保证学生学习动力的重要原因，直接关系到课堂教学过程是否能够有效、有序地开展，关系到教学目标是否能达成，等等。因而要成为优秀教师，首先必须具备建立积极有效的激励性课堂教学氛围的意识与素质。

## 三、激励性课堂氛围的特征

在课堂中要营造一种什么样的氛围，各种特定的氛围又怎样影响着人的心理与行为，这对于成功地完成一堂课的教学任务来说，

1 周度. 关于课堂教学心理场的构建［J］. 上海教育科研，2005（5）：10–25.

具有特殊的意义。遗憾的是，一直以来，对于课堂教学中的氛围与高潮的研究和讨论很少。激励性课堂氛围的形成、构成的方式、产生的原因，以及氛围与人及人的活动的相互影响似乎永远处在变化的、模糊不定的动态之中，其中的规律似乎至今仍然处于“黑箱”内。

即便如此，激励性课堂氛围在某种程度上仍是一种可控的人文环境。课堂同家庭、剧院、工厂、田园、实验室、图书馆、博物院、公园、饭店、车站、码头、战场一样，是一种可控的人文环境，且课堂教学活动是一种带有鲜明目的性和计划性的有组织的活动，这使我们对于课堂教学氛围的讨论不仅有必要而且有可能。

## 第二节　激励性课堂氛围的基本操作程序及具体策略

“蓬生麻中，不扶而直；白沙在涅，与之俱黑。”课堂氛围对课堂教学具有正反两方面的作用。

### 一、激励性课堂氛围的实施

我们把激励性课堂氛围教学操作程序概括为以下几个方面：

#### （一）突出强化教学重点和难点

教学中应尽量突出和强化教学重点。教师可以利用教学媒体表现重点文字，用画面资料加深学生印象。学生不易理解的学习内容通常是教学难点。有时用口头语言表达无法达到教学目标，如物理教学中的“加速度”概念，则可以利用计算机进行模拟，会收到更理想的教学效果。

### （二）创设情境，诱发动机

在教学之初或过程中，教师可以利用教学媒体为学生营造一个特定的教学情境。这是学生认知的需要，有利于学生进行意义建构，也是调动学生学习积极性、激发学习兴趣、诱发学习动机的需要。另外，教师还可以利用媒体进行案例呈现，增加变式，以利于学生建立概念。

### （三）提供事实，建立经验

在学习过程中，由于条件的限制，有些事物或现象难以观察，或不可能亲身体验，那么，教学媒体就可以提供可感知的事实材料，帮助学生建立感性认识。

### （四）显示过程，形成表象

利用教学媒体，特别是电视、电子计算机等善于表现运动的媒体，可以充分表现事物发展变化的过程，使学生形成对问题的形象认识。有些问题只用言语是无法解释明白的，辅之以多媒体教学材料则可以为学生提供更直观形象的理解维度。

### （五）设置问题，启发思维

根据心理学家林崇德教授的研究，智力的核心是思维。培养智力，首先要培养思维能力，而培养思维能力要从培养学生的思维品质入手。在教学过程中，教师可以利用教学媒体设置问题，帮助学生建立积极的思维习惯，训练其思维品质。

### （六）促进有意注意和无意注意的相互转换

学生的学习主要是有意注意起作用，但无意注意的教学作用也是不可忽视的。学生在课堂上注意力的集中时间是有限的，因此，教师要充分利用注意的相互转换，缓解学生的紧张感，使学生轻松愉悦。

### （七）促进抑制状态向兴奋状态转化

研究证明，心理上处于抑制状态的学生无法进行有效的学习。

有时学生对教师的教学方法习以为常，产生麻木感，或对学习内容不感兴趣，随之产生抑制现象。教师可以利用教学媒体，采取一定的方法（可以是学生意想不到的方法），打破平衡，将学生消极的心理状态调整到积极的心理状态，使学生的情绪兴奋起来，促使学生有效学习。

### （八）促进兴奋状态向理性化发展

教师使学生进入兴奋状态只是手段而不是目的。教师帮助学生形成良好的心理状态，可以使学生的抽象思维能力得到充分发展。

### （九）培养学生的表现力

对学生表现力的培养是现代社会对教育的一项重要要求。一个没有自我表现力的人在未来社会中是没有立足之地的。教师应该让学生自己利用教学媒体发表意见和观点。这样，学生在课下需要做大量的准备工作，从而突出了学习的主体性，培养了自我表现力，提高了自我效能感。

## 二、激励性课堂教学氛围的操作策略

激励性课堂教学氛围的建立，需要教师与学生共同创设一个信任、融洽、尊重、支持的学习场景或氛围。这首先对教师提出了挑战。教师应该是谦逊、博识、包容、智慧、爱生的典范，具体表现为开朗大度、友善待人、热情投入、情绪稳定、真心待人、富有睿智，且在教学活动中尊重学生的人格、关心学生的学习，等等。教师应不断发现学生的需求、情趣和困惑等，给予他们相应的关心，并在与学生的交往中进行潜移默化的熏陶。

教师在教学活动中，应将整个教与学活动建立在学生已具有的知识、潜力、能力和经验（包括学生对于自身文化的认识与体验）的基础之上。教师还应与广大家长建立起合作关系，调动家长关注、支持、配合子女的学习行为，形成激励性学习氛围，帮助学生建立起良好的学习心境。

为了调动学生的学习积极性，教师应帮助学生不断生成学习的自我调控能力，引导学生积极发现错误并认识到出现错误是学习过程中很自然的现象。同时，教师还应鼓励学生大胆提问，并在学生之间开展互帮互学，形成更有深度的激励性学习场，彻底摈弃课堂教学活动中否定、斥责、讽刺、挖苦、互相猜疑、互不信任的消极可怕的课堂学习氛围。

在教学实践中，主要的施教策略有：

**（一）情感沟通氛围策略**

激励性课堂氛围的施教策略带有强烈的情感色彩，注重师生之间的情感沟通。情感沟通策略要求教师要有爱的情感、爱的行为。对学生而言，爱是信任，是尊重，是鞭策。教学过程也是师生间进行心灵沟通的过程，教师对学生有没有爱的情感，直接影响着教师的工作态度和教育行为。在教学过程中，教师带着对学生真挚的情感步入教室，以饱满的热情、和蔼可亲的神态创造出轻松愉悦的教学气氛，会给学生以亲切感、安全感和信赖感。学生的发展水平存在着一定差异，因此，教师不仅要注意与发展水平较高的学生进行情感沟通，更要注意与学习有困难的学生进行情感沟通，及时了解他们的困难。师生之间的情感沟通和良性互动能产生神奇的效果：学生会自觉地尊重教师的劳动，愿意接近教师，希望与教师合作，向教师袒露自己的想法。教师走进学生的情感世界，以心灵感受心灵，以真情赢得真情，这是情感沟通策略的自然结果。

有这样一个案例：

小A原来是一位令老师非常头疼的学生。他虽然很聪明，知识面广，但对于不愿意学习的课程很不用心，在课堂上不是玩就是说话，影响了课堂纪律，也引起了同学们的反感。为此，老师和他以及他的家长进行了多次沟通，但均未奏效。因此，老师常常在心里埋怨这个孩子太难教育。可是在《新型玻璃》一课的教学中，老师一改往常只让学生理解课文内容的习惯，设计了新的教学思路，让学生在课前查阅了大量新型玻璃的资料，使学生在查找资料的过程中，感受到了科学的魅力，激发了探索、发现的欲望。令人吃惊的是，小A竟然第一个上台做介绍，他说："大家好，我店现在出售一种新型生物玻璃，它看上去像普通的有机玻璃，可是它的用途可大了，可以替代人体的骨骼。当人们遭遇不幸导致骨折时，可以用它替代被损坏的骨头，骨癌病人、白血病人都可以换上这样的生物玻璃。它有很广泛的使用价值，欢迎参观选购。"一个小淘气说："这太神了，不可能吧！"小A自信地说："不信，你看我查的资料。"他骄傲地告诉同学们："我从互联网中查到许多新型玻璃的资料呢！"此后，小A经常是课上发言的主角，有时上完课了还意犹未尽，他跑过来问老师："老师，还能再上一节语文课吗？"多可爱的孩子呀！望着他的笑脸，老师好像明白了什么：原来他平时表现出的厌学，是因为对所学内容已经知晓，课堂对他没有吸引力，学习起来才感觉索然无味。

小A的变化应该引起我们的思考：教师应尊重学生、相信学生，用心去创设激励性课堂氛围，提供给学生自我展示的空间和发表独特见解的机会，任他们展开想象的翅膀去尽情遨游……也许学生的有些想法在成人的思维习惯中是荒诞离奇、无法实现的，但几十年后，他们的梦想很可能成真，也许他们就是中国的"爱迪生""爱因斯坦"。

### （二）引入激励性课堂学境的策略

引入激励性课堂学境策略要求教师充分尊重学生在学习中的主体地位，善于为学生的主动发展创设各种有利的条件和学习情境，引导学生进行自主学习。学生是他们自己生命的主人，是发展的主体；教师是学生愉快、健康发展的引导者和领路人。在日常教学过程中，教师应积极为学生创设主动发展的条件和情境，鼓励学生树立自信心，挖掘学生发展的潜能。例如，给学生提供主动思考的广阔空间，引导学生自主选择、敢于尝试、亲身体验、主动发问、积极探究等，给学生提供展示自己才华的机会。

### （三）构建合作探究氛围的策略

合作意识和合作能力是现代社会对人才的必然要求。这一批学生中的独生子女占多数，独生子女有一个共同的特点，那就是合作意识较弱。这给学校的教育教学工作提出了新的挑战：培养学生的合作意识和合作能力。

合作探究氛围的策略要求教师在教学过程中，重视培养学生的合作意识与能力，营造师生共同学习、一起探究问题、解决问题的氛围，建立起对话式、交互式合作氛围的教学。教师应注重创设合作式教学情境，在课堂上提出开放型的问题，让学生以小组、同桌等形式合作交流，一起探究解决问题的方法。

在这种共同合作氛围的交流、探究中，学生不仅强化了合作的意识，也逐渐掌握了学习的本领，成为学习的真正主人。

有这样一个案例：

教师讲《蛇与庄稼》一课时，让学生从自己感兴趣的段落开始学，但要求学生首先解决蛇与庄稼之间的关系。在初读课文的时候，学生认为，由于当地发生海啸，蛇被洪水淹死了，田鼠逃到树上，等洪水退了田鼠又回到地里糟蹋庄稼。学生再次默读课文时，发现蛇、田鼠、庄稼相互之间都存在着联系。为了让学生尽快理清三者之间的关系，教师发给每位学生一套卡片，进一步组织学生进行小组学习，启发学生去思考，然后让学生用简洁的语言将三者之间的关系表述出来。一个小组的同学在黑板上写着：

吃　　　吃
蛇———田鼠———庄稼

“有不同意见吗？”教师请学生思考。

“再读读书，看看有什么新的发现？”

另一位学生上来写道：

吃　　　吃
蛇———田鼠———庄稼
（多）　（少）　（好）

这说明学生了解了蛇与庄稼之间的联系，“还有吗？”“我有！”一个勇敢的男孩走上讲台写下了：

吃　　　吃
蛇———田鼠———庄稼
（多）　（少）　（好）
¦¦
———间接保护———

这说明学生通过自学，同学间的互学、交流、互补，完全理清了蛇、田鼠和庄稼三者之间的关系。

这时，另一位学生举手说，田鼠和庄稼之间不应该是“吃”的关系，田鼠不是在那儿吃，而是在那儿“糟蹋”。这时学生对“糟蹋”这个词也有了了解。

在恰当、周密的教学活动中，学生能在信任、互助、质疑的交流中意识到不同学习任务的不同层面，相互借鉴、完善各自的集体策略，从而自我建构个性的、有效的认知与知识。教师要鼓励每个学生，且教师自身也要做到信任、互助、质疑，大胆地参与、探索和交流。每位学生都有自己的知识基础、认知风格和经验库，针对不同的学生，教师可以就某一学习任务设立不同层次与角度的假设和推论。高明的教师应该促进学生之间、师生之间的沟通与互信。学生面对各种不同的观点，应在学会包容、理解、尊重的前提下，友善、认真地表达自己的见解，被提问者要学会聆听、解析他人的见解和建议，懂得赞赏、鉴赏、感谢、感恩，学会理智地自我解剖、深入地分析问题，设计自我解决问题的方案等，这就是高水平的、激励性的学习氛围。

**（四）激励创新氛围的策略**

创新精神和能力是新型人才的本质特征。陶行知在《创造宣言》中提到："处处是创造之地，天天是创造之时，人人是创造之人。"为创新型人才的成长提供宽松的氛围，鼓励学生创新，增强学生创新意识，是素质教育施教策略的重要内容。激励创新氛围的策略要求教师保护学生的好奇心和丰富想象力，并使之逐渐发展为创新意识。教师通过挖掘教材中有利于创造精神培养的诸多因素，精心设计问题，通过营造宽松的教学氛围，激发不同水平的学生进行思考和创造，使学生面对问题敢于创新、敢于标新立异。教师不仅要注重在课堂教学中给学生创设展示自己探索精神的情境，还应鼓励学生参加各种社会实践活动，让学生多动手、多体验，做到学以致用，使其在课堂上学到的知识鲜活起来，真正发展自身的创新能力。教师不仅要引导学生体验成功的喜悦，更应该引导他们学会如何正确面对挫折和失败，给予他们及时的安慰和鼓励，激发学生不怕困难、知难而上的精神。例如：在《达尔文和小松鼠》的课文中，书上的图是一只小松鼠爬到达尔文的背上，达尔文双手交叉站在那里一动不动，树上的松鼠妈妈着急地在叫小松鼠。在教这篇课文时，教师应启发学生看图想象：这只小松鼠会怎么说，怎么做？松鼠妈妈会怎么想？达尔文又会怎么做？让学生边看图，边想象。有的学生说："小松鼠说，妈妈你快来陪我玩。妈妈一看，立即大声喊，孩子快下来！那不是树，是人。而小松鼠说，不是人呀？你看他一动不动。"又有学生补充说："这时达尔文想，我不能动，一动小松鼠就吓跑了。"学生你一言我一语，发挥了他们丰富的想象力。学生只有逐步从敢于想象，到乐于想象，进而发展到善于想象，他们的思维才能在创新性思维空间中活跃起来。

低年级学生虽然年龄小，但他们的思想并不是一张白纸，在已有的生活、学习和社会活动中，他们已经逐步形成了自己对各种事物和现象的认知和理解，而且还具备了利用现有知识经验进行推论的能力。所以，教师可以凭借低年级教材图文并茂的特点，利用插图来激发学生的观察力，使学生通过想象把静止不动的图在头脑中变成活的，使他们有身临其境的感觉。

**（五）真情场景创设激励氛围策略**

真情场景创设激励氛围策略是指在教学活动中设计与营造亲情、融洽、和谐、交互、质疑、相互激励等的学习氛围。设计者可以从教学方案、学案形式、媒体使用以及设问方式和课件色彩等方面入手。教师形象设计也是教学场景的一部分，温和、亲密的形体动作，设问时信任、期待的表情，恰当的提醒和帮助性语言，以及板书、行走路线等都包含在内。教学过程中，教师还应不断调动学生的问答气氛。此外，各项教具、媒体的巧妙展示，音乐、舞蹈、游戏、活动以及运动等方式都会对课堂的有效学习激励产生积极的影响。比如讲《威尼斯商人》选场时，教师可先让学生听音频，把学生带入戏剧情境，在学生理解课文内容的基础上，再让学生扮演角色，从而激发学生对学习戏剧的兴趣。如此一来，学生不仅能在轻松愉快的气氛中学习知识，还能锻炼听、说、读、想的能力，这样的教学效果也很好。教师的情感、语言动作和教学的内容相融合，形成了一个激励氛围下的有效学习场。这种学习场作用于学生的心理，促使他们主动、积极地投入学习活动。

**（六）活动氛围激励策略**

通过活动或表演展示自己的想法与技能是学生热爱学习、展示自信的一种学习方式。在课堂教学中，教师应该通过系列、多彩、适龄化的学习活动，让每个学生都有展现自己的机会。例如：北京教育学院附属中学的李京老师在设计《我与地坛》（史铁生）一课时，把加强学习活动的刺激度作为此环节的设计目的。教师通过给学生搭建三组思维和推理“脚手架”，促进学生就“作品中感人的情境和形象说出自己的体验”，把体验人物形象，体会作者情感的权利真正交给学生，为“品味富有表现力的语言”奠定基础。部分学生的理解很深刻：那时史铁生还太年轻，来不及为母亲想。他被命运击昏了头，一心以为自己是世上最不幸的一个。他因对生命的绝望而深陷在自己的痛苦里，变得固执、倔强、任性，不断地折磨自己，更不断地为难着母亲。当岁月在时间的打磨中日渐深厚的时候，当“母亲的苦难与伟大在心中渗透得透彻”的时候，尤其是当鼓起生活的勇气，迎来事业上的春天的时候，作者才幡然醒悟，往日如涓涓细流，无声无形的母爱，其实是一片汪洋大海。也正因为如此，作者笔下那些表现“此情可待成追忆，只是当时已惘然”的痛悔与怨愤的语句才是“因真实而产生的伟大力量”。这种力量强烈冲击着我们，震撼着我们，让我们丝毫不会怀疑史铁生的真诚与直率！

### （七）艺术、精彩的教学语言氛围激励策略

教师的口头语言务求清晰、精练、准确和生动；书写语言即板书务须简洁扼要、条理清楚、规范工整、布局合理、突出重点和难点、反映知识内在联系、不写错别字；课堂教学语言必须生动且有逻辑。最重要的是，课堂语言还要多样化，即“为痛苦的学生说句安慰话；为孤独的学生说句温暖话；为胆怯的学生说句壮胆话；为自卑的学生说句自信话；为迷茫的学生说句开导话；为沮丧的学生说句鼓励话；为受困的学生说句热心话；为偏激的学生说句冷静话；为懒惰的学生说句鞭策话；为受冷落的学生说句公道话。这也是积极营造良好课堂教学氛围采取的一种必不可少的教学技巧”[1]。

现如今，教师在课堂上开始尝试与学生彼此走进对方的心灵世界，以智慧开启智慧，用情感激活情感，用心灵碰撞心灵。教师开始使用激励性的语言，如：“你说得真棒！声音再大些，效果会更好！”“你的观点我赞同！”“你想得对，让我们来听听其他同学的意见，好吗？”教师还用激励的动作，如摸摸脑袋，拍拍肩膀，还有激励的目光，亲切和蔼的语气，和学生像亲人，似朋友。这些激励犹如催人奋进的号角，鼓舞着人心，给学生的心灵以正面的影响，帮助学生形成积极的情感，有效地促进学习。有一位教师在讲《富饶的西沙群岛》一课时，先用多媒体教学材料展示了富饶的西沙群岛中鱼多、鱼美的画面，又让学生反复诵读，加深感悟，不断地激发学生的感受。最后，他让愿意画出这些美景的同学到黑板上画画，愿意通过朗诵表达愉悦心情的同学到讲台上朗诵，还请同学把家中收藏的海饰品展示给大家。昔日教师的阵地让给了学生，整个课堂

1 张志军. 浅谈如何营造良好的语文课堂氛围［J］. 新课程研究（基础教育），2009（1）：111.

上歌声、读书声、赞叹声不绝于耳，黑板上鱼游水动，一派生机勃勃的景象。学生在这样集音乐、图画于一体的课堂上学得轻松、愉快。总之，用好、用活课堂激励，会使师生之间形成良性互动。

## 第三节　激励性课堂氛围案例及评析

**案例：**

### 水平传送带上的力学问题

北京钢铁学院附属中学　杨东升

**一、教学内容分析**

传送带上的力学问题是中学物理教学中训练学生分析问题、解决问题的一个很好的素材，它很好地体现了理论联系实际的教学原则。

本节课以传送带运送物体的不同情况为线索，以摩擦力产生、匀速运动、匀变速运动规律、牛顿定律为探究、分析的出发点，让学生构建起“力学观点分析解决实际问题”的基本思路与有效途径，引发学生关注生产生活中的物理问题，体验物理分析问题、解决问题的方法与思路。同时，要求学生在分析物理问题、解决物理问题的过程中，梳理摩擦力、牛顿定律的知识体系，帮助学生加深对牛顿定律的理解并能熟练应用。

**二、学生学情分析**

北京钢铁学院附属中学是一所普通高中，学生学习基础相对薄弱，大多数学生缺少努力学习的积极性。2010 年 10 月，学校对高一（5）学生进行了学习适应性测验（AAT），通过数据统计分析得出：绝大多数学生属于中等水平，在学习的路上，需要教师“赶着走”，个别学生还需要教师“抱着走”。在测验的12项中，学生的学习热情得分较低，全班平均分只有49分，多数学生对学习缺乏兴趣和主动性，一部分学生对自己的学习缺乏信心，还有一部分学生则没有形成良好的学习习惯且尚未掌握有效的学习方法。

上本节课前学生已经学习了必修（一）的内容，对匀速与匀变速直线运动、力的基本性质、牛顿定律有了一定的认识，已经初步具备了基础知识和一定的分析问题、解决问题的能力。

**三、确定建立激励性课堂氛围的策略**

由上述分析可知，教师在教学中运用激励性课堂氛围的策略具有十分重要的意义。激励性课堂氛围策略要求教师对教学环境进行细心设置、对教学内容进行精心编排，加强师生双向的感情交流。另外，师生、生生之间语言行动的激发鼓励也有助于创设激励性课堂氛围，促使学生主动学习。教师应为学生确立切实可行的学习目标，并付诸实施。

本节课主要采取了以下措施：

（1）创设情境，激发学生学习热情，感受牛顿力学知识的巨大作用。

（2）依据学生实际，确定层层递进式的教学目标，使学生努力后可以实现目标。

（3）教师将提问方式变为探究方式，使学生易于理解与接受；重要问题、难点问题及难以呈现的实验以PPT、视频形式呈现。

（4）鼓励学生相互交流，合作完成。

（5）对学生的积极思考、小组交流及时给予评价。

**四、教学目标**

教学重点：摩擦力的特点、牛顿定律的理解与应用；分析问题、解决问题的能力培养。

教学难点：激励性课堂氛围的营造，创设物理情境使学生参与讨论与研究；摩擦力的方向、物理真实情境的呈现。

知识与技能：力的基本性质、摩擦力的特点与牛顿定律知识的系统与理解。

过程与方法：通过就"传送带上的力学问题"进行由简单到复杂的案例分析、自主讨论与语言辨析，使学生分析问题、解决问题的能力得到训练与展示，使学生形成"力、牛顿定律、研究物体运动"的思维方法。

情感态度与价值观：通过传送带上的力学问题，让学生体会学以致用，增强学习兴趣，提高学生从物理学角度看待事物的科学素养。

**五、教学过程**

整堂课分为 8 个教学环节，具体过程设计如表 2–1 所示。

**表 2–1　各教学环节的教学过程设计**

| 教学环节 | 时长（分钟） | 教学内容 | 教师活动 | 学生活动 | 设计意图 |
|---|---|---|---|---|---|
| 环节1 | 2 | 创设预备情境，激发兴趣 | **创设情境 1**：组织学生上课，给学生看一张有三个传送带的图片，并要求将注意力放在中间回转寿司传送带上，向学生提问：当寿司厨师把带有寿司的盘子轻轻放在传送带上，盘子将如何运动（看学生的表现情况，酌情总结盘子的可能运动情况） | 学生讨论、猜测盘子的运动情况 | 激发学生兴趣，引发其求知欲望 |

**续表**

| 教学环节 | 时长（分钟） | 教学内容 | 教师活动 | 学生活动 | 设计意图 |
|---|---|---|---|---|---|
| 环节2 | 6 | 通过观看播出视频认知现象 | **创设情境2：**实验视频演示物体轻轻放在传送带上的运动情况<br>①介绍利用跑步机的实验<br>②实验的制作<br>③初步观察<br>④眼睛观察到了什么，耳朵听到了什么<br>⑤实验的再观察<br>⑥实验的重复慢放<br>⑦眼睛看到的情况、耳朵听到的声音都说明了什么 | 学生通过对视频的观察和声音的判断，确定物体先打滑后匀速运动 | 进一步激发学生兴趣，引发求知欲望 |
| 环节3 | 10 | 相互讨论科学分析 | **创设情境3：**鼓励学生尝试用牛顿第一定律分析讨论<br>①教师在黑板上画出物体轻轻放上传送带后的加速阶段图像<br>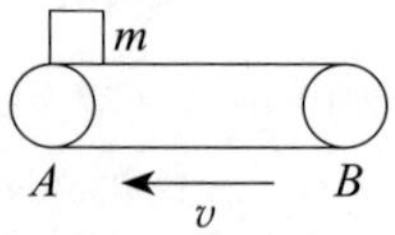<br>②学生根据所学的牛顿定律，看看能否判断自己刚才的看法为什么对了，为什么错了，如果还是理不清原因，可以与其他同学商量<br>③学生代表发言陈述加速的原因 | ①学生积极参与正确答案的合理解释<br>②学生从牛顿定律的角度、从摩擦力产生角度来认识<br>③辨析加速运动是否为匀加速运动 | 促进学生由兴奋状态向理性状态转变 |

**续表**

| 教学环节 | 时长（分钟） | 教学内容 | 教师活动 | 学生活动 | 设计意图 |
|---|---|---|---|---|---|
| 环节3 | | | ④受力分析确定摩擦力的方向<br>⑤匀加速运动<br>（根据牛顿第一定律分析，物体先做加速运动，再做匀速运动，或者一直做加速运动；动摩擦因数、皮带长度、皮带的速度都可能决定现象的出现；板书：做匀加速运动） | | |
| 环节4 | 8 | 相互讨论科学分析 | **创设情境4：**组织学生用牛顿第一定律分析现象<br>①匀速直线运动的原因<br>（教师在黑板上画出物体轻轻放上传送带后的匀速阶段图像）<br>②物体匀速阶段为什么不受摩擦力的作用<br>（牛顿定律物体匀速运动所受合力为0，没有摩擦力；匀速运动时旅客、货物与传送带之间没有相对运动趋势，没有摩擦力） | 学生完成或小组交流完成，并准备陈述解答 | 初步感受所学牛顿定律对生活现象的正确解释 |

续表

| 教学环节 | 时长（分钟） | 教学内容 | 教师活动 | 学生活动 | 设计意图 |
|---|---|---|---|---|---|
| 环节5 | 6 | 联合应用牛顿定律与运动学规律 | **创设情境5：**向学生提问，鼓励思考<br>向学生提问：传送带做匀速运动，当工人轻轻把物体放在传送带上，为使物体一直做加速运动，可以采用哪些方法？<br>（传送带长度一定时，一是可以增加传送带速度，二是可以降低传送带的粗糙程度，三是减少货物的重量，但本法不可取；当传送带长度不定时，可以减少传送带长度） | 设想如何合理分析、运用牛顿定律匀变速直线运动规律，提出解决问题的方法 | 解释、强化教学的重点与难点，从摩擦力的产生、牛顿定律两方面考虑问题 |
| 环节6 | 5 | 解释生产生活现象，为学生解惑 | **创设情境6：**向学生提问，鼓励思考<br>向学生提问：同学们当中有去商厦乘过传送带的吗？有在机场乘坐传送带的经历吗？打滑吗？<br>牛顿理论是否错了，为什么没出现打滑现象；你设计传送带时最好是让乘客体会到打滑好，还是不打滑好；根据牛顿理论你能杜绝打滑现象吗？传送带的速度大约多少合适？（“$V$=1.1m/s”） | ①不打滑或少打滑的好处<br>②运用打滑现象的成因，提出减少打滑现象的有效方法 | |

续表

| 教学环节 | 时长（分钟） | 教学内容 | 教师活动 | 学生活动 | 设计意图 |
|---|---|---|---|---|---|
| 环节7 | 6 | 所学知识的计算应用 | **创设情景7：**用牛顿定律计算应用<br>学生练习题：一水平传送带以2m/s的速度做匀速直线运动，传送带两端的距离为20m，将一物体轻轻地放在传送带一端，物体由一端运动到另一端所需的时间 $t$=11s，求物体与传送带之间的动摩擦因数 $\mu$？（$g=10m/s^2$）<br>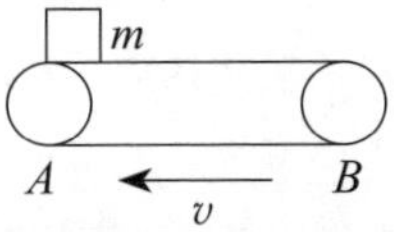<br>**解析：**物体的最大速度为 $V$=2m/s，若在 $t$=11s 时间内一直加速，<br>则 $s=V_t=(V_t/2)t=11m<20m$<br>可知物体不可能一直做匀加速直线运动，而是先做匀加速直线运动，速度达到2m/s与传送带同速后做匀速直线运动<br>板书：设物体匀加速直线运动的时间为 $t_1$，则有 $s=(V/2)t_1+V(t-t_1)$<br>解得：$t_1$=2s<br>由 $V_t-V_0=at$ 得 $a=1m/s^2$ | 学生利用运动学知识讨论此题是两种可能现象中的哪一种，再解题 | 培养学生理论联系实际的能力，构建课堂激励氛围 |

续表

| 教学环节 | 时长（分钟） | 教学内容 | 教师活动 | 学生活动 | 设计意图 |
|---|---|---|---|---|---|
| 环节7 | | | 由牛顿第二定律知：<br>$\mu mg=ma$<br>$\mu=a/g=1/10=0.1$ | | |
| 环节8 | 2 | 小结整合，构建思路 | **小结：**<br>课堂讨论了传送带上力学的两种简单情况，加速运动、匀速运动，（教师板书）尽管简单但它向我们提供了一种分析、解决物理问题的思路：考虑摩擦力的特点、运用牛顿定律确定物体的运动形式；考虑实际应用特点（不打滑或尽可能减少打滑）满足理论知识，合理选择方案。<br>（板书：考虑摩擦力的特点、运用牛顿定律确定物体的运动形式）<br><br>**训练预案：**<br>①传送带由静止开始做匀加速运动且带动放在传送带上的货物，货物会立即与传送带一起一样地加速运动。这是谎言还是真实情况？<br>②（2006· 全国I）一水平的浅色长传送带上放置一煤块（可视为质点）， | 展示结论 | 培养学生建构自己学习与运用知识的思路与方法 |

续表

| 教学环节 | 时长（分钟） | 教学内容 | 教师活动 | 学生活动 | 设计意图 |
|---|---|---|---|---|---|
| 环节8 | | | 煤块与传送带之间的动摩擦因数为$\mu$，初始时，传送带与煤块都是静止的，现让传送带以恒定的加速度$a_0$开始运动，当其速度达到$V_0$后，便以此速度做匀速运动，经过一段时间，煤块在传送带上留下了一段黑色痕迹后，煤块相对于传送带不再滑动，求此黑色痕迹的长度。 | | |

## 六、教学反思

（一）选课题，定目标

这节课的设计以水平传送带上的力学问题为主要线索，以牛顿定律在生活中的应用为出发点，让学生构建起牛顿定律、力产生的特点等知识点，并结合生产生活中的实际问题进行分析，引发学生关注物理对生产生活的影响。同时，学生在分析解决传送带上的力学问题的过程中，梳理了牛顿定律摩擦力产生的特点，加深了对牛顿定律摩擦力的理解。

（二）确定教学策略

对学生进行学习适应性测验（AAT）和数据统计分析发现，绝大多数学生属于中等水平，在学习上需要教师“赶着走”。从测试中可以看出，学生缺乏学习兴趣、主动性和自信心，且热情不高。部分学生没有形成良好的学习习惯，也并未掌握科学的学习方法。

根据测评结果、专家讨论和策略分析，“激励性课堂氛围的策略”最终被教学选用，通过精心编排教学内容、创设情境等方式吸引并激励学生主动学习。教师利用语言、行动激发和鼓励学生，为学生确立具体可行的目标，向学生传递积极的、经过努力可以实现的期望，并督促其付诸实践，帮学生建立信心、获得成功并实现教学目标。

本节课主要采取以下措施：

（1）确定符合学生实际的教学目标，使学生努力后获得成就感。

（2）创设情境，激发学生学习热情，感受物理在生产生活中的应用。

（3）教师将提问方式改变为从生活经验中容易出现物理错误认识的地方作为切入点，从学生易于参与的角度导入问题，并将重要问题以 PPT 呈现。

（4）鼓励学生相互交流，合作完成。

（5）对学生的思考和小组交流给予积极评价。

课堂观察显示：通过对学生参与度和教师提问的有效性的观察，可以看出，教师的教学策略制定得有效得当，目标制定得合理可行。学生的课堂表现得到了教师的充分肯定。

（三）以寿司回转水平传送带为主线，进行教学设计

水平传送带是学生在生活中容易遇到的物理问题。水平传送带力学问题的解决可以应用牛顿定律。常见摩擦力的特点，对学生来讲，不太难，但也不是太简单，学生通过努力能够实现，且有一定的趣味性。

本节课教学设计如下：

环节一：创设情境、激发兴趣

问题：当寿司厨师把带有寿司的盘子轻轻放上传送带后，盘子将如何运动呢？教师将部分学生来自经验的错误答案与一部分

学生来自理性分析的正确答案进行对比，通过创设情境，能够激发学生兴趣，引发学生的求知欲望。以相关问题设置情境导入新课，可以用恰当的示例促进学生的思考，激发学生的求知欲望，使学生以迫切的心情渴望学习牛顿定律相关知识。就本节课的观察点反馈来看，教师以生活中具有鲜明反差的问题导入新课的方式教学效果良好。

环节二：视频实验、展示学科特点

在学生两种答案的基础上，通过视频实验的展示来引导学生观察实验，两种结论的正确与否立即有了定论。这为学生运用牛顿定律进行进一步的分析建立好了平台，且能够激发学生检验各自结论的正确性，并为学生继续探究传送带上的力学奥秘带来动力。就本节课的观察点反馈来看，学生热情参与度高，在环节一出现错误答案的学生，会产生较为强烈的求知欲，少数答案正确的学生则会产生解答的欲望。

坏节三：科学分析、形成方法

引导学生用所学的牛顿定律、摩擦力特点的知识来分析物体与传送带打滑的加速现象。

环节四：科学分析、形成方法

引导学生用所学的牛顿定律、摩擦力特点的知识来分析物体与传送带相对静止时的匀速现象。就本节课的观察点反馈来看，环节三、四对学生分析问题、解决问题正确思路的形成很有用处。

环节五：一直加速，问题的进一步展开

当学生成功解析完物体轻轻放在匀速运动的传送带上的现象后，教师把问题进一步深化，为解决学生乘坐电梯的实际经验而易产生的错误认识做好铺垫。就本节课的观察点反馈来看，这一环节强化了物体的运动状态改变需要时间，以及加速过程中的决定因素等知识点。

环节六：错误经验的由来、实际问题的解决

引导学生思考如何解决传送带对乘客的不利影响，使学生对产生错误的原因进行分析，创造激励课堂氛围。

环节七：计算题

没有时间完成这一环节。

环节八：课堂小结，抓住理论与方法

从传送带的力学问题入手，引导学生思考如何应用牛顿定律、力的特点等知识点来分析问题和解决问题。

（四）结论

再次回顾今天研讨的过程，在激励性课堂氛围策略中，我们能够找出一些关键词，比如“备学生”“提问”“感谢”和“反思”，等等。

1.“备学生”，不是一句空话

我们都知道备课一定要“备学生”，但是平时备课时，“备学生”占了多少时间比例呢？“备学生”，包括了解学生的知识基础、能力状况、兴趣点等，可教学设计是否真正适合学生呢？学生对此感兴趣吗？

这次备课体现的新理念：真正的好课应该是专家、教师、学生一起备出来的。因此，在完成设计后，授课教师可以找两三个学生试讲一遍，让学生说感受，根据学生的反馈进行调整。教师与学生与专家一起备课，这是以前没有的。良好的教学效果提示我们备课找学生参与是非常有必要的。

教学设计要围绕学生的实际，制定适合学生的教学目标。相应设计能使学生积极参与，努力做到，能够获得成功。可以说，本节课的目标制定较为合理，学生通过参与和交流，能够运用学习的知识解决实际生活中的物理问题，这给学生带来了成就感。

2. 教师提问是关键

师生之间的问答一定要围绕主要教学目标和教学策略来展开。问题教学中，设计的问题不能太难，也不能太简单，一定要是学生感兴趣的、经过努力可以解决的、确实存在的。为此，本节课把传送带上的力学问题，改成水平传送带上的力学问题。

备课时，教师对学生的答案要有预期。比如，如果学生一下子就说出来了，就说明这不是好问题，是个无效问题；如果学生回答不出来，一句话不说，怎么办？这时教师可以说："不是很好说，我先做一个示范，然后请你说。"学生能够感觉受到尊重，他会认真倾听，之后就可能回答好。当然，情境不同，处理方法也不同。如果是问题太难了，不适合学生，则可以给学生再搭建一个台阶，让学生能够说出来。这些都需要教师想好预案并在细节处理上下功夫，也需要教师非常熟悉学生。

3. 创设情境，把课堂还给学生

现在很多学生缺乏学习热情。创设一定的教学情境是激发学生学习兴趣，把课堂还给学生的策略之一。

怎么充分发挥情境教学的作用呢？俗话说，磨刀不误砍柴工。通过创设情境来激发学生的积极情绪，激起学生对学习内容的期待心理，就是磨刀的过程。当学生的积极情绪被调动起来后，再进行问题研究，就能收到良好的效果。

本着这样的思想，激励性课堂氛围策略从学生生活常见的水平传送带入手创设情境，产生了很好的激励性课堂氛围的效果。今后的教学更应关注学生对生活中出现的物理现象的应用。激励性课堂氛围策略从学生生活中易出现错误认识的、相反结论的问题创设情境，就能收到很好的激励性课堂氛围的效果。该策略将设计情境的难度控制在学生通过自己努力有可能解决的程度内，使每一位学生都有可能找到正确答案，但不经过严密推理又不可能找到答案。该策略从教师与学生相互平等交流的角度设计情境，只有学生的情绪被充分调动起来，他们才能够真正进入主动学习和有效学习。这些都需要在今后的教学中多注意、多积累。这是我们努力的方向。

课堂观察显示：本节课，课堂时间分配上充分体现了以学生为主体的原则，45分钟的课堂有32分钟都给了学生，其中包括学生思考、答题和展示交流。

**评析：**

该案例采用“激励性课堂氛围”的策略，对教学内容精心编排，创设情境吸引、激励学生主动学习，为学生确立切实可行的目标，向学生传递积极的、经过努力可以实现的期望，并付诸实施；利用教师的语言、行动，激发和鼓励学生，使学生建立信心并获得成功。该策略对学生的积极思考、小组交流给予科学的评价，使激励性的课堂氛围贯穿始终。

# 第三章　支持学生参与学习的策略

支持学生参与学习策略可以说是最基础的教学策略。无论是古代还是现代的教学理论都强调学生的主动学习与构建，没有学生的学习过程，一切教学都无从谈起。因此，教师可以通过各教学环节为学生提供支持，其支持的力度、准确性、丰富性等，是衡量现代教学的重要标准。

## 第一节　支持学生参与学习策略的概述

在课堂教学中，教师往往重视传授知识，而忽略激发和促进学生学习潜能的发挥。教师对于自己作为“帮助者”“指导者”“组织者”“促进者”的角色认知还不够。“支持学生参与学习”就是要把学生从被动学习中解放出来，让学生敢于展现自己的学习优势，当他们遇到困难和阻碍时能够向教师求助，并敢于发表自己的见解。

在课堂教学过程中，教师应为学生创造参与学习的条件和机会。教师带动学生参与学习，能激发他们更大的活动空间和思考空间；学生在参与的过程中能体验和感受到成功的欢乐，能磨砺其思维品质。也只有学生参与了，才能够激发他们的认知、情感和动机，才会更好地调动起他们的积极性。

## 一、支持学生参与学习的界定

美国心理学家布鲁纳（Bruner）说：“学习者不应是信息的被动接受者，而应该是知识获取过程的主动参与者。”支持学生参与学习策略即突出教师在教学活动中的指导作用，而其指导的目的又在于促进学生独立自主地学习。

## 二、支持学生参与学习的意义

促使学生学习方式的变革是新课程改革的一个重点，“一切为了学生”是教师奋斗的目标。教师在价值引导上的落脚点应是学生的自主构建，整个教学过程应该帮助学生不断提升独立性和自主性，帮助学生以更积极的态度应对学习、参与学习，以更饱满的精神和张扬的个性感悟学习、体验创新、分享快乐。课堂上，学生能否成为活动主体的明显标志是学生能否自主参与教学活动。只有学生自主参与学习活动，才能弘扬他们的自我学习意识和自主学习精神，也才能激发其学习兴趣和创新意识，从而达到理想的教育效果。因此，学生积极主动地参与学习，真正做学习的主人，对学生的身心健康、学习效果、学习品质、个性发展都有着积极的意义。

## 三、支持学生参与学习策略的基本要素

支持学生参与学习策略的基本要素是教师的支持和学生的参与。它强调教师如何设计课堂教学，如何为学生积极、有效地参与学习创造条件。

首先，教师要根据学生的不同特点指导学生确定适当的学习目标。适当的学习目标是学生能够顺利开展学习活动的基础，是学生付出一定努力之后能够摘到的“桃子”，它能避免或减轻学生学习的

畏难情绪。

其次，教师要指导学生学会获取、运用学习资源，并帮助其设计合适的学习活动。

最后，教师要善于创设丰富的教学情境，从而激发学生的学习兴趣和学习积极性。

教师要善于引导学生进行探索，使学习过程变成学生不断提出问题、解决问题的过程；教师要善于营造支持学生学习的积极心理氛围。这就要求教师在课堂上能够和学生建立相互信任的关系，能够营造宽松的课堂气氛。

教师还要善于帮助学生对学习过程和结果进行评价。教师也应精心设计，启发引导学生积极参与目标的制定，参与教学反馈，参与教学评估，参与教学监控，参与教学小结。

教师的支持到位，学生的参与度才高，课堂学习的效果才好。

## 第二节　支持学生参与学习策略的基本操作程序及具体策略

### 一、如何在实践中实施支持学生参与学习策略

该策略在实施中可以从三个阶段把握：

前期准备阶段：教师在该环节要强调开展教学活动的目的，引导学生明确要实现的目标；引导学生重温已学过的相关背景知识；示范学习任务所需要的方法，或就任务要求提供有关信息。

教学活动阶段：教师在该环节要做好监督、指导与反馈等工作。

检查与评价阶段：讲评。教师和学生共同就任务完成情况进行

讲评，这一环节的重点任务是检查教学目标的达成，评议教学效果，检查学生对任务的完成情况，进一步明确学习的重点。在该阶段还应注意，教师要给学生提出相关问题的机会，让他们交流与本课有关的看法与体验，分析各自的观点等，由此引导他们珍惜所学，并将其实践于学校以外的社会生活中。

### （一）前期准备阶段

该阶段主要强调让学生提前预习，明确教学目标，设计学习方案。

明确学习目标能更有效地调动学生的学习积极性。学生了解学习目标，可以明确将要学习的重点内容和学习所需要达到的程度，同时，在预习的过程中，学生提出的问题也为在课堂上带着问题学习做好了准备。

明确目标不仅仅是指一节课的总目标，还包括每个教学环节的具体目标。在开始新一章节的教学时，教师指出教学的重点、难点和要求达到的目标以及学生学习需要的背景知识等，以便学生制订科学的学习计划。学生只有在掌握了这些具体的信息之后，才可能制订翔实的学习计划，学生也愿意依据学习计划，选择即将采取的学习策略，积极投入新的学习活动。

### （二）教学活动阶段

学生做好了参与的准备之后，就进入到实质性的阶段，即教学活动阶段。在该阶段，教师可以从以下三个方面着手：激发学生兴趣，调动学生参与的积极性；教学过程中的适时指导；活动结束时的总结讲评。

#### 1. 激发兴趣，调动学生参与的积极性

学生学习任何事情的最合适时机都是在他们兴致高、心里想做的时候。在教学中积极诱发学生学习的兴趣，能充分调动他们学习

的积极性和主动性。

兴趣是最好的老师，学习兴趣能有效诱发学习动机、强化学习动力。在教学过程中，教师只有以学生为本，处处为学生着想，才能激发学生的学习兴趣，让学生独立自主地学习新知识。也只有让学生积极参与课堂学习，才能不断提高课堂效益。教师要充分相信学生、尊重学生，从而充分调动学生的学习积极性。

那么，如何调动学生学习的积极性呢？

（1）精心设计导入环节

好的导入不仅能够马上吸引学生的注意力，而且能够切中活动的目标要害，引导学生不知不觉地走进活动中。总结实践经验可以得出：激起学生的学习好奇心或者让学生对学习知识产生疑问，让学生产生不协调感或认知冲突，采用学用结合的教学资源，使抽象的内容具体明晰化、形象直观化，都有利于激发学生的学习动机。

①教师可以通过讲故事、做趣味实验、运用电教媒体、举实例等教学手段导入课堂教学。

②教师可以将创设情境引入教学活动。通过创设情境，让学生看到实现学习目标所存在的问题，并提出种种假设，寻找有利于解决问题的原有知识，不断进行尝试性的参与。教师可多创设直观情境、交流情境、问题情境。教师有意识地创设教育情境，引导学生主动参与课堂学习，积极动手实践，借助操作启动思维，使学生变被动接受知识为主动获取知识，实现自主探究式学习。面对事件或问题情境，学生可以通过与其他同学开展协作、交流的方式，参与体验教育情境，完成对新知识的意义建构，而不仅仅是倾听教师关于知识的讲授。因而，要促进学生最大限度地参与学习，就必须尽最大可能创设让学生能够自觉参与到自主学习中来的情境与氛围。

无论采取何种导入方式，要想达到预期效果，教师都必须从学生的实际出发，使知识点与学生个人的经历和经验相联系。只有充分运用知识的迁移规律才能对学生学习新知识起促进作用，使学生的学习主体性得到充分体现，才能对教师教学起到事半功倍的效果。

（2）设计有效的问题链

教师在教学实践中存在一些无效的随意提问，这些问题相互之间逻辑关系混乱，并非围绕教学目标而设定，在课堂提问时也没有达到预期的效果。学生在这种问题之下机械地应答着，这种应答往往是一种封闭式的，比如“是”“不是”等答案，而不是启发学生开动脑筋的发散思维的问题。因此，围绕教学活动目标设计真正有效的问题链很关键，要具有针对性、开放性，这样的问题能够启发学生去思考，而不是随口附和。

2. 适时指导，提高学生参与学习的能力

教师要对学生的参与学习给予适时的指导，提高学生参与学习的能力。学生参与学习不仅有积极情感的投入，他们的学习能力也是影响学习质量的重要因素，只有教会学生正确学习的方法和策略，才能从根本上提高学生的学习质量，使学生真正成为学习的小主人。

良好的学习方法是学好知识的前提和保证，能使学生的学习达到事半功倍的效果。教师在教学中要授之以渔，教会学生学习，例如，如何科学用脑、如何利用记忆规律学习等，让学生在潜移默化中逐渐掌握科学的学习方法。教师可以在学生中间开展学法交流活动，比一比谁的方法好，让学生互相取长补短。学生在认知活动中出现思维障碍而无法排除时，教师要善于综合运用各种教学手段来激活学生的思维。

教师指导时应注意：

（1）准。要找准困扰学生思维的关键点并予以指导、梳理。

（2）巧。在学习困难的学生不知所措时，在中等生差一点就要

“摘到桃子”时，在学有余力的学生希冀创造性地发挥才智时，教师的巧妙助力和点拨，能够使学生茅塞顿开。

（3）温故而知新。所有知识都是有系统、有规律且由浅入深的。利用旧知识学习新知识是一种认知规律，也是一种循序渐进的学习方法，孔子所说的“温故而知新”就是这个道理。所以，学生在自主学习新知识时，教师切记要帮助学生与旧知识建立联系，利用好旧知识、旧经验。

（4）组织练习要及时。教师每教完一个知识点应立即安排学生练习，加以巩固，做到一练一得，要保证每节课有足够的练习时间，练习的难易程度要得当；教师要面向全体，兼顾差异，做到既满足绝大多数学生的学习需求，又兼顾差异化，使全班学生通过练习得到发展。

（5）分层要求，分类指导，分层参与。承认差异、正视差异是现代教育的一个重要观点。教师要充分了解不同学生的特点，运用不同的方式使他们都能自主参与，各得其所，各有所得，让不同层次的学生在参与学习中都得到最佳发展。

### （三）检查与评价学习结果

#### 1. 运用好表扬和批评

教师对于学生在学习中取得的进步和成绩要给予充分肯定和及时表扬，使学生产生荣誉感；对于落后的学生，教师更要细心挖掘其优点，发挥其长处，经常给予鼓励。适当的表扬和鼓励能够给予学生成就感，增强学生的自信心。批评学生时，教师一定要注意策略。

#### 2. 引导学生查缺补漏

学生通过自测，了解自己掌握知识的情况，然后进行分析评价，弄明白自己哪些地方掌握得好，哪些地方不好，查缺补漏，使自己不断提高。

3. 指导学生进行反思和总结

教师要指导学生回顾自主学习过程中的每一环节，包括最初的目标设置，选择学习策略等，通过总结在此过程中所付出的努力和所获得的成绩，不断进行学习反思，积累经验。

4. 把握学生自主学习的积极评判与评价

教师应在评判、评价中给予学生更多的鼓励；在评判、评价中要对学生的知识接受程度和能力培养的提升进行阶段性总结；在评判、评价中不断启发学生继续学习，不断探索新知识。

## 二、运用该策略时需注意的问题

### （一）创设平等、民主、开放的学习氛围

要想让学生积极有效地参与学习，创设一个民主、开放、平等的氛围是很重要的。民主、开放、平等的氛围使学生敢于质疑、提问，能够畅所欲言。因此，教师应给予学生更多的鼓励和引导，要尊重、理解学生，鼓励学生提出疑问、异议甚至批评，要致力于建设一个没有“恐惧”的课堂，使学生在课上敢于表达自己，敢于求助于师生。

### （二）给学生充分的自主空间

支持学生参与学习还意味着给学生创造充分的自主空间。这就要求教师要创造学生参与的机会，激发学生自主参与的热情，激励学生认真思考、投入操作、勇于质疑，并善于提出问题和解决问题。教师还要给学生创造充分的自主空间，避免学生在教师的“控制下”被动参与。

在教学中，教师还可以根据不同的具体任务和学生的个体差异，让学生自主选择学习方法；根据教学内容和学生实际，让学生自主

选择数量适当、难易适度的题进行练习，体现学生学习态度的主动性、学习能力的潜在性和学习个体的差异性，还可让学生根据各自的兴趣和特长自选作业的形式和完成的方法。

# 第三节　支持学生参与学习策略的案例及评析

**案例：**

## “支持学生参与学习策略”在艺术课中的应用

北京市崇文门中学　王兆祥

支持学生参与学习，旨在帮助学生在教学开始之前，明确本次教学的目标，开展学习策略指导，帮助学生进行自主学习。我在高中艺术欣赏课中，试用支持学生参与学习策略，培养了学生自学能力和信息采集、分析、归纳、整合的能力，提高了学生的综合能力。

支持学生参与学习的方法是：课前阐明将开展的学习活动的一般性质，并为学生理解教师或教材所呈现的有关知识及其内在联系提供一个合理的教学结构，使学生能够围绕重点进行学习，有序组织他们的思维。下面以获得全国百节精品课的《中国园林艺术》欣赏课为例来说明。

### 一、教学目标

认知与技能目标：通过自主学习和互动学习，学生能阐述中国古典园林的造园要素，解释造园理念和手段，能说明皇家园林和私家园林的艺术特色，中西园林的主要差别，能发表关于如何游赏园林的见解。

过程与方法目标：在启发式教学中，学生发展自主学习的能力，发现、分析、鉴别、归纳和解决问题的能力，表达能力和形象思维能力。

情感、态度、价值观目标：在对经典园林画面的赏析中，学生体会中国古典园林的生境美、画境美、意境美；增强艺术审美感知力，提高审美品位；热爱中国园林艺术，培养协作精神和集体荣誉感。

**二、教学重点**

中国园林的艺术特色。

**三、教学难点**

对中国园林意境的领悟。

**四、教学方法**

准备性自主学习；互动性合作学习；启发性竞争学习。

**五、学前准备**

收集中国园林资料，以苏州园林和北京颐和园为重点，进行分析、归纳、整理，弄清以下问题：

①苏州古典园林的艺术特点及价值；

②中国古典园林的造园要素、理念和构景手段；

③皇家园林和私家园林的特点，东西方园林的主要区别；

④中国园林的三种境界和四大特征；

⑤游赏古典园林的方法。

**六、教学用具**

教材、自制课件、音像资料。

**七、学习用具**

课本、个人收集的相关资料。

## 八、教学环境

学生分四组按菱形设座，中间留出活动空间，以与园林有关的书法作品布置环境。

## 九、学习评价表

自评要素：资料收集、信息整理、课堂表现、知识掌握、团结协作（优秀3分、良好2分、一般1分）。

互评要素：最佳表达、最佳参与、最佳组织、最佳风采、最佳协作。

## 十、课堂教学实录

（一）走近经典：苏州园林美名传

教师：同学们，我们今天一起来交流探讨中国园林艺术。大家知道，在世界三大园林体系中，中国古典园林独树一帜。它不仅历史悠久，而且还以鲜明的民族性、独特的艺术风格和辉煌的成就享誉世界，成为世界文化遗产中的瑰宝。前一段时间，我请大家收集、整理了这方面的知识，今天在课上我们以四个组的方式进行汇报，并对相关的新问题进行合作探讨。

谈到园林，大家一定会问，我们的祖国这么大，园林这么多，应该从哪儿入手呢？我想大家都听说过这样一句话："江南园林甲天下，苏州园林冠江南。"那么，苏州园林为什么有冠江南之誉呢？请A组谈谈自己的看法。

A组成员陈述：

a. 下面我代表A组回答问题。具有2 500多年历史的苏州，素有人间天堂的美誉，其根本的原因，就在于它有众多蜚声海内外的古典园林。俗话说："江南园林甲天下，苏州园林冠江南。"有着东方威尼斯之称的水乡苏州，其古典园林的历史可上溯至公元前的春秋时期，而私家园林最早记载于东晋的典籍中。人杰地灵的苏州，历代造园兴盛，到明清时期已发展到二百余处。正是由于苏州园林早、多、精美的特点，才使其被誉为园林之城，从而赢得冠江南之美誉。

b. 苏州园林冠江南，还因为它拥有的园林决不雷同。它们各具特色，当你漫步其间，会感到奥妙无穷、流连忘返。下面我简单地介绍几座极具特色的园林。我想问一下，大家是否知道在众多的园林中，苏州现存最古老的园林是哪一座?

（大家答:“沧浪亭。”）

对，沧浪亭园内小山幽静、古木参天、清水洄环、落落大方，最为人称道的就是花窗。大家请看图（课件演示：沧浪亭精美花窗），这些构思独特、制作精巧的花窗共有108个，堪称一绝，是园林花窗造型的典范。说完最早，再说说最小。苏州有个最小的园林叫网师园，它占地不足一亩，却小中见大，历来被人们视为以少胜多的典范。大家看图，这就是园中的月到风来亭。此名出自唐代大文学家韩愈的诗句:“晚年秋将至，长月送风来。”下面我们再来看看留园的艺术特色。留园建于明代，最显著的特点是以建筑划分景区，中东富丽、西北野趣，在布局严谨上堪称一绝。如果同学们有机会到苏州游览，但又时间紧迫，那我建议你首选去拙政园。拙政园是苏州最有代表性的名园，是我国四大名园之一。园内景致疏朗开阔，园分中、东、西三部分，东部地势平旷；中部为拙政园精华所在，以水为主，石广树茂；西部清幽恬阔。同学们，你要是喜欢看石，可别忘了去狮子林。那里奇石林立、形态怪异，你看这些太湖石，浑然天成、奇幻无比。正是这巧夺天工的叠砌，使狮子林赢得了“假山王国”的美誉。

c. 以上我组同学十分简要地为大家介绍了苏州经典园林的特

色，其实，除了上面提到的著名园林，还有艺圃、环秀山庄，现在都已被联合国列入世界文化遗产。大家一定想知道世界文化遗产委员对这些园林的评价吧？下面我念给大家听："没有哪些园林比历史名城苏州的四大园林更能体现出中国古典园林设计的理想品质。咫尺之内再造乾坤，苏州园林被公认是实现这一设计思想的典范。这些建造于16至18世纪的园林，以其精雕细琢的设计，折射出中国文化取法自然而又超越自然的深邃意境。"A组回答完毕。

（大家报以掌声。）

教师：同学们，苏州的每一处经典园林都有着说不完的故事，刚才A组只是把他们收集的许多材料用最简练的话语给我们做了介绍，让我们初步了解了苏州园林有"人间天堂"美誉的原因。现在大家一定会问，苏州园林众多，又各具特色，他们之间是否有共同的造园要素呢？如果有，都是什么？下面我们就请B组给我们作介绍。

B组代表陈述：

a. 下面由我们给大家介绍一下中国古典园林的造园要素。中国古典园林的造园要素有：山水、花木、建筑、奇石、匾额、楹联。想必大家都会有这样的疑问，为什么园林的营建总离不开山水？因为山水是古典园林最基本的要素，其理念源于孔子"仁者乐山，智者乐水"的思想。大家看图：山在园林中是永恒与稳定的象征，而水是智慧的象征，山水相间，刚柔相济、极具灵秀之气。

b. 刚才说了山水，在造园中同样必不可少的是花木。园中花木绝不是随便种植的，这些植物不仅显示了造园人的情趣，也显示了他们对高尚人品的追求，如松柏寓意坚贞长寿、梅兰竹菊寓意君子风范、牡丹象征荣华富贵。也就是说，园中植物大多是达官显宦、文人雅士用来“托物言志、借物抒情”的载体。

c. 大家知道，凡园必有石。请看图，这就是置于留园的太湖石。它高 6.5 米，相传为宋代花石纲遗物。我国人民自古有爱石的传统，爱石源于爱山，石为山骨，在园林中或叠置或单独摆放都是重要的景观，使人望而生情。所以，名园必有名石。以太湖石为例，它的美表现在“瘦、漏、皱、透”四个方面。

d. 现在我来简单地给大家说说园林中的建筑。大家知道，我们在园林中游览时，总会看到亭台楼阁、馆堂桥轩。那么，这些建筑的功能是什么呢？比如亭子，除了供人们休息、观景之外，丰富优美的造型还是园中重要的点景手段。台平而阔，登高台远望，“一览众山小”，临水台小憩，开怀而惬意；作为建筑的基座，更可使其宏伟高大。楼阁是园内的高层建筑，体积较大且样式极多，楼可以居住，阁可以供人观赏或登阁远眺。千姿百态的桥，无论壮观还是小巧，都是构成水景的重要因素。还有廊子，联系着两处建筑或两个景点，它分割空间、组织游览、可行可赏，是园林中不可缺少的要素。总之，园林的建筑除了观、行、居、游的实用功能外，还是点缀景致、丰富景观、隔离空间不可缺少的要素。

e. 园林中还有一种容易被人忽视的要素，那就是匾额和楹联，这是中国园林独到的造园要素。匾额、楹联在园林中的作用是什么呢？首先，它精辟地概括了园中的意境，把园中的景象升华成一种境界。其次，它是中国独有的书法艺术的展示。大家看，左上图的亭子，就是 A 组刚才提到的历史最悠久的沧浪亭，在亭柱上有一副对联，上书：“清风明月本无价，近水远山皆有情。”游人至此，情与景会、意与象通、怎能不产生心理共鸣呢？再说，这些匾额楹联大都出自名人之手，有着丰富的文化历史内涵，怎不耐人寻味？大家看右下图，这就是狮子林的真趣亭，匾额上的题字为乾隆皇帝御笔。听说它的来历还有一段故事，你们想听吗？（同学：“想。”）好，咱们请王老师讲讲。

教师：大家知道，清朝的乾隆皇帝生前六下江南，每一次南下，都要到苏州园林。这一天他来到狮子林，看到鬼斧神工的奇石和绝佳的景致，脱口而出：“真有趣。”随从大臣见龙颜大悦马上说：“请题御笔。”乾隆一挥而就，博得围观群臣赞不绝口。然而有一个人并没有随声附和，他想，这万岁的金口玉言也未必字字珠玑。他想改，又怕触怒圣上，于是略加思忖，走上前来说道：“启奏陛下，臣见圣上御笔，铁画银钩、劲健秀雅，尤其是那个‘有’字，更显神采飞扬，恳请将此‘有’字赐予微臣。”乾隆多聪明啊，一听就知道他的心思，他觉得这个新科状元很聪明，于是欣然准奏。就这样，真有趣亭变成了“真趣亭”，一字之差，便使人感到高雅了许多。这虽是传说，我们却宁可信其有，因为从中我们可以看到字斟句酌的魅力。

刚才B组给我们介绍了中国园林的造园要素，那么，历代的能工巧匠们是怎样运用他们的智慧，去组织这些造园要素的呢？我们现在请C组谈谈中国园林的构景手法。

C组代表陈述：

a. 下面由我们给大家作介绍。以苏州园林为例，尽管每座园林都有令人称道的独特之处，但在构景手段上不外乎以下七种，那就是对景、借景、框景、漏景、抑景、障景和添景。现在由其他组员为大家一一介绍。

b. 所谓对景就是两处景色相隔一定的空间，彼此遥望，这是平面构景的基本方法，也是园林造景最常见的手法。这就是我们在游览中看到的水面总是布局在园的中部，其他重点景观多环水而建的缘故。正是这样平坦的水面构成很好的对视空间，使游人徜徉其间，互为景致。

c. 大家看图，这里运用的是借景的手法。我们从这幅拙政园的内部所看到的北寺塔并不属于该园，把它借来，目的是丰富景观，延长景深，造成在有限空间中看到无限景致的效果。借景是对园内空间局限的突破，在手法上有远借、邻借、仰借、俯借、声借、香借、应时借等。比如在颐和园，我们从园内看到园外的西山和玉泉山塔影，就是远借；在每一个园林漏景处观景，都是邻借；因借景的角度不同便形成俯仰借；借景还可以分为借声、借香，比如钟鼓声或香火的气味等。

d. 下面我说说框景。请看图，框景就是以人造的空间框架来收集园中景致中最精彩的部分。框景一般多采用近处的门、窗或亭中外廊的檐柱构成形态各异的框架，随着人们观赏角度的变化而达到步移景异的效果。

e. 在造景手法上还有漏景，它也是中国园林主要的构景手法之一。请看图，漏景是通过院墙和廊壁上的各式花窗实现的，它的作用是将双面景物巧妙组合，扩大视野。

f. 除了以上介绍的构景手法外，还有抑景、障景和添景。虽然中国园林在造景手法上一致，但在具体的营建中，却因人而异，随主人的情趣而异。正是因为这些独具匠心，才造就了不同园林各自独有的风采。C 组回答完毕。

（大家鼓掌。）

教师：C 组汇报以后，大家可能会问，中国园林之所以是现在这样的形态，它的原因何在？这便涉及中国园林的造园理念。那么我国的造园理念是什么呢？请D组给大家作一个介绍。

D组代表陈述：

我国古典园林的造园理念与自然的关系是分不开的，任何一个园林都讲究因地制宜，巧妙地将人工建筑融于自然之中，宛如自然的再现。中国的造园思想首先是师法自然。所谓师法自然，就是在园林营造上以自然的本源为依据。其二是融于自然。它的建造规模、色彩都与自然环境相和谐，使人文景观与自然景观融为一体。第三是顺应自然，在景致选择和搭配上都不求整齐，只求意境，不仅追求外在美，更要追求其内在气质。例如，在所种的植物中，松柏、兰竹的寓意，都是中国文人的独到见解。最后一点是表现自然。园林创作的最终目的就是更加人性化、典型化、理想化。这些基本法则体现了人性的自然化和自然的人性化，使中国园林形成了千姿百态、异彩纷呈的艺术特征。下面大家看图。(《姑苏行》音乐起。苏州经典园林景致集锦回放，体现中国园林理念。)

（二）师生合作：编一首诗有何难

教师：走近经典，苏州园林冠江南。在这种美的感召下，不禁使人诗兴大发。我们不妨合力作一首诗，我想让大家以打油诗、顺口溜或口诀的形式把刚才所陈述的内容浓缩其中，使我们加深记忆。现在发给每人一张书写纸，以《苏州园林歌》为题。大家作得好，以后我给它谱曲。在形式上我们按七言写，一、三、五、七句我已写好，二、四、六、八句留给大家填，每句的内容有要求，看哪一组构思新颖、造句精妙。第一句是“苏州园林美名传”，第二句要填造园要素。

（学生反响热烈，积极、相互讨论、填写。）

教师：提醒大家特别注意，除了字数要求七言外，还要注意这个诗是 an 韵，所以要注意韵脚的用字，其他对仗、平仄不论。好，现在 A 组已填好了第二句。

A 组：我们填的是“山水诗境美如画”。

教师：同学们看符合要求吗？

学生：不符合。造园要素不全也没押韵。

D 组：我们写的是“奇山奇石寄于园”。

教师：造园要素还可以再加点。

C 组：苏州园林美名传，山水花木石桥轩。

教师：很好（学生热烈鼓掌），C 组很巧妙地把建筑中的轩拿来作韵脚，基本上把要素概括出来了。现在看第四句的造景手法怎么填。

A 组：漏透障框皆美妙。

（学生：“又没押韵。”）

B 组：我们是能工巧匠好身手，对借框漏抑障添。

教师：填得好！现在看第六句，“天子骚人诗兴发”后面接什么？

（学生开始争相发言。）

C 组：匾额楹联亭中挂。

教师：内容不错，能不能不换韵。换成“意境远”三个字？（学生改成：匾额楹联意境远。）好，前七句全有了，最后一句看哪组对得巧妙！

（此时学生情绪更加激动，争先恐后地发言。）

D 组：道是人作神来笔，宛若天成落人怀。

教师：宛若天成用得妙，怀字没在韵上有点遗憾。

C 组：不虚此行游江南。

教师：不错。

B 组：巧夺天工胜人间。

教师：很好，大家看看第七句。实际上隐藏的意思就是明代计成在《园冶》中所说的，“虽由人作”之意，那第八句自然就是指引我们把宛若天成填上。如果将其稍作修改就可以写成“宛若仙苑落人寰”，这样造园的理念有了，韵也押上了。现在看看咱们的作品。

《苏州园林歌》

苏州园林美名传，山水花木石桥轩。（造园要素）

能工巧匠好身手，对借框漏抑障添。（造园手段）

天子骚人诗兴发，匾额楹联传佳话。（造园特色）

道是人作神来笔，宛若仙苑落人寰。（造园理念）

（三）比比眼力：南北中西各不同

教师：同学们，我们现在进入学习的第三阶段。大家想，我们刚才说的苏州园林大都是私家园林，而在我们的头脑中，印象最深的还是北方的皇家园林，像北海、颐和园都是重要的代表。现在我们通过几幅画面，看看北方园林的艺术特色。同学们边看边想，和南方的园林做个比较，看看南北园林之异同。现在发给大家每人一张表，上面有 15 个要点，同学们通过观察南北园林的规模、布局、体量、风格及色彩做出判断，填在表中，看哪一个组最快最准。

（南北园林图片比较同时出现在屏幕上，学生迅速进入讨论填写。音乐陪衬，烘托气氛。）

教师：好，现在 B 组已有结果，请他们说说自己的答案。

B 组：在规模上，私家园林小巧精致，皇家园林宏大雄伟；

在布局上，私家园林自由多变，皇家园林规划严整；在体量上，私家园林处处体现着轻灵飞动，皇家园林则沉稳厚重；在风格上，私家园林浪漫写意，皇家园林更显得雍容华贵；在色彩上，私家园林淳朴淡雅，皇家园林则多鲜艳浓丽。这就是两种园林的不同之处。

教师：好，那么两家园林的相同之处在哪里？请C组说说。

C组：第一，它们造园的基本要素相同；第二，建园理念相同；第三，构景手法相同；第四，与自然的关系相同；第五，都重视景区划分。

教师：其实中国园林形式并不仅限于此，还有宗教园林、坛庙园林、岭南园林等形式。它们各有独特之处，但皇家与私家是最重要的两种形式。尤其是苏州古典园林应该是一切民族园林形式之母，它的形式、手法、理念影响着其他形式的园林。至于南北园林为何有如此的不同之处，大家下面再去进行深入学习领悟。比如，为什么北方园林色彩浓丽，风格雍容华贵，除了政治需要的原因，和北方的季节气候有什么关系？南方有四时花卉，而北方冬天一片肃杀，色彩艳丽便使人振奋。再有，皇家重气派，园林气魄宏大，以示普天之下莫非王土。而私家园主除了政治地位、人生境遇，人力财力也有限，便更重情趣。这些大家都可以多看、多想、多读相关资料，来提高我们的认识。现在我们还有必要对东西方园林做一个简单的比较，哪组的同学能谈一下？

D组：西方古典园林与我们的古典园林全然不同。它所追求的是迥然有序的和谐美，处处显示人对自然的改造与征服。最具有代表性的是巴黎的凡尔赛宫，通过它我们可以看出西方园林有着固定的模式：对称的布局、笔直的林荫路、花毯式的草坪、华丽的喷泉和精美的雕塑，这些都按设计构筑在中轴线两侧。西方的历史和文学的魅力，营养着它，似乎一切都在和我们讲述着古罗马、古希腊的故事。大家看图，其规整的几何式布局便一目了然。

（屏幕出现凡尔赛宫的多幅图，音乐播放《G大调弦乐小夜曲》。）

教师：西方园林是博大精深的另外一种建筑体系，由于时间关系，我们只能够简单地了解其外观形式上和东方的主要差别，感兴趣的同学可以在下面去更深入地了解。

（四）挑战你我：妙语游赏大串联

教师：以上我们对中国古典园林已经有了初步的认识和了解，那么最关键的是我们要把对它的认识和我们的游赏实践相结合。怎样游赏中国的古典园林？我想同学们通过以上的学习和自己在这一段的自学，一定会有与以往不同的认识。现在我给大家一点时间思考一下，然后谈谈自己的见解，提个好的建议也行。这是我们心灵和智慧的碰撞，大家一定要把自己内心的真情实感浓缩在精练的语言中。我先开头，我的话是：在今天的日记里，我将郑重地写下，“中国园林——民族的骄傲、艺术的宝库”。

C组：美从来不爱那些熟视无睹和麻木不仁的人。

A组：我们写了一首诗，“庭院深径，花树掩映，清流萦回，山石参差。曲池回廊，构筑精巧，月门漏窗，风物如画”。

C组：虽然管窥一斑，可也大饱眼福。

B组：你未来此园时，此园与你同归于寂，你来此园时，此园与你融为一体。

B组：经典园林宝库的大门，只为有准备的头脑打开，没有准备的到达是对自己和景物的浪费。（大家鼓掌。）

D组：不能让我们的经典园林，只在外国人面前飘香。我们应该把她们珍藏在自己的精神家园，精心地呵护、认真地解读、细心地品味。

教师：非常好，我们就是要把中国的古典园林珍藏在自己的精神家园，让她成为我们的精神营养。

B组：古典园林的一切都在人的意料之中，一切又都出乎意料。

C组：生境、画境、意境，引领我走近你，带我领略你的风采，让我的心和你贴得近些、再近些。

A组：多曲、多变、雅朴、空透，身在其中、品在其中、妙在其中、乐在其中。

D组：一种明亮而不刺眼的光辉、一种圆润而不逆耳的音响、一种不需要人对你察言观色的从容、一种向人们坦诚展示的大气、一种不理会动荡的微笑、一种洗刷了偏激的淡漠、一种不必声张的厚实。

教师：深刻、耐人寻味。同学们，请再给我一次机会好吗？

“境由心造”。（大家不解：“什么？”）

为什么是境由心造？大家想想“近水远山皆有情”，其实山水怎会有情，都是看景人的心情而已，所以景不醉人人自醉。还有哪组想说？

C组：就这一刻，便能铸成永远，中国园林我爱你。

（由于学生深情的语调，大家欢呼，热烈鼓掌。）

教师：这山、这水、这亭，不就是点线面的交响吗？当我走出中国古典园林才发现，哟——我的心丢在了美丽的人间天堂。同学们，刚才大家集思广益，妙语连珠，因为时间关系，我们只好把大家创造性思维的灵感火花收集起来，课下再进行交流，让它成为我们的精神财富。这节课我很感动，咱们学得生动、活泼、主动，现在回过头来想想，谁能对中国园林的含义做个总结。

D组：中国园林历史悠久，在世界三大园林体系中独树一帜。她以鲜明的民族性、独特的艺术风格和非凡的艺术成就享誉世界，成为世界文化遗产中影响深远的艺术瑰宝。中国园林以“天人合一”，“虽由人作，宛自天成”的理念，用山、水、建筑、花、木、石、匾额、楹联等基本要素，在传统文学绘画艺术的影响中，巧妙地构思布局，从师法自然、表现自然、顺应自然而又融于自然的建构中，创造出千姿百态、意境深远、结构精美、供人休憩和游赏的艺术环境。

我希望大家以后可以和自己的家人朋友，到我国的南北方走一走，看一看南北园林的各自特色，把我们今天的知识运用到实践之中。（鼓掌）

教师：我们感谢她的总结。大家现在看两张表格，一张是自我评价，其中包括资料收集、信息整理、课堂表现、知识掌握、团结协作，看看自己能得几分。另一张表是互评，请你把在本课学习中的最佳表达、最佳参与、最佳风采、最佳组织、最佳协作的人选或组别填上。

同学们，今天我们师生一起又度过了一段美好的时光，大家的表现都很出色，让我说谁最佳，很难，请原谅我。

大家知道，我们的古典园林是如此博大精深，要想真正地读懂它，得倾入毕生精力。现在我们的知识还很浅薄，但是当你把它运用于实践之中时，我相信任何一座园林的大门都会向你微笑打开。今天的课就上到这里，谢谢大家。

**关于本节美术欣赏课的思考：**

本节美术课，是运用新课程标准的理念，对新学习方式下“教与学策略研究”方式的探索。在教学设计上，突出“建立学习心向策略”的指导，使学生在教师的指导下，从多方面获取知识信息，然后依据问题分类，为课上进行合作性学习、竞争性学习和创造性学习奠定了基础。在教学过程中，第一步：交流学习准备的成果，展示各组风采，检验收集整理、表达陈述的能力。第二步：在学习方式上，把准备性资源合作引向竞争，通过创造思维，培养提炼概括能力，巩固已有知识。第三步：运用已有知识，通过观察、思考，培养分析、综合、判断能力。第四步：以形象思维、发散思维展开创造想象，培养高尚的审美情感。从课上的表现看，最显著的特点是：学生在学习的态度和情感上，实现了从被动学习到主动学习的转变。浓厚的学习兴趣，使整个课堂呈现出生动活泼的良好氛围。教师作为主导不断调动学生积极参与的热情，使他们不再消极、麻木和疲惫。这种新学习方式的尝试之所以受到听课教师的好评，正是因为遵循了教育教学自身发展的规律和学生心理、生理发展的规律，使教与学在新的建构中达到了一种自然与自为的和谐。学生在积极参与中迸发出激情，有合作、敢竞争、能创造，真正享受到审美的乐趣和审美阳光的温暖。同时，由于新的学习方式，他们体验了成功的喜悦，所以对新知识的学习更有信心、更感兴趣。他们说："这样学，我们喜欢。这样得来的知识，我们记得更牢。"

**这节美术课给我的启示：**

（一）主体性学习是精品课改革的关键

通过本节课的教学，我们感到：

一是美术课吸引力明显增强，课堂气氛活跃，极大地调动了学生的积极性，学生各种能力明显提高，教学效果显著。建立学习心向可以引导学生，使他们有方向地去思考，最后达到正确的预定学习目标——对课本知识的准确把握。

二是学生的主体性充分体现，自学能力提高，为其终身学习奠定基础。在信息技术的探索学习中，学生会更主动地参与思考和协作，因而更有利于学生主动探索、主动发现能力的培养，提高学生的创造能力。

三是课堂教学在充分准备的基础上提炼和升华，使课堂突破了时空限制，得到无限延伸。资料的收集、整理、分析、归纳、总结，突破了时间和空间的局限，也丰富了建立学习心向的形式。在课题的尝试中，师生交流、生生交流更扩展到突破了班级界限，甚至学校界限。

四是提高了学生的信息素养。学生能逐步清楚地意识到何时需要信息，能有效利用信息，并用各种形式交流信息，对信息做出准确的评价。

（二）建立学习心向有可行模式

一是教师提示预习提纲，学生明确学习目标。

二是教师找准、找好切入点。围绕教学内容，分析教材、明确任务、查找内容，引起学生探求兴趣。

三是适时地给学生的准备活动以必要的引导和指导（尤其是起始阶段）。

四是教师对大量教学素材提炼精选，供课堂教学使用。

五是学生在课堂发表、处理信息，提高交流能力。

（三）没有学生的支持，美术教学改革就得搁浅

要得到学生的积极参与，教师就得加强自身的吸引力。从长远的观点看，美术教育对人的全面发展，在益智、辅德方面的功能是不容置疑的，但是它要在长期的熏陶下才能逐渐显现出来，不会有立竿见影的功效。在现实中，面对应试教育，受高考指挥棒的驱使，美术教学改革的良好愿望常常遭遇尴尬。对此，我们不能怨学生。上大学是每个家庭的需要和梦想，学生把大量的时

间精力投入必考科目是必然的，作为美术老师，我们不能抱怨，更不能因此丧失改革热情而无所作为。事实上，学生的学习热情除了受功利左右，还会受到兴趣的影响，而兴趣正是我们打开美术改革的突破口。学生喜欢上某一门课，往往是这个教师对他们有吸引力。有吸引力的教师，要具备两个不可缺少的条件：一是师德；二是师艺。没有高尚的师德，师生关系就不融洽，关系不融洽就不可能亲师信道。所以教师的教育思想、人格魅力、关爱学生的方式、个人的学识和才华，是课堂吸引力和影响力大小的关键所在。“爱屋及乌”，学生信赖教师，同时也会理解、拥护、支持教师的教学改革。

我授课的高二（4）班，就是个很有个性的班集体。他们不大听话，不大顺从，还爱挑剔，因此不被一些教师喜欢。通过和他们接触，我发现了他们渴望被肯定的心理，便努力为他们创造展示个人能力和集体风采的机会，这使学生的学习风貌焕然一新。他们为教师的热情和坦诚而感动，为被教师信任、肯定和尊重而欢欣鼓舞，因此，他们能在紧张的会考压力下，十分高兴地和我一起保持着对美术学习方式改革的热情。他们说：我们尊重您，因为您的热情和坦诚让我们找回自信。我们感谢您，因为您给我们机会。我们佩服您，因为我们相信您可以帮我们克服一切困难。我们理解您，因为您所做的一切都是为了我们的全面发展。由此，良好的师生关系成为推动教学改革的动力。同时，改革对教师的自身素质提出了更高的要求，作为设计师和导演，教师要不断给自己提出更新更高的标准，从更深更广的范围去充实自己。只有这样，才有资格带领学生克服一切困难，在正确、健康、有效的改革路上高高兴兴地发展，充满自信地前行。

**评析：**

该案例可以作为支持学生参与学习策略的典范，因为其核心理念是旨在帮助学生在教学开始之前，明确本次教学实现的目标，开展学习策略指导，帮助学生进行自主学习。这与支持学生参与学习策略的前期准备环节是相通的。即事先让学生有明确的学习目标，明确了学习目标就明确了本课要学习的内容和需要达到的程度，进而围绕目标，带着问题积极、主动地参与到学习活动中。在该案例中，教师根据教学目标、内容提前布置好问题，让学生有充分的时间去思考，教师是问题的设计者和导航者，教师通过问题设置一定的情境，引导学生积极参与学习。

# 第二编　合理的结构与内容

# 第四章　课程结构的策略

根据教育现代化发展的目标要求，我国新课程改革正在向着纵深化发展，逐步实现着基础教育课程建设从传统走向现代的深刻变革。在这一深刻的变革中，对以往课程结构的改造与完善，实现课程结构的优化是非常关键的问题。

## 第一节　课程结构策略概述

### 一、课程结构相关概念的解释

#### （一）"课程"的含义

钟启泉教授在《现代课程论》中认为：课程是旨在遵照教育目的指导学生的学习活动，由学校有计划、有组织地编制的教育内容。

美国新教育百科辞典"课程"条目对课程的解释为：所谓课程是指在学校教师指导之下出现的学习者学习活动的总体。

目前，关于课程的定义繁多，几乎每个课程工作者都有自己对课程的理解和界定。施良方先生在所著的《课程理论》中将课程定义进行归类，大致可分为以下六种类型：

一是课程即教学科目。这种定义把课程混同于所教的科目，其实质是强调学校向学生传授的知识体系，是一种典型的"教程"。

二是课程即有计划的教学活动。这一定义把教学范围、序列和进程，甚至把教学方法和教学设计等所有有计划的教学活动都组合在一起。

三是课程即预期的学习结果。一些学者认为，课程不应该指向活动，而应该直接关注预期的学习结果或目标。

四是课程即学习经验。

五是课程即社会文化的再生产。

六是课程即社会改造。

施良方先生认为，每一种定义都有一定的代表性和指向性，从不同的角度或多或少涉及课程的某些本质，但又都具有一定的缺陷。由于课程的界说产生于不同的历史时期，与当时的社会背景、认识论基础和方法论依据有着直接的关系。因此，我们认为课程的定义也与许多理论和提法一样，会随着时代的变化而发展，我们的认识也应与时俱进。在新的课程改革形势下，对课程的理解需要有一个更为全面的把握。

**（二）课程结构的界定**

课程结构是一个系统。任何一个系统除了包括构成的“部分”（即因素）之外，还包括联系部分与部分之间的种种“关系”。也就是说，所谓系统，是由各个“部分”及其相互之间的“关系”（或者说是“联系”）所构成的有机的整体。课程各部分的组织和配合构成了课程结构，课程结构是探讨课程各个组成部分的关系问题。

广义的课程结构既包括宏观的整体课程结构，也包括微观的具体课程结构。宏观的整体课程结构，需要解决如何根据培养目标设置课程的问题。在课程设计中，应该处理好课程结构各要素之间的相互关系，协调各要素之间的比例关系，使各种内容、各种类型、各种形态的课程相互结合，达到整体优化的效应。

微观的具体课程结构要解决的问题是，每门课程的内容如何兼顾知识、学习者和社会的需要与可能，这就进一步涉及教学大纲（课程标准）和教材（尤其是教科书）的编订。

狭义地说，人们通常把宏观课程结构称作“课程结构”，而把微观课程结构称作“学科结构”或“教材结构”。二者既有联系又有区别。

通过对各种文献的研究，我们对课程结构的理解是：主要从广义的角度认识其所涵盖的内容，它不仅仅是一种具体的形式或方式，还是一种新课程理念下的教学原则和教学策略思想的体现。课程结构就是课程的所有内容有机地融为一体，并由此形成为实现教学目标服务的、和谐一致的教育。

## 二、新课程结构的基本内涵与特征

实际上，构建课程本身并不是目的，课程只是一种必要的手段。教学应以促进学生发展的教学目标为导向，旨在帮助学生为获得未来应履行的社会角色所需要的能力，进而实现全面和谐的发展而进行有目的的学习。这种学习目标取决于社会对公民素质发展的要求，既有知识的、技能的、态度的，也有价值观念等方面的要求。事实上，课程就是为了实现这些目标而设立的。课程结构的合理程度以及是否理解课程目标的意图，都将影响到课程目标的达成。

在批判和反思传统课程观“知识本位”“学科本位”基础上建立起来的新的课程观，更加突出“以人为本”的课程理念，强调课程整合。新的课程观的基本内涵包括以下几个方面的内容：

### （一）学生发展是课程的目标

课程目标的设计首先是要把学生看成一个自由、自主发展的主体，而不是知识的容器，要立足学生的需求和发展，以学生现实生活和未来生活作为设计课程目标的依据，既要满足学生现实生活的需要，又应该立足学生未来生活的构建。设计课程目标时要充分关注学习者的兴趣、态度、需要及个性发展。同时，要充分考虑学习者与自我、他人、社会、自然以及与课程各要素之间的相互关系，将学生的发展视为课程的根本目标。

### （二）强调课程的整合

课程目标的设计应该建立在对人的生命存在及发展的整体关注上，而不仅仅是认知性目标。之前，像智力、能力、情感、态度、学习过程、学习方法等关乎“人的整体发展”的目标曾被严重忽视，新的课程观转变了只重视学科知识整体性和逻辑性的“知识本位”观，更重视学习者自身，将课程目标由单一的认知性目标转向重视情感、态度、价值观以及学习过程与方法、知识与技能的结合等各种目标的有机整合，更加符合素质教育的要求和人的全面发展的需要。

### （三）课程结构的均衡性

课程结构的均衡性是依据全面发展的理论和素质教育的精神提出的，是指学校课程体系中的各种课程类型、具体科目和课程内容能够保持一种恰当、合理的比重。新课程结构以课程培养目标为依据，将各种类型的课程和多种与现实生活、学生自身生活有密切关系的科目包容进来，并通过调整课时比例等方法让各科目保持适当的比重关系。

### （四）课程结构的综合性

课程结构的综合性是针对过分强调学科本位、科目过多且缺乏整合的现状，依据基础教育的特殊功能、现代社会对人的素质需求以及学习者的认知方式而提出的，它主要涉及在国家层面的课程结构中以何种方式和怎样的程度体现课程综合化的课程发展趋势。例如，加强学科的综合性；设置综合课程，综合课程是综合性课程结构的重要内容；丰富综合实践活动课程的内容和形式等。

因此，总体上讲，基础教育课程结构要体现均衡性与综合性，就是要突破时空局限，依据学科发展的内在规律，形成学科群和知识群，调整课程结构，形成立体的发展性课程结构体系，做到各范畴内的课程类型能够搭配合理、相互支撑、体现特色。应该看到，随着知识量的不断增长和信息量的扩大，基础教育课程结构必将发展成为一个与时俱进的、开放的、不断生成发展的系统。

## 三、正确把握和运用课程结构的意义与作用

前面我们已经就课程结构的概念提出了我们的看法，从某种意义上讲，它不仅仅是一种具体的形式或方式，更重要的是一种新课程理念下的教学原则和教学策略思想的体现。它的目的就是使课程的所有内容有机地融为一体，由此形成为实现教学目标服务的、和谐一致的教育。基于这种认识，作为从事教学实践的一线教师，正确把握和运用“课程结构”，对我们在新课程改革中的探索与实践具有一定的现实意义。

### （一）运用课程结构的教学策略，有利于促进学生的全面发展

由于历史和文化的原因，以唯知识论为特征的课程思想长期以来在我国占据核心和主体地位。它的主要问题在于：过分重视本学科的地位和作用，忽视学科体系整体的综合功能；以学科知识为中心，没有把学生能力增强、情感态度及价值观的发展作为课程建设的重要目标；对课程内容缺乏有机的整合，导致课程内容繁、难、多、旧，加重了学生的课业负担；学科课程占绝对主导地位使教材内容缺乏实践的依据，过于繁杂的知识体系有时很难在实际生活中派上用场，这些都一定程度地影响了学生的全面发展、均衡发展。

新理念下的课程目标应该立足于教育面向世界、面向未来的要求，追求人与社会的协调发展，为学生获得终身学习能力、创造能

力、实践能力以及生存与发展能力打下良好基础。因此，正确理解新课程观，对在教学实践中有效运用课程结构的原则与策略，将本学科与其他学科以及学科内各知识体系之间有机整合，达到新课标知识、能力、情感、价值观等各纬度的目标要求，促进学生的全面、均衡、和谐的发展起到积极的作用。

**（二）运用课程结构的策略，有利于提高教师自身素质与能力**

长期以来，受陈旧的教学观念支配，教师更多地将教学目标的确立指向知识的传授，让学生最大限度地识记课堂传授的知识。教师过于关注教而忽视学生的学，学生只能机械单向地学习、识记知识。教师的备课活动局限于教学内容及学习活动，把知识作为工作的主要对象成了教师的主要任务，而真正的工作对象——学生却被排斥在教育的边缘地带。

新课程要求教育应从“教会学生知识”转向“教会学生学习”，要求教师必须从“教书匠”转变成为教育活动的创造者。从这一目标出发，在新课程中，课程结构改革对教师的专业知识背景、专业能力及自身素质的全面提升提出更高的要求：一是要有更宽的专业知识背景和更强的专业适应能力，教师要具备横跨多个学科的学科知识及各学科知识的综合运用能力；二是要有更全面和更新的教学技能，如教学技能冲破课堂教学的限制，发展出新的教学研究技能和教学评价技能等；三是要有更强的教学整合能力，如冲破教材知识框架的限制，能够根据教学实际需要对各知识点、各知识体系进行重新整合和架构；四是要有较强的教育教学研究能力。课程结构改革使教育教学工作产生了新的问题和矛盾，教师需要及时应对，但又没有他人的经验和成果可以学习借鉴，这就要求教师必须具备一定的教育教学研究能力，善于创新，并能及时总结研究成果。总之，在课程改革日趋发展和不断深入的前提下，教师基本素质结构要与课程改革发展理念的潜在规定保持一致。新形势下，教师的素质面临着极大的挑战。教师不断增强改革意识并积极尝试和运用课程结构的原则与策略有利于提高教师自身素质，使教师的教学跟上时代的步伐。

**（三）运用课程结构策略，有利于提高教学效益**

旧的课程结构分割过细，较多地强调知识专精化和窄化，注重学科体系的形式化。它的主要表现是：将概念定义作为出发点，重视逻辑上的严密，形成演绎推理系统，忽视从实际出发和掌握科学事实与现象，不利于完成提高学生全面素质、促进学生个性健康发展的艰巨任务，易造成教学效益低下。如语文教学中一篇范文学习需要两到三课时，几乎每篇范文都要进行写作背景、段落大意、好词佳句及归纳中心思想等基本流程，耗时、费力，有的还效果不佳。要改变这种状况，教师必须在现代课程理念的指导下，将学科知识体系中相关知识点重新进行必要的归类和有机整合，实现课程结构的整体优化，节省课时，提高单位时间的课堂教学效益。这也有助于学习者系统地掌握知识，提高知识学习的综合能力。

## 第二节　课程结构策略基本操作程序及具体策略

构建课程本身并不是目的。课程只是一种手段，旨在帮助学习者为开发自身潜能进行有目的的学习，进而获得未来应履行的社会角色所需要的能力。这种学习的目标取决于社会对公民素质发展的要求，既有知识的、技能的、态度的要求，也有价值观念等方面的要求。为此，教师在课程规划与实施过程中，就应对完成上述任务而开展的教学活动做出明确规定。“课程结构”策略的实施包括课程所涉及的知识内容、教学方法、学习活动及评价工具等的设计与规划，它的操作程序可以有以下几个步骤：

## 一、立足“学情”，科学分析

新课程理念强调，课堂教学首先要立足于学习者的“学”，旨在促进学生的发展。因此，对学生进行科学的学情分析是实施有效教学的一个重要前提。教师在设计新课之前，要对学生原有的知识基础、学习能力（包括智力水平、方法掌握等）、学习风格以及学习适应水平等进行科学、客观的分析。教师首先要分析学生以前学习过的内容，并通过查阅学习成绩记录、作业、课堂提问、考试等充分了解学生已有的知识基础。接新班时，教师有必要通过量表测量、问卷调查、观察以及访谈（与学习者、班主任及其他任课教师）等方式掌握学生学习风格、学习适应性等方面的情况。以上分析既包括教师对每个学生个体的了解，也包括对班级整体状况的把握，从而使课程结构的设计既要促进学生整体素质的提高，又要满足学生个性发展的需求。

需要注意的是，教师应根据学习任务的不同，对与学习者学习特定任务有关的认知特点、情感特点、初始能力等进行全面详细的分析。例如，根据不同的学科、不同的内容所侧重的记忆、理解、分析、判断和综合能力的不同，教师要对学生实际操作、语言表达和语言组织等方面的能力进行深入了解，以便有针对性地规划教学内容、设计教学活动。

## 二、依据实际需要，对课程内容合理规划

半个世纪以来，高速发展的人类科学技术使学科内部的分化更加精细，增强了学科之间的交叉综合。基础教育的课程质量直接关

涉到教育的未来，关涉到国家的可持续发展，而课程结构的调整将直接关系到教育能否适应新的时代要求。

新课程结构的关键是将学科知识与社会生活、学生经验整合起来，学科之间以及各知识内容之间的相互渗透得以加强。教师应牢固树立新课程的理念，努力使自己冲破传统学科思想的束缚，达到教学结构的和谐统一。在教学设计中，教师首先需要对授课内容进行分析，即本内容与其他内容以及其他学科的联系；其次，应根据事先进行的学习者分析，结合课标的要求，选择适当的内容，尝试将这些内容进行整合。如一位教师讲李清照的词《声声慢》时，就突破了传统教学方式的限制，抓住其中“风”“雁”“黄花”“梧桐”“细雨”等意象，从意象入手创建了一个网站，将与这些意象相关的诗词进行超链接。与“风”有关的如李清照的《如梦令》、刘禹锡的《秋风引》、游次公的《卜算子》、杜甫的《茅屋为秋风所破歌》、王勃的《咏风》、岑参的《白雪歌送武判官归京》；与“雁”有关的如钱起的《归雁》、秦观的《阮郎归》、周邦彦的《关河令》、李益的《春夜闻笛》、韦应物的《闻雁》、王维的《使至塞上》、李白的《宣州谢朓楼饯别校书叔云》、张若虚的《春江花月夜》、李清照的《孤雁儿》等。通过一个纽带把众多诗词串联起来，可以使学生对同一个词所表达出的不同意境进行比较，进而在头脑中形成纵横交错的知识网络。通过比较还可使学生对意象有更深切的体会，形成综合的知识，激发其丰富的情感。因此，合理规划课程的内容有利于有意义的学习。

## 三、选择和确定相关教学策略，设计相关活动

现代课程论认为，为了使受教育者全面和谐地发展，课程结构要体现显性与隐性的统一，静态和动态的统一，连续性和阶段性的

统一。为了达到这样的目的，在教学设计中，教师要选择合适的教学策略，运用这些策略设计相应的教学活动，通过多种综合的方式、策略和过程，在丰富、生动而具体的实践活动中融入学科知识与技能的学习，在学习过程中充分调动学习者的情感、态度、兴趣、智慧等多种因素，从而使学习的目标得以实现。

以北京市一〇九中学林翔宇老师上的一节心理课《生命价值拍卖会》为例，她在设计中多方面整合了心理学的知识，运用了多种教学策略，让学生们在情境的体验中轻松、愉悦地形成了对待生活的态度，改变了原有的错误价值观和世界观，获得了心理的成长，并在认知、言语表达和思维的锻炼等方面获得了发展。

## 四、实施有效评价，及时开展调控

运用课程结构的策略，让课程内容得到充分综合的目的是能够更好地实现课程的目标，提高教学的效果。所以，教师应切忌盲目追求形式上的整合，而忽视教学质量。在课程进行过程中，以科学、恰当的评价手段实施适当、适时的调控有利于及时调控学习进程，使教学过程保持“放而有控，活而有序”的最佳状态。尽管在设计时，教师对内容的整合，方式、策略的选择都是经过充分分析和思考的，但这样的设计是否可行还需要在教学实践中检验。在教学过程中，教师要通过观察和及时地反馈信息，检验教学目标是否逐一落实，避免成为“夹生饭”，并在教学进程中根据实际情况及时调整自己的方案或行动。

# 第三节　课程结构的策略案例及评析

**案例：**

## 潮汐与港口水深

北京市广渠门中学　齐雪然

**教学目标：**

1. 学生能够利用本章所学的三角函数相关知识解决实际生活中的一些周期性问题。

2. 培养学生提出问题、分析问题和解决问题的能力，发展学生的创新意识和应用意识，提高学生数学探究、数学建模和数学交流的能力，进一步发展学生的数学实践能力。

3. 增强学生合作学习的意识。

**教学重点：**

1. 数学学科与地理、物理等其他学科的相互结合。

2. 根据潮汐现象的周期性，抽象出相应的数学模型，并对其进行进一步的分析讨论。

**教学难点：**

根据潮汐现象的周期性，建立相应的数学模型，并对其进行进一步的分析讨论。

**教学媒体：**

图形计算器、实物投影、Powerpoint 课件。

**教学过程：**

**一、引入（录像资料）**

提问：录像资料呈现的是哪种自然现象？它的产生与什么有关？（背景资料）

潮汐现象：凡是到过海边的人都会看到海水有一种周期性的

涨落现象。到了一定时间，海浪前仆后继，迅猛上涨，达到高潮；过一段时间后，上涨的海水又自行退去，留下一片沙滩，出现低潮。如此循环往复，永不停息。海水的这种运动现象就是潮汐。

“潮”指白天海水上涨，“汐”指晚上海水上涨，不过我们往往将潮和汐都叫作“潮”。

潮汐现象是指海水在天体（主要是月球和太阳）引潮力作用下产生的周期性运动，习惯上把海面垂直方向的涨落称为潮汐。

我国古代很早就有这方面的记载：

1. 东汉时期，学者王充在《论衡》中提到：“涛之起也，随月盛衰。”

2. 唐代诗人张若虚在《春江花月夜》中描写：“春江潮水连海平，海上明月共潮生。”

潮汐是所有海洋现象中较早引起人们注意的海水运动现象，它与人类的关系非常密切。海港工程，航运交通，军事活动，渔、盐、水产业以及近海环境研究与污染治理，都与潮汐现象密切相关。

今天我们就来一起探讨潮汐现象对海港工程、航运交通的影响！同学们知道潮汐现象与港口水深有着直接的关系，那我们的讨论就直接从潮汐现象与港口水深的关系入手。

活动要求：1. 独立思考，设计解决问题的思路。2. 选取较为简捷的解决方案进行研究。3. 小组成员分工合作，展示研究成果。

**二、建立数学模型**

例 1：受日月的引力，海水会发生涨落，这种现象叫作潮汐。在通常的情况下，船在涨潮时驶进航道，靠近船坞；卸货后落潮时返回海洋。下面是某港口某季节每天的时间与水深关系表，如

表 4–1 所示：

**表 4–1　某港口某季节每天的时间与水深关系表**

| 时刻 | 水深（米） | 时刻 | 水深（米） | 时刻 | 水深（米） |
|---|---|---|---|---|---|
| 0:00 | 5.0 | 8:00 | 3.1 | 16:00 | 7.4 |
| 1:00 | 6.2 | 9:00 | 2.5 | 17:00 | 6.9 |
| 2:00 | 7.1 | 10:00 | 2.4 | 18:00 | 5.9 |
| 3:00 | 7.5 | 11:00 | 3.5 | 19:00 | 4.4 |
| 4:00 | 7.3 | 12:00 | 4.4 | 20:00 | 3.3 |
| 5:00 | 6.5 | 13:00 | 5.6 | 21:00 | 2.5 |
| 6:00 | 5.3 | 14:00 | 6.7 | 22:00 | 2.7 |
| 7:00 | 4.1 | 15:00 | 7.2 | 23:00 | 3.8 |

探究活动一（四人一组）：

请根据表中的数据，用连续曲线描出时间与水深关系的函数图像；借助信息技术工具 TI–92Plus 图形计算器描点作图，如图 4–1 所示，设 $x$ 表示时间，$y$ 表示水深。

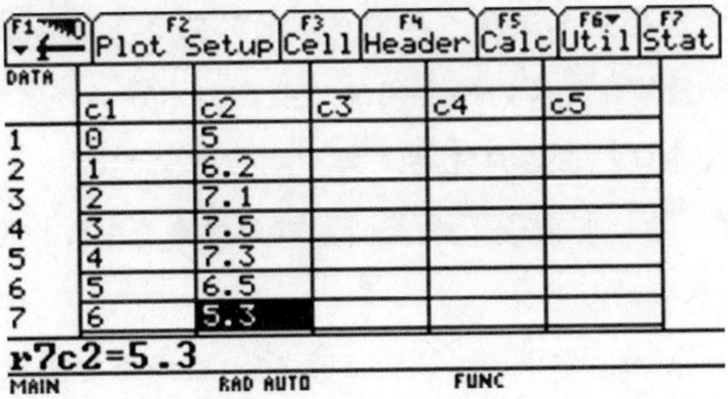

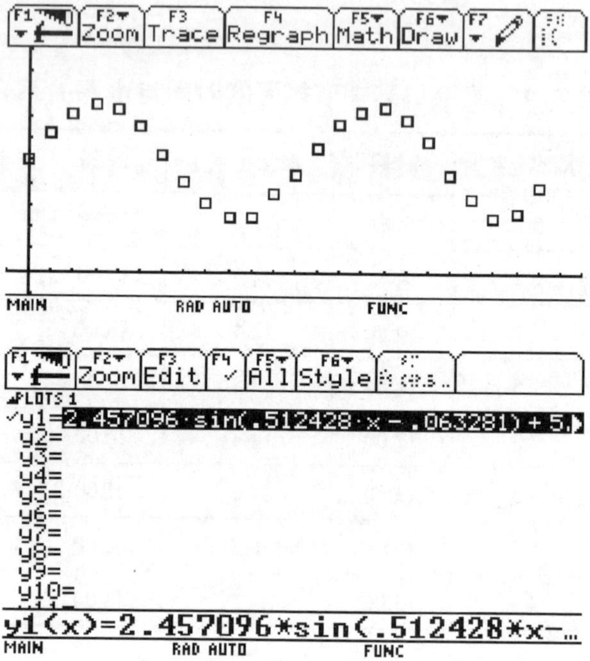


图 4-1　某港口某季节每天的时间与水深关系函数图

结论 1：可以用正弦型函数 $y=a\sin(bx+c)+d$ 来近似地描述这个港口这一天的水深 $y$ 与时间 $x$ 的关系。

探究活动二（两人一组）：

一条货船的吃水深度（船底与水面的距离）为 4 米，安全条例规定至少要有 1.5 米的安全间隙（船底与水底的距离），问该船何时能进入港口？在港口能待多久？

〈注意〉港口安全条例规定：货船至少要有 1.5 米的安全间隙（即船底与水底的距离）。

由题目条件，水深至少为 5.5 米时才能保证货船驶入港口的安全。为此在上图中做一条 $y=5.5$ 的水平直线 $a$。（图略）

结论 2：图像在 $a$ 的上方时，其对应的 $x$ 范围为货船驶入港口的安全时间段，从图中可以看出，这个时间段约为 0:30 到 5:40

分，或 13:00 到 18:20（有 10 分钟左右的偏差可以算正确），在港口停留的时间大约为 5 小时。

探究活动三（两人一组）：

若某船的吃水深度为 4 米，安全间隙为 1.5 米，该船在 2:00 开始卸货，吃水深度由于船减少了载重而按 0.3m/h 的速度递减，那么卸货必须在什么时间前停止才能将船驶向较深的某目标水域？2:00 时水深为 7.1 米，船需要的安全水深随着卸货时间的变化公式为：

$$y=5.5-0.3(x-2)$$

其中在上面的函数图像中画出该图像，看出与原图像的交点大约在 7:00 左右（有 10 分钟左右上午偏差可以算正确），故知在 7:00 以前该货船一定要离开码头驶到较深的安全水域。

**三、实际问题举例**

在一码头上测得：下午 1:00 时，水位最高为 10.4 米；下午 4:00 时，水位为 8.5 米；下午 7:00 时，水位最低为 6.6 米。已知水位在 8～9 米时适合装卸货物，问什么时间适合装卸货物？

分析：涨潮与落潮问题的数学模型是三角函数问题，建立数学模型：$y=a\sin(bx+c)+d$

已知需根据三组数据（13，10.4），（16，8.5），（19，6.6），分别确定四个待定系数 a, b, c, d 就可以求出函数解析式。

$$a=(10.4-6.6)\times\frac{1}{2}=1.9$$

$$b=\frac{2\pi}{12}=\frac{1}{6}$$

$$c=\frac{\pi}{6}\times 16=\frac{8}{3}-\pi$$

$$d=8.5$$

所以此函数解析式为 $y=1.9\sin\left(\frac{\pi}{6}x-\frac{8\pi}{3}\right)+8.5$。画出此函数图像，再画函数 $y=8$，$y=9$ 的图像，适当调整窗口，图像如图所示（图略）。

然后分别求出 $y=8$，$y=9$ 与 $y=1.9\sin\left(\frac{\pi}{6}x-\frac{8\pi}{3}\right)+8.5$ 图像的交点，即可求出适合装卸货物的时间段。

**小结：**

三角函数应用、函数思想、数学建模思想。

**课后反思：**

**一、成功之处**

1. 教学目标基本实现

（1）通过《潮汐与港口水深》问题的探讨，学生基本能够利用所学三角函数的相关知识解决实际生活中的一些周期性问题。

（2）在对《潮汐与港口水深》问题的探讨过程中，学生体验到了“数学地提出问题、分析问题和解决问题的全过程”。教师在整个教学过程中，注重发展学生的创新意识和应用意识，提高学生数学探究能力、数学建模能力和数学交流能力，借此进一步发展学生的数学实践能力。

（3）通过对探究问题的讨论，增强了学生合作学习的意识。

2. 教材使用恰到好处

本课内容节选自高一《数学（下）》“第四章三角函数”部分的课后阅读材料，这实际上是一个很好的数学建模材料。学生通过对实际问题的探讨，进一步对所学基本知识有了一个更深层次的理解，也对数学思维进行了很好的锻炼。这也回答了很多学生“数学学习究竟有什么用”的疑问。

3. 合理使用学具

手持教育技术的使用使得过去无法在课堂上解决的数学问题能够很便捷地在课堂上通过学生的讨论得以解决，淡化了数学计算对问题讨论的影响。

4. 学生学习积极性高

本节内容一开始利用2000年钱塘江大潮的现场录像引入本节课的课题——潮汐与港口水深，紧接着利用文学知识对实际问题进行进一步的描述，学生的学习积极性被充分调动起来，直接进入本节内容的学习。

综合分析得知，学生需要这样的数学课堂，他们不仅能在此获取数学知识，也能使多个学科得以有机结合并互相渗透。

**二、不足之处**

1. 沟通与合作

由于本节内容是有关三角函数的实际应用问题，涉及数学建模的思想，教学难度较大，且这个课题很适合学生通过合作研究进行讨论，进而形成一个较为明确的认识，所以我选择了这个题目。在教学过程中，我发现，事实上学生的这种合作学习意识并不强，且相互之间缺乏沟通，感觉个别学生没有充分融入课堂。

2. 对学生掌握手持图形计算技术的熟练程度估计不够

在TI图形计算器的使用上，部分学生还存在技术障碍，导致讨论过程中遇到困难，影响了整个课堂教学的节奏。

3. 有效的管理

技术障碍导致学生在解决机器的操作问题上占用了大量的时间，所以在课下应加强对学生的操作培训，避免此类情况再次发生。

4. 教学经验不足

教学经验不足导致我上课紧张，在学生发言后没能及时给予评价与指导。临场应变能力差，仍停留在讲教案的层次上，对一些学生突发的想法没能及时捕捉，没有和学生进行很好的沟通。

**评析：**

这是一个课程结构教学策略案例，主要运用三角函数知识解决实际问题，较好地融入了其他学科的内容，形成了数学学科与地理、物理等学科的相互结合，体现了课程整合的思想，达到了多学科的有机结合与渗透，使知识体系更为完整，促进了教学目标的实现。该案例综合运用且恰当组合了多种方法和手段，体现了课程结构策略方式多样化的特点，体现了教学策略的思想。

# 第五章　连贯一致内容的策略

在教学过程中，教师应当努力引导学生厘清所学知识的结构及其相互联系，避免打乱知识间的逻辑联系、割裂知识的系统性。如果学生所学知识头绪纷繁而没有内在联系，便会制约其对知识的综合应用能力。

## 第一节　连贯一致内容策略的概述

教育家夸美纽斯（Comenius）认为，一切功课应该这样安排：使后学的能够依靠先学的，使先学的能靠后学的固定在心灵里；每门学科都应该分成明确的步骤去教学，使当天的功课可以扩充前一天所学，引起后一天的学习。

教师必须系统化、有序化地组织教学内容（教材），这是教育教学过程中必须遵循的规律。

### 一、连贯一致内容的界定

心理学的遗忘规律告诉我们：如果所学资料之间没有逻辑联系，不仅难于记忆，而且遗忘速度很快。因此，对任何一门学科的教学，教师都不能仅仅教授一条条孤立的知识，而是要既分解为一节节学生可接受的知识，还要根据各知识间的内在联系与一贯性梳理出由不同知识点所构成的跨越章节的知识网，以便学生能从整体上把握学科的知识结构，以及不同知识点在章节乃至整个学科的地位。事实上，任何科学知识的发展，都有严密的逻辑系统。中小学的各门学科知识都是以其相应的科学体系为基础的。学生在掌握学科的系统知识时，首先要依照学科教材的逻辑顺序来了解其基本的知识结构，否则，对知识点的掌握就会抓不住重点，杂乱无章。所以，教学工作必须根据学科的逻辑系统来组织教材内容，并且运用适当的教学方法，使学生认识逐步深化。

在这里，教学内容的连贯一致可以从以下三个层面来理解：

第一，微观层面。即在某一学科范畴内，具体的某个知识系列的有序教学、先后贯通。比如，具体到一堂课上，各个教学环节的环环相扣、知识内容的紧密相连，这些都是微观层面的连贯一致。再比如，在语文的两课时之间的衔接方面，教师通过一系列举措帮助学生很好地实现学习重点的过渡，这也可以体现微观层面的连贯一致。从微观层面把握教学内容的连贯一致是比较容易被广大教师所接受，也能够为广大教师所坚持的教学原则。

第二，中观层面。首先，就某一个教学过程而言，教学目标的制定、教材内容的选取、教学过程的组织管理、教学成效的考核评估等环节都应该是连贯一致的。组织怎样的教学过程去表现教学内容、组织怎样的教学内容去实现教学目标、如何实现教学成效的考核与评量，都是一个系统内的不同环节，理应连贯一致。其次，仅就教学内容而言，教师需要站在当下这个位置上去回看和预估。学生已经有哪些经验积累，这个教学段的总体目标是什么，未来的发展期待是什么等，各部分内容不能脱节，必须连贯一致。最后，教师应该帮助学生在知识与能力之间搭建桥梁，使学会知识与提高能力相辅相成，共同发展。

第三，宏观层面。即要从整个教育教学系统来考虑。目前，我国的基础教育阶段，人们谈论得比较多的中小衔接就反映了教学内容的连贯一致性问题。就我国的教育现状来看，各个阶段的衔接已经出现了问题，用人单位埋怨大学，大学埋怨中学，中学埋怨小学，小学埋怨幼儿园，彼此都在无休止地推诿。因此，作为基础教育工作者，我们不仅要具有微观、中观层面的视角，也要有宏观、大教育的视野；不仅要坚守中观、微观层面的教育教学任务，也要站在系统的高度去考察中观、微观层面的教育教学工作在整个系统中的地位与作用。每个阶段的教育任务和目标是有区别的，但区别之中也有密切的联系。教育不能忽视这些联系，更不能人为地割断彼此间的联系。

## 二、连贯一致内容的意义

连贯一致内容在教育教学过程中有着重要的意义。

### （一）知识的本质要求

事实、概念、法则、原理，彼此之间不是孤立的，而是相互关联、相互渗透、相互作用构成的统一整体。因此，只有全面、统一、体系化地接受知识时，学生对知识的把握和理解才能更加深刻、正确，也只有系统地接受知识，才能遵循记忆的法则，永远牢固地掌握并形成人格统一的力量。从这一点看，教材的组织化、系统化即教学内容的连贯一致是必要的。

### （二）教学过程的规律性要求

教学过程的本质是教与学的统一、认识过程与知识掌握过程的统一。教师的教要依据学生的学。学生的学是借助学生已有的经验、知识和观点去探讨新知识，而人类的认识过程与知识的掌握过程又包括直接性知识与间接性知识的掌握。无论教与学，无论直接性知识还是间接性知识的掌握，都有其内在的规律，它们的存在都是序列化、系统化并且由简约到繁杂的，这就要求教学内容的组织与排列应该注意连贯一致。

### （三）意义学习的要求

意义学习有两个先决条件：一是学生表现出一种意义学习的心向；二是学习内容对学生具有潜在意义，即能够与学生已有的知识结构联系起来。这里要特别注意的是，“联系”不能是牵强附会或逐字逐句的，而应是实质性的联系。当学生把教学内容与自己的认知结构联系起来时，意义学习便发生了。所以说，意义学习也要求教学知识的排列依循规律、前后连贯。

### （四）思维和能力发展的要求

知识是重要的，但零散的知识通常无法解决复杂的实际问题，形成结构的知识才能发挥其整体功能。思维与能力的发展基于系统有序、连贯一致的知识结构与学习内容，倘若教师能够依从一定的教学目的，遵循知识系统并考虑到学生的身心发展需求，合理安排连贯一致的教学内容，学生就会比较容易实现思维的发展，也会比较容易将知识转化为能力并有效地应用到实际中。虽然不断累积死记硬背学来的知识也可能形成能力，但无法进行综合应用，更无法使学生的思维得到充分的发展。教学是一个开放的过程，教师要尽可能地促进学生思考，促进思维能力与水平的发展与提升。否则，学生学习的全程就难成系统、难得有序，这对学生学业的增进，即知识的积累、能力的提升、情意的发展都会有明显的制约。

## 三、连贯一致内容的特征

连贯一致的内容，作为教学的一项必须依循的原则，其特征概括起来主要有如下两点：

### （一）有序性

有序性，即教学内容要结合学科的逻辑结构和受教育者的身心发展情况，有次序、有步骤地进行，使受教育者能够有效地掌握系统的知识，促进身心的健康发展。因此，有序性首先应体现在教学大纲和教科书的具体内容上。它要求大纲和教材的内容要依据科学的逻辑顺序和学生不同年龄阶段发展的特点编写。教材的每一部分都要有逻辑联系，后面的内容应建立在前面内容的基础上。其次，教师把以书本知识形态体现的教材内容具体化为适合教学活动的教学内容时，必须把学科结构改造成适合某一学习阶段学生能普遍接受和理解的形式，使其范围、深度能同自己教学对象的实际水平相适应。

## （二）整体性

在传统的教学中，教师担心学生一下子对整体把握不了，总是一部分一部分地教给学生。教师们常常不厌其烦地将某一个环节或某一部分内容精讲细磨，捣烂了教给学生，却忽视了整体的概念。比如，在小学三年级语文《六个馒头》的教学过程中，教师让学生一段一段地学习，给学生一句一句地精心讲解，可到课结束的时候，有许多学生还不能整体感知《六个馒头》究竟讲了一个怎样的故事。类似的现象还有很多，我们如果在教学之前、教课过程甚至课后反思中没有整体建构的意识，那么，每堂课乃至每一个学段教给学生的就都是容易遗忘且难以连贯成体系的片段，这样很容易出现捡了芝麻丢西瓜的状况。学习的内容过于分散，迫使学生只能机械记忆，不能真正理解知识之间的内在联系。所以，在教学过程中，教师要从整体上把握每一章节的知识结构，再使学生具体学习知识结构中的知识点，掌握各部分知识点之间的联系，在整体中认识部分。认识各知识点及其相互联系后，还要把零散的知识点综合为整体，在认识部分的基础上把握整体。不仅章节有自身的知识结构，每一学科的知识都有学科系统性。因此，学生在学习某一篇课文、某一节教材时不仅要整体建构知识组块，还要把每一章节的知识还原到更大的知识体系中去。

# 第二节　连贯一致内容的基本操作程序及具体策略

为了促进有意义的学习，巩固学习成果，教师应正确地讲解教学内容，引导学生理清所学知识的结构及其联系。要实现教学内容的连贯一致，在教学中，教师应当从以下几个步骤实施。

## 一、连贯一致内容的实施

### （一）教学内容的连贯一致

一般来说，国家或地方制定的课程标准和教科书体系基本是以连贯一致为原则的，内容的难易程度与学生的认识能力是相适应的。所以，教师必须掌握好教学内容的体系，掌握好知识之间的衔接关系，并把它很好地体现在课时计划中，力求使新知识与学生已有的知识密切联系起来，逐步扩大和加深学生的知识体系。教育改革家魏书生的做法是值得我们中青年教师学习的。他站在系统论的高度，将中学阶段六年十二本教材各画了一棵知识树，六年合起来组成一棵巨大的知识树，使知识的系统性一目了然。只有这样系统的眼光，才能保证教学内容的连贯一致。

当知识成为系统后，它们就不是一块块割裂开的独立个体，而是相互联系的知识网，这样的知识网从构建思维网的方面来说是符合学生的认知规律的。知识的系统性对于那些学习能力差的学生是非常有益的，知识树是教师为他们搭建的有效梯子。

### （二）教学过程的连贯一致

教学过程也是一个相对开放的系统，它不仅包括课堂教学，还包括其他教学活动，比如拟订教学进度计划，安排阶段总结，组织课外学习活动等。不过在整个过程中最重要的环节还是课堂教学。

教师的课堂教学行为应该是渐进的、环环相扣的。当然，教师也不能把课堂教学基本阶段的序列绝对化，而是要根据教材的特点、学生认识水平、学习内容以及教学的物质基础（如多媒体设施等条件）选择和确定讲课的最优顺序，合理安排教学过程。

此外，将课堂向前、向后延伸也是教学过程连贯一致的一个重要方面。教师可以通过课前的前测、导学卡、预习等方式鼓励学生自学新知识并了解学生的认知程度，以便更好地完成课堂教学。在课堂教学后，教师可以根据教学目标和教学内容设计课后测验以帮助学生巩固新知识，同时了解学生对知识的掌握程度，以便在接下来的教学中查漏补缺。

总之，在教学过程中，教师要善于把教材内容化难为易，化繁为简，坚持由近及远，由已知到未知，深入浅出、循序渐进地讲授，以便于学生理解和掌握。

### （三）教师研读教材的连贯一致

研读教材是教师教学工作中的一项重点，也是考察教师教学技能的一个重要方面。研读教材的能力往往与教学效果呈正相关关系，教师可以在连贯一致的研读中提高自己研读教材的能力，进而让自己的教学效果最大化。

当然，教师对教材的深入了解、灵活把握非一日之功。教龄短的教师拿到教材无从下手，而经验丰富的教师往往信手拈来，这都要靠时间的积累。与学生的学习一样，教师对教材研读也有一个从陌生到熟悉，由浅入深的过程。一个知识点总是需要通过了解、思考、实践、反思、再实践、再反思这一循环往复的过程才能得以融会贯通。一个善于思考的教师可以在这一过程中实现研读教材的连贯一致，同时实现自己教学能力的螺旋式提升。

### （四）学生学习的连贯一致

学生的学习是一个循序渐进的过程，教师应通过系统的知识传授，进行必要的常规训练，培养学生踏实、系统地学习知识的良好习惯，掌握科学合理的学习方法，顺利掌握系统的知识、技能和技巧。在学生的学习过程中，方法的学习尤为重要。方法的教学是各学科教师教授给学生最根本的东西，“授之以鱼，不如授之以渔”。在教学过程中，教师要结合学生的身心发展特点以及教学内容的特征，教给学生适当的学习方法。方法的学习也要求循序渐进、连贯一致。另外，按照一定的逻辑顺序把科学知识转化为学生个体的认识成果时，还必须同学生的身心发展规律结合起来。因为学生身心发展的顺序和水平是制约教学活动的一个重要因素，若忽视这一因素，学生则难以把系统知识变为宝贵的精神财富。学生的身心发展，尤其是智力的发展，是一个从不成熟到成熟、从不完善到完善的循序渐进的过程。比如，思维能力的发展规律是从形象思维到逻辑思维、再到辩证思维的发展过程，记忆必须经由机械记忆过渡到理解记忆，想象也是由形象性想象过渡到创造性想象，等等。

## 二、连贯一致内容的实施策略

连贯一致有非常丰富的内涵，具体操作上也有很多行之有效的方法。从微观层面上看，教师可以在一节课上做文章，注重知识间、能力间、学生认知顺序上的连贯一致；从中观层面上看，教师应该在教学内容、过程、目标与方法间建立连贯一致，使其在同一系统内相统一、相协调；从宏观层面上看，教师应树立全局意识，以学生全面、持续的发展为着眼点，不仅要完成本学段的教学，还要做好各学段间的衔接，帮助学生平稳过渡。以下就从微观、中观、宏观这三方面分八个要点加以阐述。

### （一）精心组织课堂活动，使其连贯清晰

善于教学的教师，在借助解释、演示等方法进行教学时，对其所教内容都会表现出很高的热情，并精心组织课堂活动，使其清晰连贯。他们善于从学生已知的相关事实出发，导入新的知识，随后引导学生进行渐进性学习；他们善于采用走动、手势、口头表述等技能帮助学生理解新知识，努力避免含糊不清、模棱两可的语言，以保持教授的连贯性；他们能够不断启发、鼓励学生，确保一项学习任务完成以后再进入另一项新项目。在教师精心的组织下，知识是系统的，学生学习的思路是清晰的，课堂是有节奏的，效果是显著的，这就构建了一个高效的课堂。

### （二）在新旧知识间搭建桥梁，使其连贯有序

随着新课程的实施、建构主义的深入，人们越来越重视孩子的既有经验，认为学习的过程，就是孩子在已有经验的基础上主动、积极地建构的过程。基于此，教学工作者在教学过程中，务必要在教学前了解学生的已知经验，创设情境让学生明确需要达成的目标，明白目标的达成对于个人成长的意义；通过联系学生的生活实际和经验背景，在未知与已知之间搭建一座承前启后的桥梁。

具体地说，教师可以在授课前做一份测试，了解学生的已知和未知知识，了解知识中的难点、易错点，这样教师就可以针对学生的未知设计教学，做到学生会的不讲、不会的重点讲。例如，教师在课前做的预习中发现，很多学生把返璞归真的“璞”的右下部分写成了“美”，那么，教师在讲生字的时候就应该重点关注“璞”的字形，避免学生记错。

### （三）抓主要问题，以点带面，使其连贯深化

基于整体原则和系统有序的原则，教师还需要把握的是抓主要问题、主要矛盾。课堂上的时间是非常有限的，不懂得抓主要问题

就难以取得良好的教学效果。孔子强调“一以贯之”的思想，即强调学习不要死记硬背，应当用一个根本的东西贯穿起来，形成整体。比如在语文学科的教学过程中，每篇课文都是字词句篇的典范之作，如果总是抱着不肯漏过一个知识点的心理，那就会拘泥于细枝末节，在有限的时间里错过让学生感知整体、掌握序列知识的机会，也会偏离学段学习的主题。学生真正掌握了教学内容的重点，就可以以点带面、举一反三，理解了重点，就可以扫除进一步学习的障碍。教学中解决了重点和难点问题，也就可以保证学生掌握知识的系统性和完整性，所以教师应在教材的重点和难点上多花精力。

**（四）提高教师研读教材的能力，使备课连贯深入**

俗话说:“台上三分钟，台下十年功。”教师研读教材能力的高低由经验的累积和持续不断的思考所决定。北京齐小梅老师提出的“备、说、讲、评”这一研读教材的方法重在引导教师应用连贯一致性策略，它是一个完整的研究、教学、反思体系，是教师、教材、理念三者之间互通的桥梁。“备”是教师认识、理解、消化教材的过程，教师应抓住教材的三线（内容、情感、结构）、三点（重点、难点、发散点）;“说”是教师结合学情分析，对教材内容进行理论层面的阐述;“讲”是用时间检验解读教材、运用教材理论正确与否的过程;“评”是反思教材的应用，是参与者教学思想的升华。“备、说、讲、评”的连贯一致性策略意在通过侧重教材的“备”，侧重理论的“说”，侧重时间的“讲”和侧重理论指导实践的“评”，实现教师深入地研读教材，立体地整合教材，提高教学效果的目的。

此方法适用于成长期的教师，坚持把这一理念落实到每日的教学中，也就是把锻炼教师分析教材的能力放到了平时，日积月累，必见成效。

### （五）教学评价适时跟进，使知识连贯一致

美国认知教育心理学家戴维·保罗·奥苏贝尔（David Pawl Ausubel）曾指出，有些教师过于强调各单元的独立性，或在学生没有掌握某些相关概念时就学习新内容，因此，难以产生有意义的学习。鉴于此，教师应当在每一个教学单元结束时，甚至是在每堂课结束时，都及时地进行教学评价，了解学生的学习情况、教学成效，并将这个指标作为参照，安排下一环节的教学内容。这是使教学内容连贯一致的有效保障，也是保证学生学习能够连贯一致的重要一环。

### （六）绘制知识序列图，保证连贯一致

在教学内容、教学过程的连贯一致的原则要求下，教师需要好好地钻研某一阶段的所有教材、大纲，才有可能在整体上做到阶段性的连贯一致。特级教师孙维刚就是站在系统的高度将数学知识分成三个层次：第一，每个数学概念、有序定理、公式等知识的传输，都是在见树木更见森林、见森林才见树木的状况下进行的；第二，在教学过程中，对任何细节都鼓励学生追根溯源，寻找它与其他事物之间的联系，使之逐渐成为学生的一种根深蒂固的习惯；第三，在系统中进行教学，让学生养成联想的好习惯。孙老师认为，这种做法起到的作用是“使学生发现知识之间盘根错节，又浑然一体”，这样，知识就了如指掌，不再是杂乱无章的，学生的学习过程就犹如有了导航系统，不易迷失方向，学习的效果也会大大提升。

### （七）关注能力培养的连贯一致

《义务教育语文课程标准（2011 年版）》指出：“语文课程应激发和培育学生热爱祖国语文的思想感情，引导学生丰富语言积累，培养语感，发展思维，初步掌握学习语文的基本方法，养成良好的学习习惯，具有适应实际生活需要的识字写字能力、阅读能力、写作

能力、口语交际能力，正确运用祖国语言文字。”简言之，就是要全面提高学生的语文素养。从教学实践中可以看出能力的发展通常是相辅相成的。所以在教学中，教师要注意把各方面能力的培养联系起来，切不可片面地看待学生的发展。例如，语文教师在讲授课文的时候可以把阅读能力和写作能力的培养联系起来，让学生在读中悟真情、品写法，这样便会有一箭双雕之效。

**（八）立足全局，使学生在学段间连贯发展**

学生的成长是持续的、渐进的，随着制度化教育的完善，现代教学形成了一个比较完善的学制，其中“各级学校”包括学前教学机构、初等学校、中等学校和高等学校。这种情况下，教育工作者们应树立全局意识，尤其是头尾衔接的教师，要从学习方法、学习内容以及心理适应等不同方面对学生加以辅导，帮助学生实现各学段间的平稳过渡。

总之，强调课程及教学内容的一致性，目的在于使学生获得有效学习和应用知识的有益体验。为此目的，教师应该做到如下几点：避免面面俱到的讲授，重点组织学生学习最主要的内容；通过解释重要概念及其相互关系的方式，进一步扩展学习内容；辅以切实可行的学习活动与评价手段，使学生有机会展示能够反映预期教学目标的学习水平。

# 第三节　连贯一致内容策略的案例及评析

**案例：**

## 体育与健康课中小学教学内容衔接的研究

北京市第十一中学　季世平
北京市东城区教育研修学院　张立新

### 一、问题的提出

小学五、六年级的学生，开始从童年走向少年，他们的心理发育处于半幼稚、半成熟状态，是独立性与依附性、自觉性与暗示性相矛盾的时期。中学教师在对初一新生进行教学时，如果不知道小学学过什么，将影响中学的教学效果；如果小学学习过的内容中学没有延续拓展，学生的运动技能将会消退，不利于学生保持学习的连贯性。因此，充分利用学生原有的知识和技能，将初一《体育与健康》教学内容与小学《体育与健康》教学内容科学、合理地进行衔接，对于加深学生进一步理解知识和动作，加强教学的科学性，提高教学质量都会大有益处。另外，针对小学没学过而中学新增的教学内容，中学教师通过深入调查以后系统地进行教授，也有利于提高教学质量。

### 二、研究对象和研究方法

（一）研究对象

初一新生120人。

北京市景泰小学、北京市东城区革新里小学等体育教师9人。

（二）研究方法

1. 调查法：发放并收回学生调查问卷120份，其中有效问卷118份。发放教师调查问卷9份，收回9份有效问卷。

2. 座谈法：到附近的景泰小学、革新里小学同有关的体育教师进行座谈，了解小学五、六年级《体育与健康》课的教学内容及实际教学情况。

3. 行动研究法：在教学中，将中学《体育与健康》教学内容与小学《体育与健康》教学内容进行衔接，取得了良好效果。

4. 教育经验总结法：根据自己对初一新生的了解，结合多年来的教学经验，进行总结和归纳。

**三、结果与分析**

（一）说明

北京市第十一中学是一所全日制公立完全中学，其中初一有超过 1/3 的学生是借读生，来自全国各地；其他为附近的小学毕业生，分别来自北京第一师范学校附属小学、景泰小学、桃杨路小学、永建里小学、蒲黄榆第一小学等，生源情况比较复杂。教师问卷均来源于附近小学。因此，学生问卷与教师问卷的调查结果比较复杂。

（二）结果与分析

1. 针对初一新生《体育与健康》实际学过的内容，分步骤进行衔接。

步骤 1　对初一年级学生实际学过的内容进行深入了解，如表 5–1 所示：

**表 5–1　北京市第十一中学部分初一新生实际所学内容的调查统计表**

| 教学内容 | 学过（人） | 未学过（人） | 教学内容 | 学过（人） | 未学过（人） |
|---|---|---|---|---|---|
| 50 米 | 117 | 1 | 武术 | 43 | 75 |
| 跳绳 | 116 | 2 | 分腿腾越 | 30 | 88 |
| 投沙包 | 105 | 13 | 横叉 | 29 | 89 |

续表

| 教学内容 | 学过（人） | 未学过（人） | 教学内容 | 学过（人） | 未学过（人） |
|---|---|---|---|---|---|
| 接力跑 | 102 | 16 | 纵叉 | 29 | 89 |
| 400 米 | 100 | 18 | 跪跳起 | 23 | 95 |
| 前滚翻 | 99 | 19 | 投垒球 | 23 | 95 |
| 蹲踞式跳远 | 80 | 38 | 软式排球 | 17 | 101 |
| 小篮球 | 78 | 40 | 侧手翻 | 17 | 101 |
| 后滚翻 | 73 | 45 | 简易保龄 | 15 | 103 |
| 跳箱 | 67 | 51 | 穿臂前后翻 | 15 | 103 |
| 跨越式跳高 | 61 | 57 | 斜向助跑直角腾越 | 15 | 103 |
| 小足球 | 54 | 64 | 跳上成支撑前翻下 | 11 | 107 |
| 爬杆或绳 | 50 | 68 | 单挂膝摆动上 | 10 | 108 |
| 肩肘倒立 | 49 | 69 | 挂膝悬垂摆动 | 9 | 109 |
| 韵律体操 | 48 | 70 | 一足蹬地翻身上 | 7 | 111 |
| 投铅球 | 43 | 75 | | | |

由表 5–1 可以看出：由于学生来自不同的小学，在小学阶段对各个教学内容的学习情况存在着很大差异。有些内容（如 50 米、400 米、跳绳等）大部分学生都学过，有些内容（如武术、跪跳起等）只有少数学生学过，还有一些具有危险性的内容（如体操类）或新兴体育内容（如简易保龄和软式排球等）只有极少数学生学过。

同时，我们也对初一新生体育知识的了解情况进行了调查统计，如表 5–2 所示：

**表 5–2　北京市第十一中学部分初一新生体育知识了解情况调查统计表**

| 体育知识 | 知道（人） | 不知道（人） | 知道一点（人） |
|---|---|---|---|
| 个人卫生常识 | 91 | 1 | 26 |
| 运动安全小知识 | 65 | 9 | 44 |
| 做操的好处 | 56 | 15 | 47 |
| 体育锻炼小常识 | 54 | 15 | 49 |
| 青春期卫生与锻炼 | 54 | 19 | 45 |

由表 5–2 可以看出：对于这些体育基础知识，绝大多数学生都认为自己是“知道的”，或者是“知道一点”。

步骤 2 按学生对教学内容的实际学习情况，分类衔接。

（1）大部分学生在小学学过，中学阶段还有的实践教学内容（如快速跑、前滚翻等）的衔接

在衔接时，先复习小学学过的动作内容，在此基础上向中学的教学内容过渡。比如说，中学的“鱼跃前滚翻”实际上就是在小学“前滚翻”的基础上，进一步提高了动作的难度和要求。所以，在教学“鱼跃前滚翻”之前，教师先带领学生复习了小学学过的“前滚翻”，使学生进一步提高动作质量和熟练程度，然后经“远撑前滚翻”过渡到“鱼跃前滚翻”。这样进行衔接不仅学生比较适应，教学效果也会比不衔接要显著得多。

中学的体育知识在与小学的体育知识进行衔接时，要使学生在学习过程中领悟到只要学好中学的教学内容就是进步的道理。中学的体育基础知识也是体育教学的重要内容，它比小学的

体育基础知识层次更深、范围更广。比如说，小学学习的“人体与运动”，主要讲述的是“人体是如何进行运动的”；中学学习的是“体育锻炼的好处”，主要讲述的是“体育锻炼对身体各个系统的影响”，它与人体的机能特点密切相关，其教学内容的层次很显然比小学教学内容的层次更深一些。这部分教学内容在衔接时，教师先以提问的方式对小学学习过的内容简单地进行复习，然后再结合现实社会生活，导向中学的内容。在知识层次上进行提高，不仅使学生感觉比较适应，还使教和学的效率都大大提高；极个别没学习过此内容的同学，也可以通过聆听其他同学的讨论和发言等多种途径很快领会。

在座谈中，我还了解到这样一个情况：小学生由于其年龄的特点，个别学生在将近一年的时间里，会将过去学会了的动作忘记。比如说“跳绳”，小学一年级时，除免体学生以外，在“跳绳”这个教学内容结束时，所有的学生都会跳，但是到了二年级时再检查，却有少部分同学已完全不会，不过经过练习体会还是可以恢复的。因此，在学习中学的教学内容之前，对小学学过的内容适当进行复习是非常必要的。

（2）只有少部分学生在小学学过，而中学还有的实践教学内容的衔接

在进行衔接时，仅凭简单的复习和引导是不够的，要充分发挥已学过的少部分学生的示范和带头作用。比如，在进行“武术”“分腿腾越”“侧手翻”等内容的教学时，我先让个别学习过该动作的学生进行示范，并让他们简单扼要地说说动作要领。学生的示范可有效克服其他学生的畏惧心理和恐惧心理，大大增强学生的自信心和学习热情。然后我再进行完整示范和补充讲解，在思想上对学生进行鼓励，再在行动上进行耐心地指导。在我带

的班上，有一个叫王迪的学生，特别胆小，一直不敢做“支撑跳越”。我采用这种方法，经过一段时间的指导，她终于克服了心理恐惧，体验到了成功的快乐。这样，所有的学生都有了较大程度的提高，有的初学者还超过了已学者，他们都很有成就感。

（3）小学有而中学没有要求的教学内容

如果体育教师选定了此类教学内容，在衔接时可根据学生的情况在以上方法中选择一种进行衔接。例如，在教学“投垒球”时，由于只有少数学生学习过，我就选择了第二种方法进行教学内容的衔接。

2. 针对附近小学体育教师实际教学内容进行衔接

步骤 1　对附近小学体育教师就教学内容进行问卷调查和座谈，如表 5–3 所示：

**表 5–3　北京市第十一中学附近小学体育教师实际教学内容的调查统计表**

| 教学内容 | 教过（人） | 未教过（人） | 教学内容 | 教过（人） | 未教过（人） |
|---|---|---|---|---|---|
| 50 米 | 9 | 0 | 肩肘倒立 | 6 | 3 |
| 400 米 | 9 | 0 | 小足球 | 5 | 4 |
| 跨越式跳高 | 9 | 0 | 纵叉 | 5 | 4 |
| 蹲踞式跳远 | 9 | 0 | 一足蹬地翻身上 | 4 | 5 |
| 前滚翻 | 9 | 0 | 投铅球 | 4 | 5 |
| 后滚翻 | 9 | 0 | 投垒球 | 4 | 5 |
| 跪跳起 | 9 | 0 | 横叉 | 3 | 6 |
| 跳绳 | 9 | 0 | 侧手翻 | 2 | 7 |
| 武术 | 9 | 0 | 简易保龄 | 2 | 7 |

续表

| 教学内容 | 教过（人） | 未教过（人） | 教学内容 | 教过（人） | 未教过（人） |
|---|---|---|---|---|---|
| 分腿腾越 | 8 | 1 | 跳上成支撑前翻下 | 1 | 8 |
| 韵律体操 | 8 | 1 | 软式排球 | 0 | 9 |
| 投沙包 | 8 | 1 | 斜向助跑直角腾越 | 0 | 9 |
| 跳箱 | 8 | 1 | 挂膝悬垂摆动 | 0 | 9 |
| 小篮球 | 8 | 1 | 穿臂前后翻 | 0 | 9 |
| 接力跑 | 7 | 2 | 单挂膝摆动上 | 0 | 9 |
| 爬杆或绳 | 6 | 3 | | | |

从表5–3可以看出：占比重较大的教学内容，小学体育教师普遍都进行了教学；危险性较大的体操类动作，则很少教授；而一些新兴的体育项目如简易保龄、软式排球等，有条件进行教学的学校还比较少。

我们也对附近小学体育教师教授体育知识情况进行了调查，如表5–4所示：

**表5–4　北京市第十一中学附近小学体育教师教授体育知识情况统计表**

| 体育知识 | 教过（人） | 没教过（人） |
|---|---|---|
| 做操的好处 | 8 | 1 |
| 个人卫生常识 | 7 | 2 |
| 运动安全小知识 | 8 | 1 |
| 体育锻炼小常识 | 8 | 1 |
| 青春期卫生与锻炼 | 4 | 5 |

从表 5-4 的数据统计可以看出：绝大部分的体育知识已经在小学阶段进行了一定程度的教学，学生在毕业前已经有了比较清楚的了解。

步骤 2　按学生对教学内容的实际学习情况分类进行衔接。

教学内容的分类和衔接的方法同上。

## 四、结论与建议

### （一）结论

1. 针对初一新生进行《体育与健康》教学内容衔接的方法可以使学生保持学习的连贯性，实际效果比较显著且适用范围广。

2. 针对小学体育教师实际教学内容进行衔接的方法，数据统计相对简单，一般具有一定的稳定性。

3. 给工作在一线的中学体育教师提供一定的教学参考，也为广大中学体育教师进一步开展中小学教学内容衔接的研究做一个铺垫。

### （二）建议

1. 先进行调查，再进行教学内容的衔接。衔接过程中不要急于求成，要让学生有一个适应的过程。

2. 要结合实际，根据师资和场地、器材、设施等条件进行衔接。

3. 中小学体育教师之间相互了解太少，应加强沟通。

4. 通过调查发现，小学教材中体操教学内容较多，而实际教授体操的学校极少，建议小学加强体操教学。

### （三）问题分析

中小学教学内容的衔接只是中小学衔接的一个方面，衔接的方式、方法、教学模式以及学法等都有待于进一步深入探讨。

**评析：**

这是一份从宏观层面来展现教学内容连贯一致的案例。在这个案例中，我们看到了阶段性教学内容没有很好地衔接所带来的麻烦，尤其在衔接的方式、方法、教学模式以及学法等方面都存在着诸多困难。教师们已经意识到了这个问题，正在着手解决，在研究的过程中，也已经形成了阶段性的成果。

# 第三编　个性的方法

# 第六章　方法教学的策略

教学的现实目的是为了教会学生学习策略。因此，教学过程应该成为既传授知识又培养学生学习习惯、教会学生学习方法的过程，这就要求教师掌握和运用方法教学（学习策略教学）。学习策略是指学习者在学习活动中有效学习的程序、规则、方法、技巧及调控方式[1]，分为认知策略、元认知策略和资源管理策略。它既可以是内隐的规则系统，也可以是外显的程序与步骤。从宏观上讲，它渗透在整个学习过程中，从细微上说，它又可以是某一学科某一知识点掌握的方法。本章主要从教学方法的选择和适用角度谈学习策略教学。

## 第一节　方法教学策略的概述

### 一、方法教学策略研究的沿革

1996 年联合国教科文组织国际 21 世纪教育委员会，在分析了当今和未来社会对教育的要求后，提出了教育应使受教育者“学会认知，学会做事，学会合作，学会生存”的教育思想。这一思想很快被世界各国所认同，并被誉为现代素质教育的“四大支柱”。这里

1 刘电芝. 学习策略的实质［J］. 宁波大学学报（教师科学版），2000，（1）：18–20，42.

首先提到了要培养学生“学会认知”，这是因为，二十一世纪科学技术飞速发展、知识总量急剧增加，特别是二十世纪七十年代以后，每五年知识就会增加一倍。显而易见，学习者在这样知识爆炸的年代必须要学会学习；而学校教育也必然要从教会知识转变为教会学生学习的本领。所谓教给学生学习的本领，是指教师在教学过程中，教会学生学习策略，让学生提高运用学习策略的水平，能够用良好的学习策略控制学习过程，从而提高学习效率。教师不仅要教给学生知识和技能，更要教会学生独立掌握知识的本领，促使其学习策略的运用水平不断提高。学习策略是体现“学会认知”的重要指标，是影响学习效率和质量的重要因素，如何教会学生掌握学习策略正是学习策略教学所要研究的问题。因此，科学地研究学习策略教学系统，对于解决如何教会学生“学会认知”，提高学习能力，具有十分重要的意义。

“教会学生学习”是当前教育界的共识，但学习策略研究自二十世纪六七十年代才开始兴起。其原因主要有两个方面：一是行为主义影响巨大。在行为主义的影响下，教学理论研究致力于如何改善教的研究，相对忽视了对学的研究与改进。二是现行教育体系、教学方法培养出来的学生不适应社会的需求。有关教育质量的调查研究指出：教学中过分强调了读、写、算等低级技能，不重视学生学习方法和思维方式等高级技能的培养。目前，学习策略的研究成为当前教育领域的新方向和新热点。

## 二、学习策略的构成及其含义

### （一）学习策略的构成

根据不同的标准，学习策略的构成大致可分为以下四种观点，如表 6-1 所示：

表 6-1 学习策略构成的四种分法

| 标准 | 构成 | 代表学者 |
|---|---|---|
| 作用角度 | 基础策略：信息的获得、贮存策略、检索和应用策略<br>支持策略：计划、注意力分配、监控策略 | 丹塞路<br>（Dansereau） |
| 可教性角度 | 大策略：可迁移性最大，距任务最远，可教性最差<br>中策略：既可教，迁移性也比较大<br>小策略：距任务最近，可教性最好，但教学的可迁移性最小 | 比格斯<br>（Z·Biggs） |
| 学习进程角度 | 选择性注意策略<br>编码策略、知道何时使用某一策略<br>检查学习策略的有效性 | 加涅<br>（E·Gagne） |
| 涵盖成分角度 | 认知策略<br>元认知策略<br>资源管理策略 | 迈克卡<br>（Mckeachie）<br>等人 |

其中，迈克卡的观点比较全面地概括了学习策略所包含的内容，如图 6-1 所示。

认知策略包括：选择性注意策略，编码策略（包括组织策略、精加工策略），记忆策略（包括识记策略、保持策略、提取策略），思维策略（包括通用思维策略、创造性思维策略）等。

元认知策略包括：计划策略（如设置目标、浏览等），监视策略（如自我测查、监视领会等），调节策略（如调整阅读速度、使用应试策略）等。

资源管理策略包括：时间管理（如建立时间表、设置目标等），学习环境管理（如寻找固定地方、安静地方等），努力管理（如调整心境、坚持不懈、自我强化等），其他人的支持（如寻求教师帮助、伙伴帮助、获得个别指导）等[1]。

1 皮连生主编. 学与教的心理学［M］. 上海：华东师范大学出版社，2011.

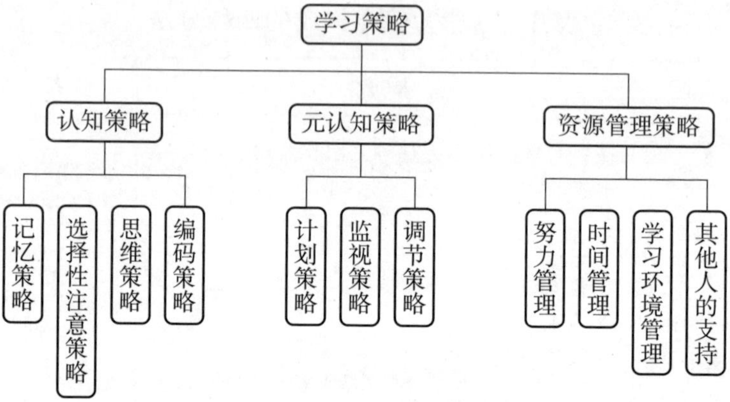


图 6-1　学习策略包含的内容

### （二）学习策略定义

关于什么是学习策略，学术界有多种观点。我们认为，学习策略是指“学习者在学习活动中有效学习的程序、规则、方法、技巧和调控方式。”[1] 它既包括内隐的规则系统，也包括外显的程序与步骤。

### （三）学习策略的特征

基于以上理解，学习策略的特征可以总结为以下三点：（1）学习者在达成学习目标过程中积极主动地、有意识地使用学习策略。（2）学习者为有效达成学习目标而选择适宜的学习策略。（3）在学习全过程中，学习策略都在发挥着作用，它具有特定的目的性和意向性。

## 三、学习策略与学习方法的关系

学习策略包含学习方法，学习方法是学习策略的基础。学习策略通过对学习方法的调用来实现对学习活动的调节和控制。因此，只有学生掌握好一定的学习方法，而且在特定的学习情境中知道如

1 刘电芝，学习策略的实质［J］. 宁波大学学报（教师科学版），2000，（1）：18–20，42.

何使用这些学习方法，能够实现对学习的自我调节和控制，我们才能说，学生达到了掌握学习策略的水平。

## 四、学习策略教学及教学方法

### （一）教学方法的选择

教学方法是指为达到教学目的，实现教学内容，运用教学手段进行的，由教学原则指导的，一整套方式组成的，师生相互作用的活动。那么，教学方法与施教策略的关系是什么？简单说来，施教策略解决战略问题，而教学方法解决战术问题，施教策略指导教学方法的选择和运用。

1. 教学方法的分类

长期以来，对教学方法的研究存在以教师为中心还是以学生为中心的矛盾，教师的教与学生的学各占一方。但在实际教学中，教与学之间更多的是相辅相成、相互统一的关系，绝对的两极并不存在。按照教与学来划分教学方法的种类，可以将所有的教学方法分为接受式和开发式。

第一，接受式教学方法。

这是以教师的活动为主，学生比较具有接受性的方法。主要有下列四种：

①演示式：教师出示实物或替代实物的照片、图画、模型、标本等，或进行实验，让学生观察。

②示范式：教师为学生做示范，学生进行模仿；主要用于技能教授。

③讲解式：为了使某些问题容易理解进行的解说，是学生听讲的方式；适用于不能直接观察的教学内容。

④说明式：明确理由和结构，原因和结果之间的关系；是推导

一定的概念、法则时所采用的方式。

第二，开发式教学方法。

这是以学生自身活动为主的学习方法，这种方法又可以归纳为不同的类型。

从思考过程来看，可分为：①归纳式，即通过对具体事实举证，总结一般性法则的方式。②演绎式，即借助一般性的法则，举证具体事物说明的方式。

从教师和学生的活动方式来看，可分为：①课题式：给出问题，让学生自己解决，教师则起到指导和帮助的作用。②问答式：通过师生的问答，进行交互作用的学习，产生社会性学习的效果。③对话式：一种比问答式更加自由的讨论式学习方法。

传统教学多是以教师为中心的教学活动，目前逐渐转变为以重视学生学习为中心的教学活动。为便于教学实践中的应用，我们建立了施教策略的方法库，以激发和方便教师的应用。

2. 关于教学方法的选择和确定

教学方法的选择应以前面各项模块得出的结果为主要依据，教师应该从众多的教学方法中选择比较理想的方法为我所用。选择教学方法的时候应注意下面几个问题：

第一，要注意教学方法本身的特点和功能。教师必须熟练掌握多种教学方法，通过比较选择恰当的教学方法并能娴熟地运用。

第二，要依据学科特点和学习内容选择教学方法。例如，语文课可以根据不同文本体裁选择适合寓言、童话的角色扮演式，适合议论文的开放式等；而自然科学学科中的实验则常采用演示、示范的方法。

第三，依据教学目标选择教学方法。教学方法的选用都是为了教学目标的达成，教学目标的维度不同，所选取的教学方法也应该相应改变。教学目标的水平不同，所选取的教学方法也应该不同。

第四，依据学生特点选择教学方法。例如，低年级学生具有注意力不集中、不易持久，形象思维、机械记忆占主导的特点，教师宜多采用直观演示的方法，并且注意多种方法交替使用，以吸引和稳定学生的注意力，培养学生的观察能力和思维能力。

第五，依据现有教学媒体的特点选择教学方法。例如，现代信息技术为直观演示、情景创设提供更加便利的条件，使更多的演示式教学方法可以被采纳，也给学生提供了更多的体验机会。

### （二）课堂教学组织形式的选择和确定

教学活动是通过一定的组织形式实现的。教学组织形式要解决的问题主要包括：如何实现教学目标，如何把教学内容科学地教给学生，怎样组织好教师的教和学生的学，怎样合理安排教学时间、有效利用空间，怎样充分发挥各种教学媒体的作用等。由于不同的教学组织形式对教学活动会产生不同的影响，因此教师要掌握各种教学组织形式的特点，从而实现现有条件下的教学最优化。在教学中，教师应以组织学生的方式为基点对教学组织形式进行分类。

在课堂教学中，教学组织形式可分为三种基本形式，即集体教学、小组教学和个别指导。

1. 集体教学

集体教学的产生是教学组织形式的一个历史性进步，但也随之带来了一些无法克服的问题。比如，在集体教学中，教师组织面向全班学生的教学，整齐划一，难以针对个别差异做到因材施教。学生以接受学习为主，主体地位难以得到体现，学生的探索性、创造性不易发挥。但是，由于集体教学本身具有不可替代的优势，因此到目前为止，其他组织形式并不能够完全取而代之，学校教学仍以集体教学为主要的教学组织形式。目前，针对集体教学存在的局限性，人们也着力于对其进行改革，改革的主要趋势是进一步完善班级授课制，实现以班级为基础的教学组织形式的多样化，为每个学生提供适合其特点的教学活动形式和学习环境；探索最大限度利用现有技术手段的教学组织形式，提高教学活动的效率和教学质量；寻求既关注全体又关注个性的教学组织形式，扩大学生的教育影响源或信息来源及渠道。在具体的教学实践中，出现了许多改革教学组织形式的尝试，集中表现在小组教学和个别教学这两个方面。

2. 小组教学

小组教学是把两名或两名以上的学生编为一个学习小组，并以此为单位开展教学，使小组成员之间共同学习的教学组织形式。这种教学形式有效地弥补了集体教学中教师单向向学生传递信息的不足。教师与学生、学生与学生之间增加了相互交流的机会，是培养健全人格、促使个体社会化的有效途径。它有利于学生合作学习，促进学生的高级心理机能的发展。

小组教学的关键是有效地分组。学生以小组的形式进行学习的效果，与编组的方法和学习活动的形态有着密切的联系。一般来说，有三种基本方法：一是按照座位顺序随机挑选的方法；二是以课题和活动为基础按学生的主观愿望分组的方法；三是考虑学生智力水平以及各种参数的分组方法。

第一种方法可以加深全体学生之间的交流，但如果过于机械地组合，教学效果会受到影响。

第二种方法比较尊重学生的个人要求，让他们加入自己所希望的课题学习组，将具有共同兴趣的学生组织在一起，面向共同的目的学习，这样相互作用更为紧密，学生更能进行积极的活动。

第三种方法，教师充分研究每位学生的各种特征，按照学生的能力、智力水平、性格、爱好、同学关系等方面的情况进行分组。

这种方法对于提高教学效果尤为重要，但需经过慎重的考虑。

学习小组可以分为等质小组和异质小组。等质小组的特点是成员的能力、追求的目的和爱好等特质基本相似，易于小组成员间的相互协同和相互促进，能够提高学习效率。异质小组由能力、爱好等方面不同特质的学生组成，小组成员之间能够实现不同经验和观点的交流互动，有利于小组内成员之间的相互学习，取长补短。等质和异质并不存在哪一个更好的问题，同样，上述三种分组方法也不存在哪个最佳的问题，教师应该根据不同的学习目标和教学意图，对学生进行编组。

3. 个别指导

为了克服集体教学难以照顾学生个别差异的缺点，个别教学被人们重新提倡并重视起来。学习是学生个人作为主体的活动，是学生积极主动地建构自己的内部认知结构的过程，必须以较强的学习动机作支持。当学习内容适合学生的自身特性，教学方法适合学生的特点时，就会收到较理想的学习效果。可以说，个别教学组织形式是解决个别差异问题的理想形式。个别指导的教学计划要满足每位学生的不同需求，选择适合学生特点的教学方法。

随着教学理论和实践的发展，个别教学的组织形式已经演变为多种多样的模式，但从总体来看，我们可以将其概括为四大类别：

第一，对每位学生的教学目标和教学方法相同，但学习步调或进度不同。

为了实现对全体学生而言都十分必要的共同的教学目标，应采用相同的教材和教学方法，同时也要按照每位学生自己的学习进度和步调进行个别学习。这种类型是一种根据学生不同的学习步调，明确每位学生学习所需的不同时间，解决和处理学生个别差异的方式。根据美国心理学家布卢姆的研究，如果给予学生充分的时间，那么所有的学生通过学习都能达到掌握相应知识的水平，都能完成教学目标所规定的内容。这就是著名的掌握学习。这种形式可以对具有不同学习速度的学生进行教学。例如，在教学《三角形面积》一课时，当学生做出三角形面积计算公式的假设后，教师提出：我们的猜测是否合理、正确呢？下面咱们一起来验证一下。接着明确要求，布置小组合作学习任务。请学生每四人一组用三角形进行实验，边动手验证边把研究的结果填入提纲：

①用（　　）个（　　）三角形转化成（　　）形。

②转化后的图形的底（长或宽）是原三角形的（　　）。

③转化后的图形的高（长或宽）是原三角形的（　　）。

④转化后的图形的面积是原三角形的（　　）。

⑤转化后的图形的面积等于（　　）。

⑥原三角形的面积怎么求？

当各组同学按照提纲共同讨论、合作完成实验后，教师先请遇到困难或有疑问的小组提出问题，然后各组互相交流、集体讨论，解决这些问题。每组学生汇报时，教师要求其他成员及其他小组认真聆听，并向汇报人做出评价、提出问题或是补充意见。学生在提问、质疑、补充、交流中，交际能力、与人合作的能力以及分析推理、口头表达能力得到锻炼。同时，来自不同理解的解题方法正体现了学生的创新精神，为其他同学提供了更为广泛的思维空间，有利于全体学生达到深层理解。

第二，对每位学生而言，目标相同，教学方法不同。

这种类型主要是通过教学方法，并复合使用多种学习方法，以适应学生的不同特征。在学生追求共同的学习目标的情况下，教师在采取具体的教学方法时，需要根据每位学生的特点而有所变化。为了因材施教，教师要考虑教学方法是否符合学生的个性差异，是否个别化、多样化。

例如，《长、正方形的面积》一课，授课教师使用三个不同长方形学具做载体，供学生尝试研究。由于先前知识和相关经验的影响，同学们用不同的方法得到长方形的面积。有的同学选择了用面积单位铺满的方法进行展示，教师就用第一个长方形，帮助学生建立面积和面积单位的关系，重点突出：一个长方形的面积的实质是它含有面积单位的个数。还有的同学选择了用面积单位铺一行一列的方法展示，教师就结合第二个长方形重点解决看到每排摆的面积单位就想到长是几，看到摆几排就想到宽是几，建立每排的个数与长的关系，排数与宽的关系。更有的同学选择了直接用直尺测量长和宽并进行计算的方法，教师就结合第三个长方形从另一个角度加强它们的联系，使学生加深对长方形面积计算公式由来的理解，为进一步概括做准备。通过对三个长方形，三种不同思路进行对比和择优，得出长方形的面积用计算的方法最简便的结论，并得出长方形的面积计算公式。

通过三个长方形，同学们从不同的方面、不同的角度观察探讨得到长方形面积的不同方法。教师依据由直观到抽象的原则，按照思维的难易程度将这三个长方形整合起来，成为学生新旧经验、思维活动的加工场，为学生提供了有力的建构工具，促进了学生高水平的思维活动，使学生的创新意识得到发展。

第三，对每位学生而言，教学方法相同，教学目标不同。

全体学生按照一定的方法和程序进行学习，但教师要根据学生的不同特征来确定不同的教学目标。这种方式根据学生不同的能力和爱好来灵活地改变教学目标的质和量。个别教学要求教学目标符合每位学生的个性，实现个别化和多样化。从教学的实际情况看，在单位时间内，如果学生之间存在着能力差别，那么，学生们达到学习结果的水平也是不同的。因此，教师需要按照学生的具体情况，制定符合其需要的教学目标。

例如，小学语文第四册第九单元作文是看图写话，主要是让学生说清主画面“学游泳”的内容。赵景瑞老师在课间和学生聊天，了解到全班48位同学都知道游泳，却有25位同学从没游过泳，5位同学从来未到过游泳池，只有1位同学会游泳，且游得不错。赵老师将吕文瀚同学（那个会游泳且游得不错的孩子）的游泳视频资料借来，发现视频中还有吕同学爷爷的配乐解说。赵老师认为，这个视频对于激发学生的习作兴趣很有帮助，于是，将吕文瀚同学游泳时的录像通过电视播出，让全体学生共同观看。同学们对此很感兴趣，看完录像后不断地向游泳小将吕文瀚提问题：学游泳好玩吗？会不会有危险？好学吗？游泳池美吗？……还有一部分同学向家长提出要求，希望家长带自己到游泳池去体验游泳的美妙。

第四，对于每位学生而言，教学目标和教学方法都加以改变。

针对不同的学生，教学目标和教学方法都应做相应的改变，从而适应每位学生的特点，这是最尊重学生个性的一种方式。它从教学目标和方法个别化与多样化的观点出发，满足每位学生的个性需求，为每位学生设计独特的教学目标和教学方法。这种类型的教学比较适合优秀学生和相对落后的学生。

例如，体育教师王立宏教过的一个班中，有一个叫常振的学生。他的身体素质特别好，尤其是在速度方面，要比同班同学快许多，每次和他一起跑的同学总是被他落在身后好几米。四年级时，他们班做迎面接力的游戏，在第二次游戏时，他悄悄对王老师说：“王老师，我想让他们几个点（一个点是1.4米），看看这样能不能提高我的速度。”王老师刚要说话，他们班就有同学说：“看，他就知道臭显摆自己！”王老师立刻纠正了这个同学的说法，并答应了常振的要求，让他试一试，结果他又超过了他的对手，再次取得胜利。他还建议我以后在做跑步练习和游戏时，教学方式能有所改进，让跑得快的和跑的一般的以及跑得慢的能各自满足需求。我非常高兴地接受了他的建议。这之后的练习和训练，常振非常刻苦和认真。在2005年北京市中小学运动会中，他在400米的比赛中取得了第三名的好成绩，被保送上了八十中学。之后，朝阳区、北京市青少年运动会上都有他取得好名次的消息。王老师认为，假如对常振也像其他的同学那样去要求，就不会有他以后的种种成绩，这个也许是未来世界冠军的孩子就会被他过早地扼杀在摇篮里。因此，教学目标和方法应个别化、多样化，这样才能满足每位学生的独特要求。

以上所谈及的个别教学的类型，都是站在一定的教学观点的立场上开发出来的，因此都会存在一定的不足。我们不能用哪个类型最佳的观点去看待它们，而是应该按照教学目标和学生的个别差异以及教学中各种类型的特点，考虑如何进行个别教学。

通过以上分析，我们应该认识到，在教学过程中，教师应根据教学目标和内容选用合适有效的教学形式，没有哪一种教学组织形式是可以解决所有问题的，教师应该掌握多种教学组织形式并且能够灵活运用。集体教学、小组教学和个别教学三种教学组织形式都有各自的优点，但相互之间又可互补，因此，这三种教学形式在实际的教学活动中并不是纯粹独立地使用的。为了能够更加有效地实现教学目标，教师可以将三种教学组织形式有机组合起来加以使用。在课堂上为了达到教学的理想状态，教师应根据某一时刻的教学目标选用最有效的教学形态。

## 五、推行学习策略教学的意义

### （一）掌握学习策略是实施素质教育的必然要求

素质教育的内涵包括三个方面：第一，教育面向全体学生；第二，使每一个学生全面发展；第三，让学生积极主动地发展。因此，实施素质教育就要求教育者树立以学生为主体的思想，充分发挥学生的主体性，全面塑造学生的人格，提高学生的综合素质水平。实施素质教育的主要渠道是学校教育，而课堂教学是学校教育的主要形式。课堂教学中，提高学生的学习能力，使学生学会学习是实施好素质教育的关键。我们不仅要让学生学会基本知识，更要让其学会如何有效地学习，具备独立学习的能力。这就要求教师在教学中运用“方法教学策略”，使学生掌握学习策略。因此，开展学习策略教学的研究是实施素质教育的必然要求。

### （二）教给学生学习策略是社会发展的必然结果

许多著名教育家都对教会学生学习非常重视。陶行知先生曾明确主张教师的责任在于教会学生学习。他说：“我认为好的先生不是教书，不是教学生，乃是教学生学。”[1]叶圣陶先生也曾多次指出，“教是为了不教。”联合国教科文组织教育发展委员会的埃德加·富尔在《学会生存》一书中说：“未来的文盲不再是不识字的人，而是没有学会怎样学习的人。”由此可见，教会学生学习，是社会发展的客观要求和教育发展的必然结果，而教会学生学习的关键就是教会学生科学地运用学习策略。

### （三）培养学生的学习策略是以人为本的必然要求

学生掌握了学习策略，便能在学习的过程中，根据所学内容的特点和自己的实际情况，积极主动地为有效达成学习目标选择学习

---

1 李定仁. 论教会学生学习的问题［J］. 西北师大学报（社会科学版），1994（1）：3–9.

策略，调动自身情绪状态，随时对自我进行评价，进而不断调整。这样的学习过程，就是发挥学生主体性的学习过程。因此，对学生实施学习策略的培训，其本身就体现了学生是学习的主人的理念。在一定程度上，研究如何教会学生掌握学习策略，有助于实现以人为本的宗旨。

## 第二节 方法教学策略的基本操作程序及具体策略

理解了教学策略的重要意义，接下来就应该关注如何提高学生运用学习策略的水平，如何在教学过程中训练和培养学生的学习策略。因此，我们有必要进一步明确影响学生掌握和运用学习策略的因素，使我们在教和学的过程中，有意识地控制或排除这些干扰因素，提高学习策略训练的针对性。

### 一、影响学生掌握学习策略的因素

#### （一）学生的因素

作为学习的主体，学生对学习策略的掌握很大程度上取决于自身学习归因方式。把学习质量归因于个人努力因素的学生，往往具有相对较高的运用学习策略的能力，表现为在学习过程中会自觉地根据学习需要灵活选择和调整学习方法，自我激发学习动机，不断地努力。因此，教师要引导学生恰当归因，消除其归因误差。

#### （二）教师的因素

教师运用学习策略的水平、策略教学的经验和对教学方法的选择运用，某种程度上影响着学生对学习策略的掌握和运用。

教师在学习策略的教学过程中，一方面要传授给学生与其思维发展水平、知识基础相适应的学习策略，另一方面还要不断提高自己运用学习策略开展教学的水平，采用多种教学方法，激发学生产生掌握学习策略的强烈愿望，使学生学会主动地去获取知识。

## 二、教学要求

提高学生运用学习策略的水平是培养学生学习能力的重要手段。对学生学习策略的培养大部分是在课堂教学的情境中进行的，因此，研究在课堂教学中提高学生学习策略水平应遵从的教学要求十分重要。

### （一）在一个学习阶段教给学生少量的策略性知识

能提高人的学习、记忆和思维效率的策略很多。现有的研究表明，一次只能教给学生少量策略，而且要把它们教好，这样比同时概略地教许多策略的教学效果要好。[1]

### （二）学习策略的知识要与学科内容相结合

学习策略的教学不宜单独进行，只有与教学内容结合在一起，学生在具体的学习情境中才能更好地理解和掌握学习策略的要领。否则，一旦脱离了学习策略的教学情境，学生就很难把学习策略运用到相应的具体内容的学习过程中。但同时，教师在学科教学过程中也要把成功掌握科学的学习策略作为学生的学习目标来开展教学，只有这样才能收到良好的效果。也只有结合学科内容的策略教学，才能促使学生在实际的学习情境中广泛地练习和使用学习策略。当然，这种教学方式也有它不足的地方。比如，大量学科知识的学习可能会使学生难以集中于策略学习，另外，这种教学方式也使学习策略的教学缺乏系统性。

---

1 皮连生. 智育心理学［M］. 北京：人民教育出版社，1996.

## 三、操作程序

### （一）分析学习需要

学习需要分析是策略教学的基础和出发点。进行学习需要分析要发现教学中存在的问题，并以对问题的分析和确定作为依据，形成总的教学目标，找出相应解决问题的方法。

教师在教学过程中要有意识地培养学生的学习策略。在确定教学目标时应结合学习内容，明确培养学生的学习策略，并通过问卷调查的方式来获得学生运用学习策略的情况。

### （二）启动学习策略库

学习策略库是指学生课堂学习所要用到的学习策略的总和，它包括三部分内容：元认知策略、认知策略、资源管理策略。

启动学习策略库时要根据学习需要分析中确定的让学生掌握的学习策略的目标，和影响学生学习策略掌握的因素，在学习策略库中找到学习策略教学的启动点。

### （三）制定教学方案

传统的教案包括教学内容、教学目标、教学重点和难点、教具准备、教学过程等几部分内容，这种教案只是根据教师自已对教学内容的掌握和理解进行备课和编写，并没有充分考虑学生的学习活动。而教师在课堂教学中要有目的地教授学习策略，要为学生创设能够灵活运用学习策略的机会和条件，因此，教师编写教案要以培养学生的学习策略为目的，分以下六个步骤来进行：1. 学习内容分析和学习目标层次的确定。2. 教学目标的确定。3. 学习者与教师分析。4. 从学习策略库中选择学习策略。5. 媒体的选择应用。6. 教学过程的具体安排。

### （四）实施与完善

为了使学生在知识学习的同时提高运用学习策略的水平，教案的设计十分重要。教师应该将所编写的教案在一定范围内进行试讲，及时发现设计中的问题和不足，并对教案进行修改和完善。教师可以收集学生及其他教师对于教学方案的意见，对教案进行修改，使其完善。

## 第三节　方法教学策略案例及评析

**案例：**

### 中学课堂教学中学习策略培养的教学设计程序的实验研究

北京市第九十六中学课题组

为了科学地检验中学课堂教学中学习策略培养的教学设计程序的科学性和有效性，并完善其可操作性，我们采用了实验研究的方法，通过教学实验对该教学设计程序进行检验。

**一、理论假设和实验目标**

1. 理论假设

教师按照这个教学设计程序进行设计的教学，能够培养学生的学习策略、提高学生的学习效率。

2. 实验目标

根据理论假设，本实验要达到的主要目标是：

（1）培养和发展学生的学习策略，提高学生的学习效率，促进学生素质的全面发展。

（2）检验并完善这个教学设计程序，使其更具可操作性。

## 二、实验对象的选择

根据实验假设的要求及实际条件，我们选用等组对比的实验方法，在北京市东城区九十六中选定了两个实验班和两个对比班，并以前测来保证其条件相等。

为了进行较全面的分析，我们在文、理科中各选择了一门比较有代表性的学科——语文和数学来进行实验。

在教师自愿和学校推荐的基础上，我们选择了两位实验教师：一位中年语文教师，一位青年数学教师。语文课选定高二（3）班做实验班，高二（2）班做对比班；数学课选定高二（1）班做实验班，高二（2）班做对比班。

## 三、实验的实施与结果分析

1. 实验教师的培训

我们首先对两位实验教师进行了课堂学习策略教学整合与教学设计的相关理论与方法的培训。接下来我们和实验教师共同根据课堂教学中渗透学习策略培养的教学设计程序，进行实验课教案的设计并指导他们在其他班上试讲课。试讲之后，我们和两位实验教师共同探讨讲课中出现的问题，加以改进，完善教案。

2. 前测结果及分析

（1）测量工具

本实验是在实际教学情境中进行的，实验对象不可能随机取样，为了保证实验的可信度，我们首先对实验班和对比班进行了本底测量。测量工具有两个，一个是进行定量测量的学科知识能力测验。在我们做前测时，正逢中学进行期中考试，所以我们选择了学生的期中考试成绩作为实验班和对比班学科知识能力的本底测量成绩，我们认为，这个成绩基本能说明学生的学科知识水平。另外一个测量工具是进行定性测量的关于中学生学习策略使用情况的调查问卷。这个问卷最初是我们为选题而做的，问卷从中学生对学习策略的认识水平、主观态度和在实际学习中的运用情况等三个方面来进行调查，调查范围是在实验学校每个年级随机抽取了一个班来做的，调查结果后面将提到。在前测中我们考虑到实验的具体需要，只从中选择了15个问题在实验班和对比班中作调查。

（2）测量结果及分析

第一，学科知识能力测验结果，如表6–2、表6–3所示。

**表6–2　实验班、对比班语文学科知识能力测验成绩比较统计表**

| 项目<br>班级 | 人数 | 平均分 | 标准差 | 检验值（T） | df | 显著性 |
|---|---|---|---|---|---|---|
| 实验班［高二（3）］ | 45 | 67.98 | 5.71 | 0.312 | 88 | $P$=0.756 > 0.05<br>差异不显著 |
| 对比班［高二（2）］ | 45 | 68.38 | 6.41 | | | |

通过表6–2我们看出，实验班和对比班学生语文学科知识能力基本相同，不存在显著差异，符合实验要求。

**表6–3　实验班、对比班数学学科知识能力测验成绩比较统计表**

| 项目<br>班级 | 人数 | 平均分 | 标准差 | 检验值（T） | df | 显著性 |
|---|---|---|---|---|---|---|
| 实验班［高二（1）］ | 45 | 69.36 | 14.15 | 0.981 | 88 | $P$=0.329 > 0.05<br>差异不显著 |
| 对比班［高二（2）］ | 45 | 66.53 | 13.11 | | | |

通过表 6–3 我们看出，实验班和对比班学生数学学科知识能力基本相同，不存在显著差异，符合实验要求。

第二，实验班、对比班学生学习策略运用情况的调查结果。

因为调查问卷的题目比较多，我们在这里不一一分析，只挑选典型问题进行分析。

① 语文实验班、对比班学生学习策略运用情况的调查结果，如表 6–4、表 6–5、表 6–6、表 6–7 所示。

从学生对学习策略的认识方面看：

**表 6–4　“对于当天的学习内容及时复习”的结果统计表**

| 选项选择人数 / 所占比例 | A　是 | | B 经常是 | | C 有时是 | | D　从不 | |
|---|---|---|---|---|---|---|---|---|
| | *N* | *P%* | *N* | *P%* | *N* | *P%* | *N* | *P%* |
| 实验班（43 人） | 6 | 13.9 | 9 | 20.9 | 26 | 60.5 | 2 | 4.7 |
| 对比班（45 人） | 7 | 15.6 | 11 | 24.4 | 24 | 53.3 | 3 | 6.7 |

注：N 指学生人数，P% 指百分比，本章后面其他表中亦同。

**表 6–5　“阅读学习材料时，能将注意集中在重要信息上”的结果统计表**

| 选项选择人数 / 所占比例 | A　是 | | B　经常是 | | C　有时是 | | D　从不 | |
|---|---|---|---|---|---|---|---|---|
| | *N* | *P%* | *N* | *P%* | *N* | *P%* | *N* | *P%* |
| 实验班（43 人） | 14 | 32.6 | 18 | 41.9 | 11 | 25.6 | 0 | 0.0 |
| 对比班（45 人） | 14 | 31.1 | 17 | 37.8 | 14 | 31.1 | 0 | 0.0 |

从学生运用学习策略的基本素质方面看：

表 6–6 “在睡觉前和清晨记忆学习内容”的结果统计表

| 选项 | A 是 | | B 经常是 | | C 有时是 | | D 从不 | |
|---|---|---|---|---|---|---|---|---|
| | N | P% | N | P% | N | P% | N | P% |
| 实验班（43 人） | 11 | 25.6 | 7 | 16.3 | 20 | 46.5 | 5 | 11.6 |
| 对比班（45 人） | 10 | 22.2 | 8 | 17.7 | 19 | 42.2 | 8 | 17.8 |

表 6–7 “经常提炼、总结学习过的知识”的结果统计表

| 选项 | A 是 | | B 经常是 | | C 有时是 | | D 从不 | |
|---|---|---|---|---|---|---|---|---|
| | N | P% | N | P% | N | P% | N | P% |
| 实验班（43 人） | 3 | 7.0 | 9 | 20.9 | 28 | 65.1 | 3 | 7.0 |
| 对比班（45 人） | 3 | 6.7 | 8 | 17.8 | 29 | 64.5 | 5 | 11.1 |

从上面的统计我们可以看出，语文实验班和对比班学生在对学习策略的认识和使用方面，基本相同，没有明显的差异，他们在对学习策略的认识和使用上还处于自发状态，需要教师给予指导。

② 数学实验班、对比班学生学习策略运用情况的调查结果。

从学生对学习策略的认识方面看：

表 6–8 “根据自己的认知特点（如自己善于视觉或听觉学习）选择学习方法”的结果统计表

| 选项 | A 是 | | B 经常是 | | C 有时是 | | D 从不 | |
|---|---|---|---|---|---|---|---|---|
| | N | P% | N | P% | N | P% | N | P% |
| 实验班（45 人） | 7 | 15.6 | 17 | 37.8 | 18 | 40.0 | 3 | 6.7 |
| 对比班（45 人） | 8 | 17.8 | 14 | 31.1 | 21 | 46.7 | 2 | 4.4 |

表 6–9 “在自己使用的学习方法效果不好时，能及时调整、补救”的结果统计表

| 选项 | A 是 | | B 经常是 | | C 有时是 | | D 从不 | |
|---|---|---|---|---|---|---|---|---|
| | *N* | *P%* | *N* | *P%* | *N* | *P%* | *N* | *P%* |
| 实验班（45 人） | 13 | 28.9 | 12 | 26.7 | 19 | 42.2 | 1 | 2.2 |
| 对比班（45 人） | 11 | 24.4 | 16 | 35.6 | 15 | 33.3 | 3 | 6.7 |

从学生运用学习策略的基本素质方面看：

表 6–10 “对于不同的学习任务，使用不同的学习方法”的结果统计表

| 选项 | A 是 | | B 经常是 | | C 有时是 | | D 从不 | |
|---|---|---|---|---|---|---|---|---|
| | *N* | *P%* | *N* | *P%* | *N* | *P%* | *N* | *P%* |
| 实验班（45 人） | 19 | 42.2 | 12 | 26.7 | 13 | 28.9 | 1 | 2.2 |
| 对比班（45 人） | 18 | 40.0 | 10 | 22.2 | 14 | 31.1 | 3 | 6.7 |

表 6–11 “在学一门课时学会的学习方法会灵活运用到其他知识的学习中”的结果统计表

| 选项 | A 是 | | B 经常是 | | C 有时是 | | D 从不 | |
|---|---|---|---|---|---|---|---|---|
| | *N* | *P%* | *N* | *P%* | *N* | *P%* | *N* | *P%* |
| 实验班（45 人） | 4 | 8.8 | 11 | 24.4 | 29 | 64.4 | 1 | 2.2 |
| 对比班（45 人） | 3 | 6.7 | 14 | 31.1 | 26 | 57.8 | 2 | 4.4 |

从上面的统计我们可以看出，数学实验班和对比班学生在对学习策略的认识和使用方面基本相同，没有明显的差异。同时我们也看到，学生在学习方法的选择、使用和监控方面有明显不足，需要教师给予必要的指导。

以上我们从学生学科知识能力测验和对学习策略的认识及使用方面做了定量测试和定性分析，确认了实验班和对比班学生在

上述两方面没有明显差异，满足实验条件，可以进行实验。

3. 实验过程

在完成了对实验教师的培训和对实验班与对比班学生的前测分析后，我们正式开始实验。在实验课和对比课上，我们组织了相同的教师进行现场评课，教学内容、评课手段等均相同，其他教学条件也完全相同，只是教案不同，对比课采用的是教师平时上课所用的教案，实验课采用的是根据课堂教学中渗透学习策略培养的教学设计程序设计的教案，经过试讲，且修改完善。

由于篇幅所限我们在此只附实验课的教案。

**表 6–12　数学实验课课堂教学方案**

| 教师 | 崔艳雯 | 授课班级 | 高二（1） | 章节名称 | 二项式定理 | | | | |
|---|---|---|---|---|---|---|---|---|---|
| 一、学习内容分析及学习目标层次的确定 | | | | | | | | | |
| 编号 | 知识点 | 学习目标水平 | | | | | | 重点 | 难点 |
| | | 记忆 | 理解 | 应用 | 分析 | 综合 | 评价 | | |
| 1 | 二项式定理的猜想及证明 | | √ | | | | | | √ |
| 2 | 二项式定理、二项式系数、通项 | √ | | √ | √ | | | √ | √ |
| 3 | 杨辉三角形 | √ | √ | | | | | | |
| 4 | 利用二项式定理求近似值 | | | √ | | | | | |
| 5 | 从特殊到一般的归纳方法 | | | | | √ | | | |
| 6 | 记忆策略（识记、保持、提取） | | | √ | | | | | |
| 7 | 精加工策略中的类比法 | | | √ | | | | √ | |

**续表**

<table>
<tr><td colspan="4">二、教 / 学目标的确定</td></tr>
<tr><td>教学目标</td><td colspan="3">1. 使学生掌握二项式定理的内容；<br>2. 使学生能利用二项展开式展开、求解有某些特征的指定项；<br>3. 使学生初步学会运用记忆策略。</td></tr>
<tr><td rowspan="8">学习目标</td><td>知识点编号</td><td>学习目标水平</td><td>具体描述语句</td></tr>
<tr><td>1</td><td>理解</td><td>80% 的学生能猜出二项式的展开式并能证明。</td></tr>
<tr><td>2</td><td>记忆、应用分析</td><td>85% 的学生能记住二项式定理、二项式系数及通项公式的表示，知道它们之间的联系并能应用。</td></tr>
<tr><td>3</td><td>记忆、理解</td><td>80% 的学生能理解杨辉三角形的结构。</td></tr>
<tr><td>4</td><td>应用</td><td>70% 的学生能利用二项式定理求近似值。</td></tr>
<tr><td>5</td><td>综合</td><td>60% 的学生能通过二项式的展开学习从一般到特殊的归纳方法。</td></tr>
<tr><td>6</td><td>应用</td><td>80% 的学生学会应用记忆策略。</td></tr>
<tr><td>7</td><td>应用</td><td>50% 的学生学会应用类比法推导（$a+b$）$^n$ 的展开式。</td></tr>
<tr><td>教学重点及解决措施</td><td colspan="3">教学重点：1. 二项式定理、二项式系数及通项公式的记忆和应用；<br>2. 记忆策略的运用。<br>解决措施：1. 把记忆策略渗透在数学知识教学中，促使学生在课堂上反复识记、保持、提取公式，这样学生既学会了记忆策略又促进了学科知识的掌握；<br>2. 加强二项式定理应用的练习，加深学生对公式的理解。</td></tr>
</table>

续表

<table>
<tr><td>教学难点及解决措施</td><td>教学难点：1. 对二项式定理的猜想及证明中的第二步；<br>2. 对二项式定理、二项式系数、通项公式的理解及准确记忆，在这个基础上应用公式解题。<br>解决措施：1. 指导学生运用精加工策略中的类比法进行合理猜想；<br>2. 引导学生使用记忆策略，对所学公式边学边记，只有在准确记忆公式的基础上才能应用公式解题。</td></tr>
<tr><td colspan="2">三、学习者与教师分析</td></tr>
<tr><td colspan="2">1. 学生特征</td></tr>
<tr><td colspan="2">（1）学生已学过组合法、组合数公式及数学归纳法。<br>（2）60% 的学生对数学学习较感兴趣，有学习积极性。<br>（3）本班为高二学生，处于学习策略发展的后期阶段，在数学学习中已能自发使用一些简单的学习策略，但对于新知识的学习，还缺乏运用相应的学习策略的能力。<br>（4）40% 的学生偏向于独立型，60% 左右的学生倾向于沉思型。</td></tr>
<tr><td colspan="2">2. 教师特征</td></tr>
<tr><td colspan="2">（1）教师能根据学生的年龄特征和学习任务的需要选择适宜的学习策略。<br>（2）教师有一定的教学经验，能钻研教材，研究教法，研究学生。</td></tr>
<tr><td colspan="2">四、从学习策略库中选择学习策略</td></tr>
<tr><td colspan="2">根据学习者特征、学习内容及学习目标，我们从学习策略库中选择了记忆策略和精加工策略中的类比法，其中要重点培养的是记忆策略。<br>1. 记忆策略：包括识记策略、保持策略、提取策略<br>中学生的各种学习活动大多以记忆为基础，数学学习也同样离不开记忆，对于数学的概念、性质、公式、法则、定理等都需要牢固记忆并在需要时能迅速提取，达到招之即来的熟练程度，只有这样才能做到灵活应用。在整</td></tr>
</table>

**续表**

| |
|---|
| 个学习过程中，记忆是掌握知识的基本手段，记忆的过程是知识积累的过程，也是知识深化的过程。知识的应用更要以记忆为前提。<br>有的学生面对一些数学问题束手无策，找不到解题的思路与方法，这与脑子里记忆的数学知识太少有关；也有的学生掌握了一些解题的方法，但对所要用到的公式、法则等没有记住，那么，即使有再多的解题方法，还是不能解决问题。所以，记忆在数学学习中有着十分重要的意义。<br>记忆过程是一个较复杂的过程，它由识记、保持、提取三个环节组成。识记是记忆的初始环节，是反复认识某一对象，在头脑中留下痕迹、形成暂时神经联系的过程，这个过程是先有识、后有记。保持是记忆过程的中心环节，记忆的基本特点在于保持，没有保持就无所谓记忆。保持是将识记过的材料有条理、牢固地保持在头脑中。提取即将识记过的内容在一定条件下恢复。保持的反面是遗忘，遗忘是不能提取识记过的内容或产生错误的回忆。德国心理学家艾宾浩斯（Hermann Ebbinghaus）经过几千次实验得到了遗忘速度曲线，发现遗忘的规律是先快后慢。根据这个规律，要使学习的知识能有较多的内容得以保持，必须在学习之后及时地进行复习，所以教师应尽可能地帮助学生当堂巩固复习。<br>我们这节课的教学目标之一就是要教会学生使用记忆策略。教师首先要让学生充分理解二项式定理、二项式系数及通项公式的内容。在理解的基础上，教师要指导学生在课堂上反复识记、保持和提取这些内容，并向学生说明在学习数学公式、法则时要边学边记，最后，通过测试题检查学生记忆、理解的效果，也让学生切身体会记忆在数学学习中的重要性。<br>2. 精加工策略中的类比法<br>类比是根据两个或两类对象之间在某些方面的相似或相同的逻辑思维方法，通过比较找出它们在性质关系上相类似的地方，并以此为根据把其中某一对象的某种性质或关系类推于另一对象。类比是精加工的重要方法。 |

续表

类比法是数学学习中常用的方法。数学中每一个知识点的学习总是以已有的知识为基础，教师通过对旧知识的复习、提炼，引导学生温故而知新，产生新旧知识类比之后，促进学生对新知识的理解、掌握和运用。因此，在数学课堂教学中，不断地培养和发展学生的类比思维是非常有必要的。

数学学习中的类比形式可分为两大类：一类是同构类比，主要指数形结合，如函数与图像、方程与曲线等；另一类是非同构类比，即从研究对象的某些属性相同，推出它们的其他属性也相同。我们在这里教给学生的就是非同构类比。教师引导学生从 $(a+b)^2$, $(a+b)^3$ , $(a+b)^4$ 的展开式的共同特征出发，推导出 $(a+b)^n$ 的展开式。在这节课中我们只是让学生一般性地理解、应用类比法，不作为重点内容。因为根据策略教学的原则，一次只教少数策略的教学效果最好，所以我们突出教授记忆策略。

**五、媒体的选择应用**

| 知识点编号 | 学习目标层次 | 媒体类型 | 媒体内容要点 | 使用时间 | 媒体的作用 |
|---|---|---|---|---|---|
| 1 | 理解 | 投影 | 呈现特例及证明过程 | 10 分钟 | 呈现事实<br>呈现过程 |
| 2 | 记忆、应用 | 投影 | 呈现定理、定义及公式 | 10 分钟 | 呈现事实<br>便于记忆 |
| 3 | 记忆、理解 | 投影 | 杨辉三角形 | 2 分钟 | 呈现事实<br>形成表象 |

续表

| 六、教学过程具体安排 | | | | | | |
|---|---|---|---|---|---|---|
| 步骤 | 时间 | 教师活动内容 | 学生活动内容 | 学习策略指导 | 媒体使用情况 | 学习任务备注 |
| 组织教学 | 0.5 分钟 | 在我们学习数学、解决数学问题时，常会遇到两数或两式之和的平方、立方、四次方等问题，那么两数之和的 $n$ 次方有什么特点呢？这就是我们今天要研究的问题——二项式定理。 | | | | 让学生进入学习状态 |
| 明确任务 | 1 分钟 | $(a+b)^2=a^2+2ab+b^2$（三项）$(a+b)^3=a^3+3a^2b+3ab^2+b^3$（四项）那么（$a+b$）$^n$=? | 思考回答 | | | 让学生明确本节课具体的教学内容 |
| 准备 | 5 分钟 | $(a+b)^4$=？（提出问题）<br>学生的反应可能有三种：<br>（1）学生自己动手展开（$a+b$）$^4$，对此教师可继续追问：（$a+b$）$^5$=?（$a+b$）$^6$=? 有没有更简单的思考方法?<br>（2）学生若回答不出，教师可启发：你估计展开式中可能有哪些项？怎么得到?<br>（3）学生能用组合法的思路分析展开式特征。 | 思考讨论回答 | | | 学生能从组合的角度理解（$a+b$）$^4$ 展开式 |

续表

| 步骤 | 时间 | 教师活动内容 | 学生活动内容 | 学习策略指导 | 媒体使用情况 | 学习任务备注 |
|---|---|---|---|---|---|---|
| 新知识 | 12分钟 | 一、二项式定理的猜想及证明。<br>请大家猜测：$(a+b)^n$=?<br>学生可能有两种反应：<br>（1）面对 $n$ 次方束手无策，教师可启发学生从特殊的 $n=5$，$n=6$…… 入手思考；<br>（2）学生能依据组合法准确提出二项式定理内容的猜想：<br>$(a+b)^n=Cn^0a^n+Cn^1a^{n-1}b$<br>$+\cdots+Cn^Nb^n$ | 观察思考 | | | |
| | 8分钟 | 这是含自然数 $n$ 的命题，仅有猜想是不够的，请你想一想，怎样证明呢？估计学生会想到利用数学归纳法证明 $n=1$ 及假设 $n=k$ 时命题成立，怎样利用假设证明 $n=k+1$ 时成立，部分学生会再停滞。教师可启发：假设成立的结论是什么？要证明什么结论？估计学生能将假设代入，并对照 $n=k+1$ 时的结论，得一组对应相等的系数，据组合数的性质，可完成证明。<br>$\therefore$ $(a+b)^n=Cn^0a^n$<br>$+Cn^1a^{n-1}b\cdots+Cn^nb^n$ | 思考讨论证明 | 精加工策略中的类比法 | 投影 | 学生能理解猜测进程及数学归纳法证明过程 |

**续表**

| 步骤 | 时间 | 教师活动内容 | 学生活动内容 | 学习策略指导 | 媒体使用情况 | 学习任务备注 |
|---|---|---|---|---|---|---|
| | 8分钟 | 请大家观察展开式的右端有什么特点？估计学生会指出：（1）$a, b$ 次数的规律；（2）二项式系数的规律，教师再补充。 | | | | |
| 新知识 | 5分钟 | 二、对上述猜想和证明进行总结，教师给出二项式定理的定义、二项式系数及通项公式的表示，让学生识记。<br>定义：上述公式所表示的定理叫二项式定理，右边的多项式叫 $(a+b)^n$ 的二项展开式。系数为 $C_n^r$（$n=0, 1, \cdots n$）。<br>通项：$Tr+1=Cn^{r}a^{n-r}b^{n}$<br>让学生限时 2 分钟，记忆以上内容。<br>指名让学生复述二项式定理内容及二项式展开式的特点。 | 观察<br>讨论<br>回答 | 识记策略<br>保持策略 | 投影 | 学生准确理解、记忆公式的内容、特点 |
| | 7分钟 | 三、让学生用二项式定理展开 $a$、$b$ 为特殊值时的二项式，介绍杨辉三角形。<br>教师提出下列思考问题<br>（1）设 $a=1, b=x$,<br>$(a+b)^n=$ ________<br>设 $a=x, b=1$,<br>$(a+b)^n=$ ________ | 学生回答<br>观察分析记忆 | 保持策略<br>记忆策略<br>提取策略 | 投影 | 学生能展开 $a$、$b$ 为特殊值时的二项式 |

续表

| 步骤 | 时间 | 教师活动内容 | 学生活动内容 | 学习策略指导 | 媒体使用情况 | 学习任务备注 |
| --- | --- | --- | --- | --- | --- | --- |
| 新知识 | 7分钟 | （2）$n$=1,2,3,4,5,6 时，二项式系数分别是什么？有什么规律？<br>估计学生能从数字中发现规律，教师引导学生结合组合数性质加以理解记忆。用投影片介绍杨辉三角形，帮助学生记忆二项式系数。 | | | | 学生能通过杨辉三角形记住二项式展开的系数 |
| | | 四、例题：<br>例题 1：展开（1）$(x-1/x)^9$<br>（2）$(2-1/\sqrt{x})^6$<br>（解略）教师提出问题：<br>（1）展开式的通项是什么？<br>（2）提醒学生注意二项式系数与系数的差异。 | 思考回答<br><br>思考回答 | 保持策略<br><br>提取策略 | 投影 | 学生能用定义、定理解决实际问题，进一步理解、记忆公式和定理 |
| 迁移 | 3分钟 | 例题 2：计算（0.997）$^3$ 的近似值（精确到 0.001）<br>（解略）$0.997^3 \approx 0.991$ | 思考回答 | | | 学生学会应用公式巧妙解决问题 |
| 小结 | 3分钟 | 提问学生二项式定理的内容，和学生一起总结复习，强调记忆策略在数学学习中的作用。 | 思考回答 | 提取策略<br>保持策略 | | 学生能准确掌握二项式定理，学会初步运用记忆策略 |
| 作业 | 0.5分钟 | 第 253 页，习题 2、3 | | | | |

### 表 6-13 语文实验课课堂教学方案

| 教师 | 王国霞 | 授课班级 | 高二（3） | 章节名称 | 六国论 |
|---|---|---|---|---|---|

**一、学习内容的分析及学习目标层次的确定**

| 编号 | 知识点 | 学习目标水平 | | | | | | 重点 | 难点 |
|---|---|---|---|---|---|---|---|---|---|
| | | 记忆 | 理解 | 应用 | 分析 | 综合 | 评价 | | |
| 1 | 重点实词、句子的翻译 | √ | √ | | | | | √ | |
| 2 | 学习本文围绕中心展开论证的方法 | | √ | | √ | | | √ | √ |
| 3 | 体会文章语言的简洁、生动 | | √ | | √ | | | | |
| 4 | 了解本文的进步性、局限性 | | | | | | √ | | |
| 5 | 帮助学生理解和记忆的学习策略：PQ4R 法（预览、设问、阅读、反思、背诵、回顾） | | √ | √ | | | | √ | |

**二、教 / 学目标的确定**

| 教学目标 | 1. 使学生记住本文几个重点实词，学会实词的归纳整理；<br>2. 使学生学会本文几个难句的翻译；<br>3. 学习本文严密的论证方法；<br>4. 使学生学会使用 PQ4R 方法（预览、设问、阅读、反思、背诵、回顾）。 | | |
|---|---|---|---|
| 学习目标 | 知识点编号 | 学习目标水平 | 具体描述语句 |
| | 1 | 记忆、理解 | 80% 的学生能通过理解记住本文几个重点实词 |
| | 2 | 理解、分析 | 70% 的学生能了解、归纳本文围绕中心展开论证的方法 |

续表

<table>
<tr><td rowspan="3">学习目标</td><td>3</td><td>理解、分析</td><td>70% 的学生能理解并举例说明文章中语言的简洁、生动之处</td></tr>
<tr><td>4</td><td>评价</td><td>60% 的学生能总结出本文的进步性和局限性</td></tr>
<tr><td>5</td><td>理解、应用</td><td>80% 的学生学会使用 PQ4R 方法</td></tr>
<tr><td>教学重点及解决措施</td><td colspan="3">教学重点：1. 重点实词、句的归纳、记忆和翻译；<br>2. 学习本文围绕中心展开论证的方法；<br>3. PQ4R 方法的使用。<br>解决措施：把 PQ4R 方法渗透在教学过程中，通过学生质疑，教师设疑，引导学生思考，共同解决。</td></tr>
<tr><td>教学难点及解决措施</td><td colspan="3">教学难点：本文围绕中心展开论证的方法。<br>解决措施：1. 通过运用 PQ4R 方法，帮助学生理解文章的结构。<br>2. 借助投影将知识条理化，展示文章层次结构，体味文章的逻辑关系。</td></tr>
<tr><td colspan="4">三、学习者与教师分析</td></tr>
<tr><td colspan="4">1. 学生特征</td></tr>
<tr><td colspan="4">（1）本班女生占 80%，思维不够灵活，对教师讲解依赖性强；男生思维为冲动型，反应较快，但欠深入、准确。<br>（2）学生有一定阅读能力，朗读、分析、综合有一定水平。<br>（3）30% 的学生语言表达能力较强。<br>（4）学生年龄在 16 到 17 岁之间，处于学习策略发展的后期阶段，在语文学习中已能自觉地运用适当的学习策略进行学习，但对于难度较大的知识，特别是古文的学习，还不具备运用相应的学习策略的能力。</td></tr>
<tr><td colspan="4">2. 教师特征</td></tr>
<tr><td colspan="4">（1）有多年教学经验，组织能力、钻研教材能力较强。<br>（2）能认真设计课堂教学，调动学生学习积极性，活跃课堂气氛。<br>（3）有一定学习策略教学的经验，善于选择适宜的学习策略。</td></tr>
</table>

**续表**

| 四、从学习策略库中选择学习策略 |
| --- |
| 根据学习者特征、学习内容及学习目标，我们从学习策略库中选择了PQ4R方法（预览、设问、阅读、反思、背诵、回顾）。<br>文言文阅读基本能力的培养，是中学语文教学的重要任务之一，而在中学语文知识的学习中，文言文又是相对来说比较难的一部分。由于年代久远，文言文具有不同于现代汉语的特殊语法结构，如古今词义的变化、一词多义、词类活用、句式的变化，等等。针对这些特点，我们在学习《六国论》这篇文章时，选择了PQ4R方法。<br>PQ4R方法是托马斯（Thomas）和罗宾逊（Robinson）在1972年提出来的。PQ4R分别代表预览—Preview，设问—Question，阅读—Read，反思—Reflect，背诵—Recite和回顾—Review。<br>PQ4R方法具体包括：①预览：快速浏览材料，对材料的基本组织有一个了解。②设问：阅读时自己问自己一些问题。根据标题用“谁”“什么”“为什么”“哪儿”“怎样”等疑问词提问。③阅读：阅读材料，试图回答自己提出的问题。④反思：通过把读材料和学生已知的事物联系起来的途径，试图去理解阅读材料的内容并用这些材料去解决联想到的类似问题。⑤背诵：通过大声陈述和一问一答，反复练习以便记住这些信息。⑥回顾：积极地复习材料。<br>我们这节课的教学目标之一就是教会学生使用PQ4R方法。教师首先要求学生课前预览课文，课上朗读课文，同时自己问自己一些问题并且试图回答自己提出的问题。然后通过学生提出问题，阅学生自己回答，教师纠正错误，来使学生对整篇文章有一个初步认识。要想提高学生在文言文学习中的语言认读能力，就要让学生在阅读中逐渐积累文言文的用字、词汇和句子。这节课中我们重点培养学生对文言实词的认读与积累和句法特点不同于现代汉语的特殊句式的翻译，对这些知识的学习，我们训练学生掌握设问、阅读、反思、背诵和回顾交替使用、互相结合的方法。文言文的理解与分析能力也是阅读文言文的基本能力之一。在这节课中，我们训练学生运用背诵、反思与回顾的方法学习本文围绕中心展开论证的方法，评论本文的进步性、局限性。<br>另外，有研究表明，PQ4R方法对年龄大的学生有效，这个班是高二的学生，所以我们认为从年龄上看他们适合学习PQ4R方法。 |

续表

| 五、媒体的选择应用 | | | | | |
|---|---|---|---|---|---|
| 知识点编号 | 学习目标层次 | 媒体类型 | 媒体内容要点 | 使用时间 | 媒体的作用 |
| 1 | 记忆、理解 | 投影 | （1）重点实词表<br>（2）难译和有特点的句子 | 10 分钟<br>7 分钟 | 呈现事实<br>加深印象 |
| 2 | 理解、分析 | 投影 | （1）关于本文论证方法的五个问题<br>（2）文章层次结构的示意图 | 6 分钟<br>3 分钟 | 呈现问题<br>引发讨论<br>呈现事实<br>便于理解 |

| 六、教学过程具体安排 | | | | | | |
|---|---|---|---|---|---|---|
| 步骤 | 时间 | 教师活动内容 | 学生活动内容 | 学习策略指导 | 媒体使用情况 | 学习任务备注 |
| 组织教学 | 2 分钟 | 导入：上节课我们了解了苏洵和《六国论》的写作背景，并要求大家利用工具书、注释自行疏通全文，诵读流畅。先检查朗读，同时说明朗读的作用。 | 点名朗读 | 预览阅读 | | 进入学习状态，熟悉课文内容 |
| 明确任务 | 2 分钟 | 通过朗读课文，学生可能会发现许多问题。教师在此基础上，指导学生积累重要实词，探求文言文翻译规律，学习本文严密的论证方法。同时用投影显示本节课的学习目标。 | | | 投影 | 明确学习的重点、难点，集中学生注意力；使学生明确本节课的学习目标 |

续表

| 步骤 | 时间 | 教师活动内容 | 学生活动内容 | 学习策略指导 | 媒体使用情况 | 学习任务备注 |
| --- | --- | --- | --- | --- | --- | --- |
| 准备 | 6分钟 | (1) 请学生提出自学中的问题，学生在自读基础之上质疑。<br>(2) 请学生自己回答前面提出的问题，教师分析对错，强调质疑在学习中的重要性。 | 提出问题<br>思考回答 | 设问<br>背诵 | | 学生能在阅读时，给自己提出一些问题并通过互相提问回答，帮助学生理解课文 |
| 新知识 | 10分钟 | 一、归纳重点实词<br>(1) 使用投影显示实词表。在学生质疑的基础上，指导学生归纳重点实词、辨析词义。<br>(2) 让学生4人组成一个小组讨论。<br>(3) 提问学生对实词的梳理情况，教师纠正错误。 | 讨论<br>思考回答 | 设问阅读<br>背诵 | 投影 | 辨析重点实词的词义 |
| | 7分钟 | 二、难句翻译<br>(1) 使用投影显示难译和有特点的句子。<br>(2) 提问学生对难句的翻译。<br>(3) 师生共同探究翻译的几点规律，教师板书：<br>①扩充必要文字；<br>②补出省略成分；<br>③调整语序。 | 思考回答<br>思考讨论 | 背诵<br>回顾反思 | 投影 | 通过几个难句的翻译，总结翻译的几点规律 |

续表

| 步骤 | 时间 | 教师活动内容 | 学生活动内容 | 学习策略指导 | 媒体使用情况 | 学习任务备注 |
|---|---|---|---|---|---|---|
| 新知识 | 12分钟 | 三、学习围绕中心展开论证的方法，体会文章语言的简洁、生动<br>（1）使用投影，教师提出关于本文论证方法的五个问题，引导学生思考，体味本文论证严密的特点。<br>（2）组织学生讨论提出的问题。<br>（3）提问学生，学生回答，教师归纳。强调文章论证的逻辑性，用投影片展示文章层次结构的示意图，帮助学生理解。<br>（4）让学生列举文章中语言简洁生动之处，教师归纳总结。<br>（5）齐读全文，让学生进一步体会文章论证的严密性和语言的简洁生动。 | 思考回答 | 背诵回顾<br>阅读 | 投影 | 归纳学习本文严密的论证方法 |
| 迁移 | 3分钟 | 请学生评论本文的进步性、局限性，教师归纳、总结。 | 思考回答 | 反思 | | 调动已有知识，分析问题 |
| 小结 | 2分钟 | 总结本节课的内容，重申学习目标，强调 PQ4R 方法的作用。 | | 回顾 | | 学生加强对 PQ4R 方法的认识 |
| 作业 | 1分钟 | 书后练习（三～六） | | | | |

4. 后测结果及分析

第一，测量工具。

在实验课和对比课后我们对学生进行了两项测试：一项是进行本节课学科知识掌握情况的检测，两个班的测验题目完全相同，要求学生在相同的时间内完成，从测验结果来看实验课和对比课的差异；另一项是对学生做一个调查问卷，从学生对本节课的反应和学生的收获两方面来比较实验课和对比课的效果。

另外一个测量工具是“学习策略课堂教学评价表”，根据听课教师现场评出的结果，来比较实验课和对比课的差别。评价表分为教师指导和学生学习两部分，每部分从五个方面来评价。

第二，测量结果及分析。

（1）学科知识测验结果

① 语文成绩统计。

**表 6-14　实验班、对比班学生语文学科知识测验成绩分段对比统计表**

| 项目 | 100 分 | | 90—99 分 | | 80—89 分 | | 70—79 分 | | 60—69 分 | | 60 分以下 | |
|---|---|---|---|---|---|---|---|---|---|---|---|---|
| | *N* | *P%* | *N* | *P%* | *N* | *P%* | *N* | *P%* | *N* | *P%* | *N* | *P%* |
| 实验班 | 1 | 2.2 | 10 | 22 | 16 | 5.6 | 12 | 6.7 | 4 | 8.9 | 1 | 2.2 |
| 对比班 | 0 | 0 | 4 | 8.9 | 8 | 7.8 | 16 | 5.6 | 12 | 26.7 | 5 | 11.1 |

**表 6-15　实验班、对比班学生语文学科知识测验成绩比较统计表**

| 项目 | 人数 | 平均分 | 标准差 | 检验值（T） | df | 显著性 |
|---|---|---|---|---|---|---|
| 实验班［高二（3）］ | 45 | 77.78 | 10.64 | 3.976 | 88 | *P*=0.000 ＜ 0.001 差异极其显著 |
| 对比班［高二（2）］ | 45 | 68.22 | 12.11 | | | |

通过表 6–14、表 6–15 我们看出，实验班和对比班学生语文学科知识水平差异显著。说明根据这个教学设计程序设计的教案有利于提高学生的学习效果，验证了实验假设中的一部分。

②数学成绩统计。

**表 6–16　实验班、对比班学生数学学科知识测验成绩分段对比统计表**

| 项目 | 90—100 分 | | 80—89 分 | | 70—79 分 | | 60—69 分 | | 60 分以下 | |
|---|---|---|---|---|---|---|---|---|---|---|
| | *N* | *P%* | *N* | *P%* | *N* | *P%* | *N* | *P%* | *N* | *P%* |
| 实验班（44 人） | 5 | 11.4 | 7 | 15.9 | 15 | 34.1 | 7 | 15.9 | 10 | 22.7 |
| 对比班（45 人） | 4 | 8.9 | 4 | 8.9 | 11 | 24.4 | 8 | 17.8 | 18 | 40.0 |

**表 6–17　实验班、对比班学生数学学科知识测验成绩比较统计表**

| 项目 | 人数 | 平均分 | 标准差 | 检验值（T） | df | 显著性 |
|---|---|---|---|---|---|---|
| 实验班［高二（3）］ | 44 | 67.14 | 19.65 | 1.414 | 87 | *P*=0.161 ＞ 0.05 差异不显著 |
| 对比班［高二（2）］ | 45 | 61.51 | 17.84 | | | |

通过表 6–16、表 6–17 我们可以看出，实验班和对比班学生数学学科知识水平存在一定差异，但不是很显著。这是因为在实际教学中的不确定因素太多，比如，教师的经验和发挥等。

（2）调查问卷的结果分析

在后测问卷中，我们通过 10 个题目对学生进行测试，从学生对本节课的反应及收获等角度来比较实验课和对比课的效果。由于篇幅所限，我们不做逐题分析，只选典型的题目来做比较。

① 语文课实验班、对比班学生问卷调查结果分析。

从学生对本节课的反应来看：

表 6-18 “你觉得老师这样组织这节课效果好吗？”结果统计表

| 选项 | A 好 | | B 一般 | | C 没想过 | | D 不好 | |
|---|---|---|---|---|---|---|---|---|
| | *N* | *P%* | *N* | *P%* | *N* | *P%* | *N* | *P%* |
| 实验班（45 人） | 40 | 88.9 | 5 | 11.1 | 0 | 0 | 0 | 0 |
| 对比班（45 人） | 27 | 60.0 | 16 | 35.6 | 1 | 2.2 | 1 | 2.2 |

表 6-19 “你喜欢这样的上课方式吗？”结果统计表

| 选项 | A 喜欢 | | B 一般 | | C 没想过 | | D 不喜欢 | |
|---|---|---|---|---|---|---|---|---|
| | *N* | *P%* | *N* | *P%* | *N* | *P%* | *N* | *P%* |
| 实验班（45 人） | 34 | 75.6 | 10 | 22.2 | 0 | 0 | 1 | 2.2 |
| 对比班（45 人） | 19 | 42.2 | 18 | 40.0 | 2 | 4.4 | 6 | 13.3 |

从学生本节课的收获来看：

表 6-20 “知道在什么时候、什么条件下运用这节课学到的学习方法。”结果统计表

| 选项 | A 知道 | | B 知道一点 | | C 没想过 | | D 不知道 | |
|---|---|---|---|---|---|---|---|---|
| | *N* | *P%* | *N* | *P%* | *N* | *P%* | *N* | *P%* |
| 实验班（45 人） | 23 | 51.1 | 20 | 44.4 | 1 | 2.2 | 1 | 2.2 |
| 对比班（45 人） | 15 | 33.3 | 20 | 44.4 | 5 | 11.1 | 5 | 11.1 |

表 6-21 “这节课老师教的学习方法针对你来说是否有效？”结果统计表

| 选项 | A 是 | | B 一般 | | C 没想过 | | D 没有效果 | |
|---|---|---|---|---|---|---|---|---|
| | N | P% | N | P% | N | P% | N | P% |
| 实验班（45 人） | 29 | 64.4 | 13 | 28.9 | 1 | 2.2 | 2 | 4.4 |
| 对比班（45 人） | 23 | 51.1 | 16 | 35.6 | 3 | 6.7 | 3 | 6.7 |

表 6-22 “你认为学会学习，实质上是（ ）。”结果统计表

| 班级 | 实验班（45 人） | | 对比班（45 人） | |
|---|---|---|---|---|
| | N | P% | N | P% |
| A 掌握系统的科学概念与原理 | 9 | 20.0 | 14 | 31.1 |
| B 学会在适当的条件下应用适当的方法 | 30 | 66.7 | 20 | 44.4 |
| C 掌握大量而牢固知识 | 3 | 6.7 | 5 | 11.1 |
| D 培养对学习的浓厚兴趣 | 3 | 6.7 | 6 | 13.3 |

② 数学课实验班、对比班学生问卷调查结果分析。

从学生对本节课的反应来看：

表 6-23 “你觉得老师这样组织这节课效果好吗？”结果统计表

| 选项 | A 好 | | B 一般 | | C 没想过 | | D 不好 | |
|---|---|---|---|---|---|---|---|---|
| | N | P% | N | P% | N | P% | N | P% |
| 实验班（44 人） | 26 | 59.1 | 16 | 36.4 | 1 | 2.2 | 1 | 2.2 |
| 对比班（45 人） | 15 | 33.3 | 23 | 51.1 | 4 | 8.9 | 3 | 6.7 |

表 6–24　“你喜欢这样的上课方式吗？”结果统计表

| 选项 | A 喜欢 | | B 一般 | | C 没想过 | | D 不喜欢 | |
|---|---|---|---|---|---|---|---|---|
| | *N* | *P%* | *N* | *P%* | *N* | *P%* | *N* | *P%* |
| 实验班（44 人） | 18 | 40.9 | 22 | 50.0 | 3 | 0 | 1 | 2.2 |
| 对比班（45 人） | 11 | 24.4 | 24 | 53.3 | 5 | 11.1 | 5 | 11.1 |

从学生本节课的收获来看：

表 6–25　“你认为这节课你学到了学习方法吗？”结果统计表

| 选项 | A 是 | | B 有一点 | | C 没想过 | | D 没有学到 | |
|---|---|---|---|---|---|---|---|---|
| | *N* | *P%* | *N* | *P%* | *N* | *P%* | *N* | *P%* |
| 实验班（44 人） | 27 | 61.4 | 15 | 34.1 | 1 | 2.3 | 1 | 2.3 |
| 对比班（45 人） | 12 | 26.7 | 21 | 46.7 | 2 | 4.4 | 10 | 22.2 |

表 6–26　“课上老师能够通过各种途径调动你的学习积极性。”结果统计表

| 选项 | A 能 | | B 一般 | | C 没想过 | | D 不能 | |
|---|---|---|---|---|---|---|---|---|
| | *N* | *P%* | *N* | *P%* | *N* | *P%* | *N* | *P%* |
| 实验班（44 人） | 27 | 61.4 | 12 | 27.3 | 2 | 4.5 | 2 | 4.5 |
| 对比班（45 人） | 11 | 24.4 | 18 | 40.0 | 8 | 17.8 | 8 | 17.8 |

表 6–27　“你认为学会学习，实质上是（　　）。”结果统计表

| 班级 | 实验班（44 人） | | 对比班（45 人） | |
|---|---|---|---|---|
| | *N* | *P%* | *N* | *P%* |
| A 掌握系统的科学概念与原理 | 6 | 13.6 | 11 | 24.4 |
| B 学会在适当的条件下应用适当的方法 | 29 | 65.9 | 21 | 46.7 |
| C 掌握大量而牢固知识 | 3 | 6.8 | 5 | 11.1 |
| D 培养对学习的浓厚兴趣 | 6 | 13.6 | 8 | 17.8 |

从上面的统计我们可以看出，实验班的学生对本节课的反应优于对比班的学生，实验班中大部分学生喜欢这样的上课方式，认为这样上课教学效果好。从学生的收获来看，实验班的学生也好于对比班的学生，实验班的大部分学生认为自己在这节课中学会了使用有效的学习方法；在对什么是“学会学习”的认识上，语文实验班有66.7%的学生回答正确，对比班回答正确率只有44.4%，数学实验班的学生有65.9%回答正确，对比班只有46.7%的学生回答正确。

（3）教师现场评课的结果

①语文课实验班、对比班现场评课的结果。

**表6–28 语文课实验班、对比班现场评课的结果数据统计表**

| 评价原则 | 评价项目 | 内容 | 满分 | 实验班平均分 | 对比班平均分 |
|---|---|---|---|---|---|
| 以学生发展为本：教学生学会学习，促进学生素质的全面发展 | 教师指导 | 1. 教学目标 | 10 | 7.22 | 6.13 |
| | | 2. 教学组织 | 10 | 8.67 | 7.25 |
| | | 3. 教学过程 | 10 | 8.78 | 8.25 |
| | | 4. 教学策略 | 10 | 8.44 | 6.38 |
| | | 5. 教学效果 | 10 | 8.56 | 7.13 |
| | 学生学习 | 6. 参与状态 | 10 | 9.78 | 8.38 |
| | | 7. 交往状态 | 10 | 8.33 | 7.38 |
| | | 8. 思维状态 | 10 | 9.44 | 8.38 |
| | | 9. 情绪状态 | 10 | 7.67 | 6.88 |
| | | 10. 学习效果 | 10 | 8.78 | 7.13 |
| 合计 | | | | 84.67 | 73.29 |

②数学课实验班、对比班现场评课的结果。

**表 6-29 数学课实验班、对比班现场评课的结果数据统计表**

| 评价原则 | 评价项目 | 内容 | 满分 | 实验班平均分 | 对比班平均分 |
|---|---|---|---|---|---|
| 以学生发展为本：教学生学会学习，促进学生素质的全面发展 | 教师指导 | 1. 教学目标 | 10 | 7.00 | 6.81 |
| | | 2. 教学组织 | 10 | 7.63 | 6.63 |
| | | 3. 教学过程 | 10 | 8.09 | 7.18 |
| | | 4. 教学策略 | 10 | 9.09 | 6.45 |
| | | 5. 教学效果 | 10 | 8.18 | 7.27 |
| | 学生学习 | 6. 参与状态 | 10 | 6.36 | 6.36 |
| | | 7. 交往状态 | 10 | 7.18 | 7.00 |
| | | 8. 思维状态 | 10 | 6.64 | 6.09 |
| | | 9. 情绪状态 | 10 | 7.09 | 6.45 |
| | | 10. 学习效果 | 10 | 7.73 | 6.91 |
| 合计 | | | | 74.99 | 67.15 |

从听课教师现场评课的结果我们可以看出，这些教师充分肯定了实验课的教学效果，对实验课的评价结果在各方面均优于对比课。

以上从学生学科知识测验成绩、学生对实验课的认识的调查问卷和教师现场评课的结果三个方面对实验结果进行了统计分析，分析结果表明，根据课堂教学中渗透学习策略培养的教学设计程序设计的教学确实对学生学习产生了积极的影响，这种影响表现在优化了学生的学习过程，提高了学习效率，使学生在掌握学科知识的同时提高了运用学习策略的水平。

## 四、实验结果的讨论

我们的实验得到了区教科所及实验学校领导和教师的高度重视。实验结束后，我们和领导及教师进行了座谈。在座谈中，实验教师和参加听课的教师都认为课堂教学中渗透学习策略培养的教学设计程序对提高学生的学习效率、培养学生的学习策略、教会学生学习有着十分重要的意义。

通过这一阶段的实验研究，我们的收获主要有以下几个方面：

一是通过实验验证了我们提出的假设：按照这个程序进行设计的教学对培养学生的学习策略、提高学生的学习效率有积极的意义。

二是实验课使教师加强了学习策略教学的意识，丰富了教师学习策略教学的经验。只有教师有明确的策略教学意识，才能在课堂上积极主动地培养学生的学习策略；而教师丰富的学习策略教学经验，也会促进学生掌握和运用学习策略。

三是实验突出了把学习策略教学整合到教学设计过程中这一基本思想，这是一种对学习策略教学的新的尝试和探索。这项研究对探讨采用何种方式进行学习策略的教学，对研究学习策略的教学技术，包括教学方法、顺序、具体步骤等问题，都有积极的意义。

也正因为这是一种新的尝试，所以教师可能会有掌握和操作中的不适应，发挥也有不尽如人意之处，但这并不能否定这个设计程序的科学性和有效性。

虽然实验取得了初步的成功，但我们发现其中也存在一些不足，有些问题还需要进一步探讨、研究，归纳起来有以下两点：

一是因为时间限制，我们只在高二年级选择了语文和数学两门课进行实验，实验样本不足，以后的研究需要在更广泛的学科和不同年龄阶段的学生中进行。

二是学习策略的教学需要长期进行，需要在持续的学习情境中，通过教授与训练的相互作用来发展学生的学习策略。

**评析：**

该案例是方法教学策略在实际教学中的运用。该案例为实验研究，实验结果证明了方法教学策略的优势。该案例结合数学、语文两个学科的教学设计具体地呈现出学习策略培养的过程，可供其他教师借鉴。

# 第七章　综合实践活动课的策略

综合实践活动课是我国“第八次基础教育改革”（以下简称“第八次课改”）提出的一个特色和亮点课程。2001 年 6 月，教育部在颁布的《基础教育课程改革纲要（试行）》第二条第 5 点中明确指出，“从小学至高中设置综合实践活动并作为必修课程，其内容主要包括：信息技术教育、研究性学习、社区服务与社会实践以及劳动与技术教育。”综合实践活动的提出不是心血来潮，而是有着深厚的历史基础和强烈的时代特色。从历史的视角来说，在综合实践活动未提出之前，活动课程与学科课程在学校课程总数占有量上相对平均，共同构成了学校所有课程。而活动课程的产生则源于原国家教委 1992 年 8 月颁布的《九年义务教育全日制小学、初级中学课程计划（试行）》，它指出活动课程主要指学校“设置的晨会（夕会）、班团队活动、体育活动、科技文体活动、社会实践活动和校传统活动等”。活动课程在实施过程中由于缺少可操作性的指导文件和纲要，实施效果不甚理想。随着第八次课改的推进，综合实践活动在继承原有课程的基础上，又做了进一步规范和拓展。进入 21 世纪以来，随着现代化、信息化、全球化以及知识经济的出现，社会环境发生了巨大的变化。这一系列变化对当今时代，尤其是教育领域产生了深远的影响，出现了思想道德、国际交流、信息网络等诸多方面的问题。这就要求 21 世纪的学习者采用综合的观点，通过合作、探究、实验等途径去认识和理解这些新问题，应对未来各方面的挑战。综合实践活动的提出为这些问题的解决提供了新的途径。

# 第一节　综合实践活动概述

随着素质教育和以人为本教育理念逐步深入人心，综合实践活动从提出到推进，不仅适应了社会改革的要求，更是满足了学生个性发展的需求。处于学习阶段的学生可以充分利用综合实践活动提供的学习机会，基于自己的兴趣和特长，利用自己的学习优势，开展适合自己的课程学习，从而展现独立的个性，形成适合个体全面且有个性发展的课程形态。当然，这种新的课程形态对教育者形成了一定的冲击。它要求教育行政管理部门、教研科研部门、学校教师等加强学习和研究，充分理解国家设置的这门必修课程的内涵特征、基本要素和管理推进模式。

## 一、综合实践活动的性质与特征

为了进一步帮助人们理解综合实践活动相关问题，教育部出台了《中小学综合实践活动课程指导纲要》。它提出："综合实践活动是从学生的真实生活和发展需要出发，从生活情境中发现问题，转化为活动主题，通过探究、服务、制作、体验等方式，培养学生综合素质的跨学科实践性课程。"这一定义体现了综合实践活动课程的实践性、自主性、开放性、综合性、生成性等特征。综合实践活动与以往的学科课程、课外活动或者活动课程相比，更强调自身作为一种实践性课程所具有的独特功能与价值。

### （一）实践性特征

作为一门实践性必修课程，综合实践活动以实践性学习为指导，强调学生亲身体验，追求的理念是让学生跳出书本，走出学校，走进自然与社会，通过学生亲身的实践活动，如个人的设计创作、合作参与、调查研究、学习体验、总结反思等，真正地参与到学习活动中，融入课程，从而在真正的实践过程中帮助学生成就自己，不断形成对个人的整体认知，对自然和社会的客观认识，提高学生的感受力与理解力。

### （二）自主性特征

综合实践活动充分体现了人本主义教育观，以学生的成长和发展为出发点和归宿，突出强调了学生的自主性特征。综合实践活动以学生发展为本，注重培养学生的主体精神、个性品质和潜能，强调通过学生的自主选择、参与和体验来开展整个实践活动。这就要求学生在教师的指导下，发挥主观能动性，自主地确定学习目标、选择适合的学习内容，在活动过程中主动投入时间和精力，自我调节学习进程，学习结束后自己决定学习结果的呈现形式，教师不包办代替，学生是学习的真正主人。

### （三）综合性特征

作为一门综合性课程，综合实践活动课的综合性特征不仅体现在对不同类别知识的综合，还体现在其课程本身的综合性，以及本学科与其他学科的综合方面。以目标的综合为例，综合实践活动有其自身的课程目标，但在实施过程中，综合实践活动的课程目标与新课改所强调的三维目标相结合，形成了具体的目标体系。综合实践活动包括四大指定领域，这些领域需要以融合方式灵活实施；而指定领域与非指定领域之间也可以打通，灵活进行。这些充分体现了课程的综合性特征。

### （四）开放性特征

综合实践活动作为一门开放的课程，其开放性体现在不同方面。例如，课程目标的开放性要求课程面向学生的整个学习过程，并随着学生的变化做出相应的调整；内容的开放性要求课程以不同主题的形式涉及不同的学科；实施的开放性要求课程注重学生的多元学习方式，如观察、调查、访谈、体验等。此外，课程的开放性特征也适用于课程的评价、管理、资源建设等领域。只有坚持课程的开放性特征，才能避免课程的僵化和固化，才能不断增加课程的活力。

### （五）生成性特征

综合实践活动没有现成的教材，是由教师和学生在活动过程中根据课程情境逐步建构生成的，它并不要求课程按照原有目标机械地设计教学环节。它要求教师在开展综合实践活动的过程中，注重真实的教育过程，关注学生的真实体验，通过学生在教育情境中的主动参与和创造，使学生不断形成鲜活的学习体验和经验，从而不断丰富课程的内涵，创造出能够发挥学生主体精神的课程。

## 二、综合实践活动的基本构成要素

### （一）综合实践活动的目标

作为新课改提出的一个亮点特色课程，综合实践活动的课程目标与其他课程目标有着明显的区别。《中小学综合实践活动课程指导纲要》中提出：综合实践活动的总目标是“学生能从个体生活、社会生活及与大自然的接触中获得丰富的实践经验，形成并逐步提升对自然、社会和自我之内在联系的整体认识，具有价值体认、责任担当、问题解决、创意物化等方面的意识和能力。”综合实践活动课程目标的进一步明确为我们提供了与其他学科课程目标不同的三层含义：第一，更加突出了学生生活的重要性，着重提高学生与生活的紧密关系；第二，更加重视学生对自然、社会以及自我的认识，突出强调三者之间的系统关系，逐步形成学生成长发展的完整世界；第三，更加重视学生综合素质的提高，突出表现在课程的目的上，即在实践活动中提高学生的创新精神、实践能力，逐步形成良好的思想品质。通过对课程目标的剖析，教师可以更好地设计内容，落实方案，评价课程活动。

### （二）综合实践活动的内容

综合实践活动的课程性质和必修课程的定位，体现了国家对课程的重视程度。由于课程本身的实践性、开放性等特征，在具体开发过程中，地方教育部门和学校需要根据综合实践活动系列指导文件，结合地区潜在资源和本校特色，合理确定课程的基本内容和具体活动方案。与其他课程相比，综合实践活动是最自主、最能考验地方教育部门和学校的一门课程。

根据综合实践活动目标，学校在对综合实践活动内容进行选择时，可以围绕以下三条线索进行，即学生与自我的关系、学生与他人和社会的关系、学生与自然的关系。以此三个主要线索为指导，地方教育部门和学校可以结合地区资源和学校特色，结合教师专业发展水平，结合学生兴趣爱好，有目的地选择综合实践活动指定领域中研究性学习、社区服务与社会实践、劳动与技术教育、信息技术教育的相关内容。除了四大指定领域，学校也可以根据课程目标，以融合或者单独的方式灵活选择非指定领域的内容。在内容选择过程中，学校要能够妥善处理综合实践活动与其他课程之间的关系，形成合力，实现课程的目标。

### （三）综合实践活动的实施

综合实践活动内容的选择主要是基于地方资源和学校特色，由教师与学生共同开发完成。在实施过程中，教师和学生都是落实课程活动的主体。学校在综合实践活动课程的实施过程中，需要妥善处理以下五种关系：

第一，学生自主选择与教师指导的关系。综合实践活动强调突出学生的中心地位，要求在实施过程中充分发挥学生的主体功能，突出学生的自主选择，强调通过课程实施形成学生的直接经验。在活动过程中，教师需要协助指导。教师的指导不是包办代替其含义体现在：指导的主体可以是教师个体，也可以是群体；在指导形式上，它是一种“非指导性”指导，即教师为学生创设问题情境，在思路、方法、资源提供等方面提供建议，帮助学生，而不是置之不理或者放任学生。

第二，课程预设与课程创生的关系。综合实践活动的有效实施需要学校基于自身特色做系统规划，不同领域需要在整体规划下形成各自不同的特点，不同年级、班级也有显著的差异。这就要求学校充分做好规划，按照规划做好课程预设研发工作。在实施过程中，由于情境等方面的变化，教师要能够在课程预设的同时灵活调整，注重课程的生成性特征，妥善梳理课程预设与课程创生之间的关系。

第三，课时集中与课时分散的关系。作为一门必修课程，学校需保证综合实践活动每周有 3 个课时的课程时间。与学科课程的实施方式不同，学校在综合实践活动实施时既可以把每周的 3 课时集中起来整体使用，也可以化整为零，按照每节课分散使用，亦可以与相关学科课时打通，灵活使用。

第四，校内与校外课程整合的关系。综合实践活动具有的开放性特点不仅要求学校要立足于自身，开发基于学校特色的校内课程；更要求学校组织学生走出班级、走出校门、走向社会，开发利用校外资源形成校外课程，把校内课程与校外资源整合起来，形成基于学生发展的整体性课程。

第五，课程内容独立实施与融合实施的关系。综合实践活动包括四大指定领域和非指定领域的内容。在实施时，四大指定领域可以基于自身领域特点独立地实施，也可以以主题或者综合项目的形式，采取多个领域内容相互融合的形式；非指定领域内容也可以融进主题项目，创造性地落实课程目标与内容。

### （四）综合实践活动的评价

以学生为中心是综合实践活动的主旨，它要求在评价维度的设置上综合考虑学生创新精神的培养、实践能力的提高和思想品德的养成等方面内容。这就要求评价主体在课程评价过程中，根据综合实践活动的特征，采取以下不同于学科课程的评价理念与评价方式：第一，注重评价主体的多元性。例如教师、学生、同伴等，引导学生针对自己的学习表现进行自我评价，针对合作学习开展同伴评价，针对教师进行授课评定等。第二，注重评价理念的先进性。在综合实践活动评价过程中，课程的特殊价值要求评价主体从生态学的观点采取多元价值和多元标准，注重学生学习的过程和收获。第三，注重评价方式的多样性。评价主体可以采取成长记录袋的方式，把学生在实践活动过程中的学习表现描述记录出来，对学生进行表现性评价，也可以将学生个人的学习收获和学习结果作为评价的依据。这样，评价主体可以以此为依托，开展针对性的课程评价活动。

## 三、综合实践活动的管理与推进

综合实践活动要求地方教育部门和学校根据国家制定的指导纲要，结合地方资源和学校特色自主开发。在管理与推进过程中，不同地方和学校由于资源、认识的不同，可能会呈现出不同的管理与推进模式，这就要求各级部门加强协作管理，不断研究变化着的问题与困难，创造新模式推进综合实践活动的有效开展。

### （一）教育行政部门的管理与推进

教育行政部门是对教育事业进行组织领导和管理的专门机构或部门。综合实践活动的有效开展需要不同层级的教育行政部门加大管理与指导力度，制定切实可行的政策，加强对学校的引导；利用评价督导等手段，督促学校认真落实综合实践活动；开展有针对性的培训活动，转变学校领导干部和教师的课程观念；搭建合作交流的平台，分享成功的经验，解决共同的问题，从而不断推进区域综合实践活动的有效落实。

（二）教研、科研部门的管理与推进

作为新出现的一种课程形态，综合实践活动的实施推进需要教研、科研等部门提供智力支持，主要体现在分析课程政策的制定与管理落实，研究学校在实施过程中遇到的问题与困难，及时提供切实可行的指导策略；不断利用自己的专业特长，提高教师的综合实践活动课程意识与实施能力；通过调查研究等活动，积累数据资料，为教育行政部门的决策提供科学依据。

（三）学校的管理与推进

学校是综合实践活动有效落实的关键一级。随着新课改的推进，学校需要重新规划内部课程体系，加强对综合实践活动课程的系统设计。学校可以从课程组织建设、课程研发、资源建设等角度加大人力、财力、物力等方面的智力与物质支持，建立相应的管理体系和规章制度，形成有效推进综合实践活动的长效机制；加强对校内外专兼职教师的整合，引进专家资源，加强培训力度，形成一支稳定的课程团队，保障课程有效实施。

## 第二节　综合实践活动课策略的基本操作程序及具体策略

综合实践活动只有指导纲要，没有课程标准，没有现成的教材，作为一门必修课程，它的有效实施与推进，对任课教师提出了很高的要求。它要求教师能够根据指导纲要，以学生发展为中心，提高自己的课程意识和课程开发水平，加强对课程实施与评价问题的研究和探索，充分利用各级各类课程资源，逐步形成适合教师个人特色的实施方式。综合实践活动的有效实施，要求教师和学生两方面主体围绕着教与学问题，不断发现问题，总结经验、教训和规律。根据综合实践活动的理念和课程目标，在综合实践活动实施问题上，教师可以采取以下四种教与学策略。

## 一、主体平等策略

以教师和学生在综合实践活动中的角色和地位来说，双方均需采取主体平等的策略。教师和学生都是综合实践活动课程的主体，两者的主体性体现在教学过程中。在教学过程中，双方需要互相尊重，即尊重彼此的选择，尊重彼此的兴趣、特长和价值观。这体现了课程的理念与价值。

从教师角度来说，教师是课程有效实施的组织者、指导者和参与者。“组织”体现在课程学习的发起和资源的提供，这需要教师能够在活动前、中、后阶段承担起组织与协调者的角色；“指导”体现在教师在为学生开展的学习活动中提供指向和引导，例如学生开展的探究性、体验性和交流性活动，需要教师合理的引导；“参与”体现在课程实施过程中教师可能会参与学生的实践活动，但是不一定全程指导，这就形成了教师的有限参与。

从学生角度来说，学生是综合实践活动课程的学习者、体验者和实践者。“学习”体现在学生在教师的组织指导下，主动参与到综合实践活动整个活动中，从课程中促进知识、能力和情感的增长；“体验”要求学生在学习过程中不是被动地参与，而是投入自己的时间、精力和情感，从活动中体验课程价值，逐步形成自己对自然、对他人与社会、对个人的认识；“实践”体现在学生在课程中需要观察、调查、研究和分析等，在实践中获得成长。

因此，在综合实践活动中，教师与学生都是课程的主体，需要相互尊重，相互合作。在目标确定、内容选择和具体实施评价等彼此平等的教学交往中，教师与学生彼此之间的交互不断发展，形成了课程建设的共同体。在这个共同体中，师生之间、学生之间互相学习、互相尊重、互相沟通和理解，通过平等交往和对话，把综合实践活动构建成一种平等课程。这既有利于学生主体功能的发挥，又有利于和谐师生关系的养成。

## 二、协同开发策略

从目标确定与内容选择的角度来说，综合实践活动的有效落实有赖于教师与学生以及其他人员协同合作与共同设计。协同是自然界和社会领域普遍存在的一种想象，综合实践活动课程目标与内容的协同开发有利于提高课程实施的效果。综合实践活动的任课教师需要根据学校的特色和地区资源，围绕学生创新精神与实践能力开发课程活动，即以基于学生、为了学生的标准进行课程目标的确定和内容的选择。这要求任课教师对学生的知识基础、年龄特征、爱好兴趣、生活经验和成长需求等做全面的分析，使课程活动便于学生感知体验。如此，有利于培养学生的创新品格，提高学生的动手实践能力，提高学生的社会责任感。建立在学情分析基础上的课程设计能够使课程更好地满足学生成长的需求。

教师不是孤独的课程设计者，学生可以成为教师课程设计的合作者。在教师围绕学生的发展进行课程设计时，学生也不是固定的被研究者，他们可以主动为课程设计服务，成为课程设计的主体。在综合实践活动课程设计的过程中，学生可以从个人的角度出发，根据自己的兴趣、爱好、特长等，对课程提出自己的修改意见，通过与教师的互动交流确定合理的课程目标，选择适合的内容。这样建立在师生协同开发基础上的课程不仅符合课程建设的规范，更符合学生成长的规律。

师生共同设计的课程可以进一步引入外界人力资源，如校外教师、学生家长等，这种通过集体智慧设计的课程，能够更有效地实现课程目标。师生协同开发的课程可以以不同主题的形式展现，每一个活动主题都可以形成自己的格式。它包括背景分析、活动目标、适合对象、主题内容、具体实施、评价和可利用资源等。课程还可以以学生成长阶段为划分标准，将主题活动科学化、系统化，使之适合不同年级的学生，保证课程设计的连贯和统一。

## 三、教学相长策略

《礼记·学记》中提出："学然后知不足，教然后知困。知不足然后能自反也，知困然后能自强也。故曰教学相长也。"从综合实践活动的实施与评价角度来说，任课教师和学生需遵循教学相长的原则策略。教师的有效组织和引导能够充分发挥学生的主体性，实现预期目的。对于教师来说，综合实践活动的实施首先需要根据活动的预先设计，创设问题研究的情境，引导学生根据问题导引，选择研究的内容，制定研究的方案，确定探究的方法和工具。其次，在活动中，教师需要尊重学生的选择，鼓励学生实践、研究和探究，在学生遇到问题或困难的时候，给予必要的帮助。教师对学生的指导不是全程的，而是阶段性的，尤其是学生遇到问题的时候，教师要把握好指导的度。

在综合实践活动实施过程中，教师的教是以学生的学为前提的，学生是整个活动开展的中心，他们在综合实践活动中的角色应该是积极的、主动的。由于经验、知识等方面的欠缺，学生需要教师的指导，但是对于整个课程活动的实施来说，学生也是积极主动的落实者。课程任务的完成有赖于学生的有效参与，而教师需要给予必要的指导，这种指导不是大包大揽，而是目标任务的导引，不是放任自流，而是适当的管理、督促。学生需要教师的鼓励与支持，在教师有形与无形的指导中逐步发挥自己的潜能，充分运用所学知识，结合个人经验，解决教师创设的问题。在实施过程中，学生可以自己或者与教师协商制定学习的目标、内容或进度，选择适合个人发展的探究方案，更好地保证活动的有效开展。

采取教学相长策略，对于教师来说不仅可以充分提高学生参与活动的积极性，还可以提高学生在学校的实效性；对于学生来说，不仅可以充分利用学习机会发挥自己的潜能，也可以更好地完成教师设定的任务，帮助教师达成实效。与实施过程相同，评价中同样需要教师与学生共同参与。教师和学生通过各自评价或者相互评价，能够客观了解课程实施效果，为进一步修订课程提供客观依据。

## 四、资源共建策略

从课程资源建设角度来讲，课程资源的丰富程度直接影响综合实践活动课程的实施程度。对于综合实践活动任课教师来说，课程资源越丰富，越有利于活动的开展。在建设综合实践活动课程资源的过程中，教师是组织者、引导者和开发者，学生是开发者、参与者、体验者和评价者。教师和学生是课程资源的共同开发者，教师负责寻找资源、开发资源，学生也可以负责寻找资源、开发资源，不同的是课程资源开发效果是以学生参与体验及最终评价来确定的。综合实践活动课程资源从空间分布上，可以分为校内资源和校外资源；从表现形式上，可以分为有形资源和无形资源；从性质上，可以分为自然资源和社会资源等。课程资源表现形式多样，分布广泛，对教师和学生提出了新的任务和命题。在综合实践活动课程资源建设过程中，教师要树立正确的资源观，不断提高自己的课程素养，充分利用校内外课程资源，开发有形和无形资源。在资源建设过程中，教师可以立足于学校实际和特色，开发学校的植物资源、建筑资源、人力资源等，挖掘学校可以挖掘的综合实践活动课程资源，为学生的学习提供便利。对于校外资源，教师应以学校为中心，由近到远逐步拓展，挖掘社区、地区的科教、文化、艺术等各种形式的资源，如公园、博物馆、科技馆、少年宫、高校实验室等。虽然教师在课程开发中发挥着主要作用，但是学生也可以为教师提供丰富的资源，如自己感兴趣的场地、设施以及其他资源场所等。作为课程资源的主要开发者，教师还可以充分利用家长资源、社区资源、高校资源、校外机构、科研机构、政府机关等人力资源，为学校的综合实践活动资源建设提供智力和资源支持。

对这些资源的挖掘是工作的第一步，教师还需要在此基础上，围绕课程目标把潜在资源显性化，显性资源客观化、课程化，具体来说就是把这些资源建设成为课程资源包。综合实践活动课程资源包主要包括可利用资源的总体数量与分布、展现形式、可利用途径等内容，其功能主要是为资源的课程化提供素材。教师和学生在课程实施过程中，可以对资源包做不同的分类，根据课程任务的不同，选择不同的资源包。同时必须注意，在资源共建过程中，教师与学生需要因地制宜、由浅入深、由近及远、由局部到整体、由零散到系统，避免课程资源形式化、分散化和无序化，真正发挥课程资源对课程实施的支持、保障功能。

# 第三节 综合实践活动教与学策略的案例及评析

**案例：**

## “花逐轻风扇次开”主题实践活动

北京市广渠门中学 胡 昕

### 一、主题背景

随着科技逐渐发展，电风扇、空调逐渐进入我们的生活，而使用传统折扇的人越来越少，甚至逐渐退出日常生活。本次课程以折扇为突破，结合教师优势与学生兴趣，确定了“花逐轻风扇次开”综合实践主题活动，将学生的综合实践活动学习与社会生活充分结合，密切学生与社会的关系。因此，一方面，我们希望将折扇这一主题和服装设计相结合，培养学生的动手实践能力；另一方面，我们希望通过学生自己设计制作服装，培养他们的文化自信。

### 二、主题目标

（一）知识与应用

1. 掌握服装色彩搭配的知识。

2. 尝试着将所学的学科知识及服装搭配等知识，应用到实际生活当中。

3. 增强学生之间的交流，培养学生热爱生活、热爱美、热爱祖国文化的情感。

（二）技能与方法

1. 通过上网查阅折扇的相关资料，设计以折扇为主题的系列服装，掌握服装设计图的绘制方法。

2. 初步掌握服装打版的基本技法。

3. 通过从选材到制作，掌握服装的制作方法。

## 三、课程准备

### （一）主题内容

1. 主题的选择

金陵折扇有竹制折扇、骨扇、绢宫扇等不同的类型，制作美观、精妙轻巧，既是生活中的实用品，又是可以观赏的艺术品。在这些折扇中尤以“金陵艺术大扇”备受人们欢迎和喜爱。由于金陵折扇独特的美学与制作工艺，2009 年，金陵折扇被列为江苏省非物质文化遗产，受到人们的认可和肯定。

2. 色彩的选择

金陵折扇的颜色丰富多彩，为了体现中国风以及女孩子的温柔可爱、青春活泼，设计师选择的主色调为红色、淡粉色。

3. 造型的选择

服装大多采用 X 型廓型设计。同时，每一套服装都能看到折扇的影子，比如，领子、领口、袖子等，通过服装的造型展现少女的青春可爱。

### （二）主题范围

主题范围的确定主要可通过收集网络信息、文献和社会调查方式获取。

### （三）研究方式

查阅文献、设计、制作。

### （四）组织形式

个人活动、小组活动。

（五）课时分配，如表 7-1 所表示

**表 7-1　“花逐轻风扇次开”主题实践活动课时分配表**

| 学习阶段 | 次序 | 学习内容 | 主要学习目标 | 周数 | 课时 |
|---|---|---|---|---|---|
| 初级阶段（理论） | 1 | 朦胧小扇 | 学习色彩的搭配原理 | 1 | 1 |
| | 2 | 优雅小扇 | 学习服装打版的相关知识 | 3 | 3 |
| 中级阶段（初探） | 3 | 轻摇小扇 | 学习马甲的制作 | 3 | 3 |
| | 4 | 动感小扇 | 学习裙子的制作 | 5 | 5 |
| 高级阶段（实践） | 5 | 缤纷小扇 | 学习如何绘制服装设计图，并根据主题绘制设计图 | 2 | 2 |
| | 6 | 悠然小扇 | 制作服装 | 8 | 8 |

## 四、活动过程

（一）主题任务一：朦胧小扇

1. 活动前的准备

服装的灵感来自重叠在一起，打开后呈现各种角度的折扇。将打开各种角度的扇子造型装饰在上衣和裙子上，让服装具有层次感，再加上无纺纸半透明的特质，让服装有种朦朦胧胧的美感。

2. 活动中的教与学

活动步骤如下：

（1）在教师的指导下，学生绘制服装设计图。

（2）制作斜肩上衣及折扇：制作每片折扇的模板，无纺纸沿着模板边缘折出折扇的样子，用订书钉装订；将折扇按照图中顺序依次向上钉住，注意颜色穿插。

（3）制作腰带：制作宽 8 厘米的腰带，连接上衣与裙子。

（4）制作一步裙：取出 3 张无纺纸，根据样板，做出一步裙的前片和后片，连接前后片并装订尼龙搭扣。

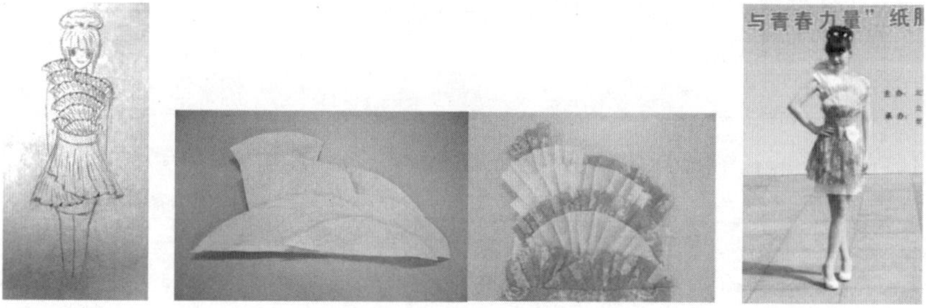

（a）设计图　　（b）上半身的制作　　（c）实物照片

**图 7–1　朦胧小扇制作过程图**

3. 活动后的总结

上衣镶嵌着层层叠叠的小折扇使服装具有层次感，再加上无纺纸半透明的特质，使服装整体呈现一种朦胧之美。

（二）主题任务二：优雅小扇

1. 活动前的准备

将多种颜色的扇子组合到一起，并装饰在肩膀处，与肩带相互呼应。

2. 活动中的教与学

活动步骤如下：

（1）在教师的指导下，学生结合自身基础绘制服装设计图。

（2）制作粉色抹胸：用样板在粉色无纺纸上拓出前后两片，把省装订好，用订书钉把前后片装订在一起，另一边用尼龙搭扣装订起来。

（3）制作肩带上的扇子：按照一定的弧度把花纸折成扇形，再用粉纸制作第二层折扇，将花色折扇和粉色折扇装订在一起。

（4）装订上衣和扇子：把上衣和扇子装订起来，扇子在后面，再按照模特身材做一个肩带，防止上衣掉落。

（5）制作四片裙：用模板在花纸上拓出四片裙的四个片，按照模特身材，将四片装订在一起，最后装订成裙子。

（6）制作裙子腰带：在裙子腰上装订一条腰带，在裙子侧面订上尼龙搭扣。

（a）设计图　　（b）粉色抹胸　　（c）实物照片

**图 7-2　优雅小扇制作过程图**

3. 活动后的总结

将多种颜色的小扇子组合到一起，并装饰在肩膀，改变了对称的服装造型，显现出女孩子的俏皮可爱。

（三）主题任务三：轻摇小扇

1. 活动前的准备

金陵折扇的扇面设计通常十分精致、漂亮，如果将图案及造型装饰在露肩服装的肩膀处会十分漂亮。

2. 活动中的教与学

活动步骤如下：

（1）在教师的指导下，学生绘制服装设计图。

（2）肩部皱褶：使用粉色无纺纸制作宽度为 13 厘米的皱褶。

（3）制作花色上衣：使用花色无纺纸制作上衣，并装订上刚刚制作好的 13 厘米的皱褶。

（4）制作蛋糕裙：每一层的花色和粉色皱褶宽度均为 20 厘米，拖地蛋糕裙采用了一层一层叠加的方法，把制作好的花色、粉色皱褶装订在一起；按照模特身材装订尼龙搭扣。

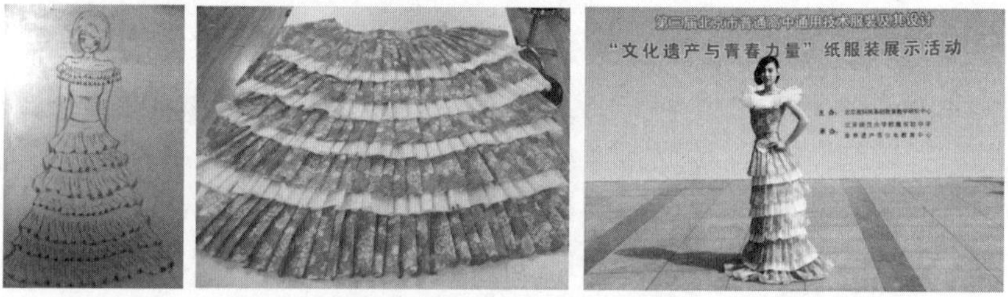


（a）设计图　（b）蛋糕裙　（c）实物照片

**图 7–3　轻摇小扇制作过程图**

3. 活动后的总结

将多种颜色的小扇子组合到一起，并装饰在肩膀，显现出少女的高贵优雅。

（四）主题任务四：动感小扇

1. 活动前的准备

一把扇子是由不同颜色构成的，将颜色搭配应用到裙子的设计上，可以增加裙子的动感。

2. 活动中的教与学

活动步骤如下：

（1）在教师的指导下，学生绘制服装设计图。

（2）制作肩带：将 3 张无纺纸摞在一起（宽 4 厘米，叠完后长 40 厘米），一正一反地叠起来，叠两条。

（3）制作粉色抹胸：将肩带装订在抹胸肩部，根据模特身材调整肩带的长度。

（4）制作百褶裙：将花色无纺纸（宽 30 厘米）叠成褶皱，每个褶皱宽 2 厘米，直到长度达到模特的腰围；再使用这种方法叠宽 40 厘米的粉色皱褶和 50 厘米的红色皱褶；将三条皱褶按照从短到长的顺序摆好，订齐；腰部装订尼龙搭扣。

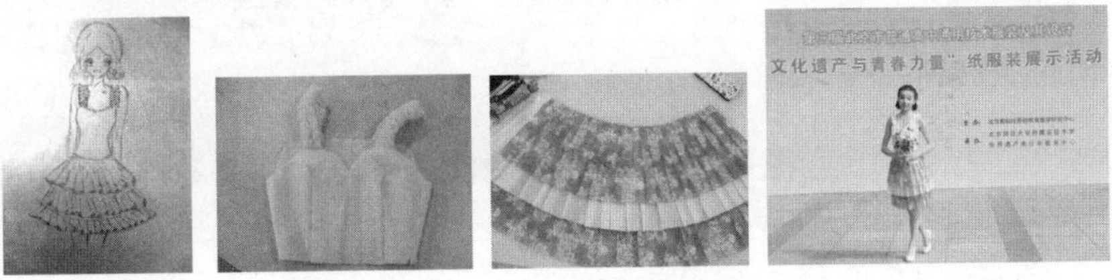


（a）设计图　（b）粉色抹胸　（c）百褶裙　（d）实物照片

**图 7–4　动感小扇制作过程图**

3. 活动后的总结

多种颜色的百褶裙显现出女孩子的俏皮可爱。

（五）主题任务五：缤纷小扇

1. 活动前的准备

将金陵折扇的造型与花束结合，形成重叠缤纷的效果。

2. 活动中的教与学

活动步骤如下：

（1）在教师的指导下，学生绘制服装设计图。

（2）制作上衣：用双面胶粘连 2 张无纺纸，把无纺纸竖着对折，每个褶的宽度大约 2 厘米，皱褶大约长 25 厘米，注意不要露出双面胶；下半部分的制作方法和上半部分的制作方法类似，只是皱褶长 15 厘米；用腰带连接上下两部分，按照模特身材装订尼龙搭扣。

（3）制作裙子：在无纺纸上拓出一步裙的前后片，画出省，用订书器把省订上，装订前后片的一侧，另一侧装订上尼龙搭扣。

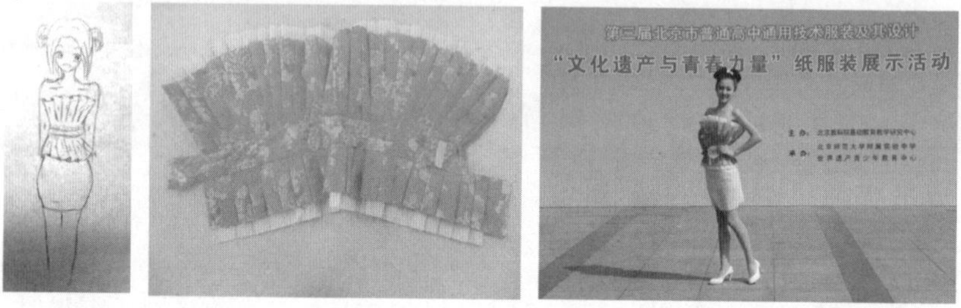


（a）设计图　（b）皱褶上衣　（c）实物照片

**图 7–5　缤纷小扇制作过程图**

3. 活动后的总结

上衣宛若一捧美丽的花，穿着这样的服装，人若鲜花，花若人。

（六）主题任务六：悠然小扇

1. 活动前的准备

将金陵折扇的造型与拖尾裙结合到一起。

2. 活动中的教与学

活动步骤如下：

（1）在教师的指导下，学生绘制服装设计图。

（2）制作上衣：根据模特儿的身材，制作花色抹胸。

（3）制作一步裙：竖着用纸，将模板拓在纸上，沿线剪下来，制作一步裙。

（4）制作小折扇：折叠 40 个小折扇，再用订书器把折扇和一步裙装订在一起。

（a）设计图　（b）小折扇　（c）拖尾裙　（d）实物照片

**图 7-6　悠然小扇制作过程图**

3. 活动后的总结

将扇子的造型巧妙地与服装结合，展现出了少女的妩媚、可爱。

## 五、活动反思和评价

（一）指导教师的反思

本组服装重新诠释了折扇在人们眼中的形象。为了让它表现出女孩子青春活力的一面，使用的颜色选择了动感活泼的红色、粉色，给人眼前一亮的感觉。服装中的皱褶看似简单，但要使服装耳目一新并非易事。在叠皱褶时，要保持所有褶的宽度基本一致，这需要同学们在课下反复练习才能够做到。如果有机会尝试更多的颜色来展现此套服装，可能会有更多惊喜。

通过设计并制作纸服装，同学们学到了很多制作服装的基础知识，比如，如何打板，如何搭配等。当然最让大家兴奋的，是能够按照自己的想法，亲自上手，把一个个美妙的想法变成现实。虽然，孩子们很多想法源源不断地从脑子里冒了出来，但是在实践中会遇到一个个现实的问题，比如纸不够长，没有办法固定等，这些困难将他们那些美妙的想法一个个地“封杀”了。通过教师的帮助、启发，经过不断的筛选和实验，学生们终于在不懈的努力下制作出了一套套华丽的服装。学生们第一次穿上自己亲手参与制作的衣服时，都呆呆地站着，脸上满是成功的喜悦。这是学生们高中阶段非常棒的体验。

（二）参赛学生的反思

1. 学生 A 反思

“画与做是有距离的，真心不容易。我学习了很多技巧，如果时间充裕，我还真想买些布来试着做出服装。最令我激动的还是纸模比赛，我居然被选为模特了，T 台原来也曾是我隐藏的梦。同学们在教师的指导下，克服了重重困难——红肿的脚，易走光的服装，不能坐下来倚靠任何东西，长时间的站立和等待……这一切的一切，最终换来了最甜蜜的果实。

“参赛前一天晚上还在大改特改，惊心动魄地准备，对于毫无模特经验的我来说，真的是很恐怖！然而结果是非常好的，我不比任何人逊色。我得体而温柔的微笑赢得了观众赞赏的目光，我顿时有一种成长的感觉。”

2. 学生 B 反思

“为了参加北京市中学生服装设计大赛，我们要自己设计服装并穿上它。刚开始设计服装时，真是状况不断呀！我是第一次参加北京市服装比赛，在老师和其他设计师以及模特们的共同努力下，我们取得了北京市一等奖。说起这次比赛，我可谓是感慨万千。这是一个艰辛的过程，我们设计师从设想、起稿、买材料到推翻设计、从头开始、做出成品，都付出了百般努力；这是一个快乐的过程，我们所有参赛成员历时两个月，共同努力，在获得了名誉的同时，也收获了珍贵的友谊和合作的快乐；这是一个收获知识的过程，我们在设计服装、制作服装的同时，发现一切事情都没有我们想象的那般容易。边设计边寻找问题、解决问题，才能制作出成熟成功的服装。

“同时，我们能有今天的成绩离不开我们的引路人——胡昕老师。老师在我们遇到难题时对我们施以帮助，在我们加班赶进度时陪伴我们共同制作。如果我们是黑夜中大海上的航船，那么胡老师就是带领我们走出无边黑暗的灯塔；如果我们是森林中迷路的探险者，那么胡老师就是带给我们希望的流萤；如果我们是……我们的成果离不开老师的指导，老师的鼓励，老师的认真。我终于明白，一个强大的团队在于它拥有高超的水平，做事的严谨，最重要的一点是成员们要拥有强大的凝聚力。团结是我们必胜的决心！”

**评析：**

任课教师结合传统与现代元素，以“花逐轻风扇次开”为主题，设计了综合实践主题活动，充分体现了《中小学综合实践活动课程指导纲要》的课程理念、目标与内容要求，体现了综合实践活动教与学策略的特点。第一，该活动以高中学生为对象，学生按照兴趣决定是否参加课程，充分尊重学生的个人选择。在整个活动过程中，教师与学生地位平等，根据知识与能力基础的差异进行分工，教师提供基本的课程教学资源，学生利用教师提供的学习素材和网络资源，在平等、和谐的氛围中共同开展课程教学实践活动，取得共同进步。第二，教师与学生充分利用现有资源，确定目标、选择合适的内容设计课程，利用网络资源查阅与折扇有关的材料，充分体现了综合实践活动教与学协同设计的策略。第三，任课教师按照共同确定的主题和学生的成长规律，在“非指导”教学中与学生共同完成了课程的实施活动。教师在学生的学习过程中了解了学生的付出和收获，在学生的作品和个人成果的展示中，了解了此次实践活动对学生成长的促进作用，教师个人也获得了成长，这体现了教学相长策略。第四，对于“金陵折扇”问题的探究，需要大量的资源，而这些资源对于北京的学生来说只能利用网络平台获取。教师与学生充分利用网络提供的便利，系统开发、设计、实施了课程活动。此次主题活动又成了课程资源，体现了资源共建的教与学策略。在进一步的实践中，教师可以适当扩大活动的广度，将文化传承与设计制作活动结合起来，将劳动与技术教育和研究性学习结合起来，多角度挖掘活动自身的价值。进一步明确师生角色定位，发挥学生在整个活动中的主体功能，使学生通过自己的“学”减少教师的“教”，在“学”中不断形成创新精神，提高解决问题的实践能力，形成对文化与科学的兴趣，提高不畏艰难、善于合作、积极进取的优秀品德。

# 第八章 精心设计的课堂讨论的策略

从某种意义上讲，教学的本质就是交流，即教师和学生、学生和学生之间的交流，而讨论是促使课堂语言相互作用的必要手段。教师教学的效果在很大程度上受制于教师提问的有效性。国内外的研究表明，教师课堂提问的功能主要有激发学习兴趣、引起注意力、管理学习行为、引起思维活动和监控教学进度等。

但目前我们的教育现实是，大多数学生不问刺激思维类的问题，他们倾向于“考试会考这儿吗”等机械式的问题。这些问题表明学生在学习中懒于思考，对学习不积极、不主动。大部分教师也不是自己设计问题，他们并没有认真地对他们所教的科目进行思考或再思考。相反地，他们只提供教参里有的问题和答案。

教师必须意识到：只有当问题是由教师和学生自己产生的时候，思考才会开始。没有问题等于没有理解，肤浅的理解导致肤浅的问题。大部分学生没有提出主动思考后的问题，在大部分时间里，他们并没有对正在学习的内容进行认真思考，而这些内容恰恰被教师推测是他们正在认真学习的。

## 第一节 精心设计的课堂讨论概述

虽然课堂讨论以学生为主体，但仍需要教师的指导。教师如果能根据不同学生的学习需要，精心设计课堂讨论的环节，就可以使学生在轻松愉快的氛围中开展讨论，并进行合作学习。这样既避免了教师整堂课的枯燥讲解，也能激发学生学习的积极性和主动性。

## 一、精心设计的课堂讨论的含义

课堂讨论是一种有效的教学方式，是一种多向信息交流的方式。这种信息交流既区别于讲授法的单向信息传递，也不同于谈话法的双向信息交流，是集体成员之间的多向信息交流。有效的课堂讨论是指学生从不同角度、不同侧面提出问题，互相交流观点，相互启发，发挥各自的优势，取长补短，从而巩固、加深对所学知识的理解和记忆，提高学生分析问题、解决问题、语言表达和交往能力。

精心设计的课堂讨论是指为达到一定的教学目的，由教师精心准备、精心设计的问题所引发的教师与学生、学生与学生之间的讨论与交流。问题是针对全班同学的实际认知水平而设计的，问题的类型主要有验证性问题和发散性问题等。

## 二、精心设计的课堂讨论在教学中的意义与作用

### （一）对于学生的思维发展有很重要的意义

思维不是由答案推动的，而是由问题推动的。事实上，每一个显示智慧的领域都是由一系列人们所需要解答的问题引起的。新问题产生新领域，人们对新问题的思考推动着新领域的发展。

课堂讨论对学生思维发展的重要意义在于：一方面，问题限定了任务，表达了难题，并且描绘了结果；另一方面，答案经常是思维完全停止的一个信号，只有当一个答案产生了另一个问题的时候，思维才又继续。这就是为什么我们常说“只有产生了疑问的学生才是真正在思考和学习的学生”。而且，学生所提问题的质量反映了他们思考的质量。教师问问题不只是为了得到学生思维停止了的答案，而是为了产生更深层次的问题。

向学生无休止地灌输需要记住的内容时，学生的头脑常常已经

处于休息状态了。学生需要问题来开启他们的智力机器，他们必须让自己从一个问题延伸到另一个问题，以便思维不断行进。学生问的问题决定了他们的思维方向。深层次的问题可促使学生进行深入的思考，迫使学生处理复杂的情况。

教师若想让学生通过学习内容展开思考，就必须用能引导他们思考深一层次的问题来刺激他们的思维。教师必须克服以前的学校教育带给学生的思维影响；必须给予学生可能会被称作是“人造认识”的东西，即需要用脑筋的、与人工呼吸有同等意义的东西。

### （二）有利于教师组织教学

一个优秀的教师不仅要善于讲授，善于进行所学技能的示范，还要善于围绕教学内容组织课堂讨论。教师精心设计的一系列问题可以刺激学生对所学内容进行思考，认识关键概念之间的相互联系，针对所学内容进行批判性思考和质疑，并将学到的知识、技能和方法应用于解决问题和实践活动中。

### （三）有利于学生对于学习内容的深刻记忆

精心设计的课堂讨论要求学生凭借机械识记迅捷地为各种问题提供答案，同时，也有助于他们保持并且发展已有的概念。学生通过参与这种集体讨论，可以强化对所学内容的理解，加深对所学内容的记忆。总之，以问答形式开始的课堂讨论时常可以变成师生之间、同学之间交流各自观点的机会。

## 三、精心设计的课堂讨论中问题有效性的特征

精心设计的课堂讨论中，问题的有效性有如下六个特征：

一是学生能对所有包含深层次问题的答案做出反应，这个深层次的问题促使学生以一种更丰富和更深切的方式去发展他们的思维。

二是学生能在任何可能的地方寻求所说的话的来源或是寻求已

经相信了的事情的根源，并且跟踪那些事情的根源所给的暗示。

三是学生把所有的观点看作是与深层次思考相关联的点。

四是学生把所有的思想活动看作是发展的需要。

五是学生意识到任何思想活动只能完全存在于相互关联的思考的网络中。教师可通过问题来刺激学生以继续那些相互关联的思维网络。

六是教师对学生提出的问题持开放的态度。

## 第二节　精心设计的课堂讨论的基本操作程序及具体策略

### 一、讲授起始阶段的教学单元时，设计课堂问题的要求

由于起始阶段的教学单元往往以介绍新的学习内容为主，所以课堂活动大都是师生共同参与的互动式教学，学生没有多少时间进行课堂讨论。在这种情况下，教师可依据系统构建知识的需要，按照顺序设计课堂问题，并用建立新旧知识联系的方法，帮助学生理解所学内容。

### 二、对于课堂讨论中设计问题的具体要求

在课堂讨论中，精心设计的课堂讨论策略对问题的设计有以下几点要求：

一是教师应该针对全班同学的实际水平设计问题。这样做非常有利于鼓励全体学生参与课堂讨论，而不只是少数学生参与。

二是课堂所讨论问题的形式及其认知水平应符合三维教学目标

的要求。

三是验证性的提问适用于考查学生对新知识的认识程度和对原有知识的巩固程度。

四是发散性的问题适用于完成有意义的教学目标，以此促进学生对所学知识进行分析、概括、评价和实践。

五是有些问题可能会有若干种答案，有些问题则能进一步引发积极的讨论。例如，针对解决某一问题的不同建议所进行的利弊分析就会引发学生的积极讨论。

总之，教师提出问题的目的在于引导学生进行信息加工和知识建构。所以，教师精心设计的问题应有益于引导学生参与以重要概念为线索的深入讨论。

## 三、调控学生课堂讨论的方法

课堂讨论需要教师的指导，教师在课堂讨论中应对学生的讨论进行有效调控，具体的操作方法有以下几点：

一是教师每提出一个问题都应该给学生留出思考的时间，特别是遇到复杂的问题或要求学生进行较高难度思维时。

二是如果存在需要在一定思考基础上开展的讨论，可鼓励学生继续发表自己的观点，并就问题的其他方面进行讨论或者围绕教材内容的意义及应用价值展开讨论。

三是教师应鼓励学生质疑和思考其他学生发表的观点，即使全盘接受别人的观点，也应要求学生充分质疑和思考，并说出接受的理由。

四是教师对学生讨论的情况要及时跟踪和评价。

# 第三节　精心设计的课堂讨论案例及评析

**案例：**

## 讨论式教学策略的研究

——高中化学教学实验报告

北京市广渠门中学　张　蕾

### 一、问题的提出

（一）研究背景

进入二十一世纪以来，世界范围内的教育改革迅速发展，各国都将教育的发展视为国家生存发展、提高综合实力的治国战略。基础教育课程改革更是席卷全球，我国也加快自己的步伐，力图在各行各业全面实现与世界的发展接轨。在如此良好的大环境下，新一轮的国家基础教育改革正在迅速推进。新的教育思想和教育理念正通过课程改革的实施对一线教师进行指导。新的课程标准提出，要转变教师的教学方式、转变学生的学习方式，还要转变课堂教学内容的呈现方式，这对于每一个教师而言都是一个不小的挑战。因此，新课程背景下教育教学策略的实践和研究成为很多教师积极参与的科研课题。

本课题是在我校参与东城区教科所关于十二项教学策略的研究的科研课题基础上，在高二年级进行的对化学学科讨论式学习的“单因素循环实验”课题的研究。

（二）理论依据

乌美娜在《教学设计》一书中指出，“教学策略是指对完成特定的教学目标而采用的教学活动的程序、方法、形式和媒体等因素的总体考虑。……最好的教学策略就是在一定的情况下达到特定目标的最有效的方法论体系”[1]。

讨论是一个情境，在这个情境中，学生之间或师生之间通过交谈来分享信息、观点或观念，或者通过共同工作来解决某个问题。

与讲述不同，讨论似乎没有满足教师的认识需要、有序需要、统治需要、说明需要、表现需要和赏识需要。但从另一方面看，讨论可以满足教师进行组织和安排的建构需要，教师可以从学生的所作所为中获得一种乐趣，与学生越来越亲密。

对学生而言，讨论不仅可以满足其获取知识的需要，还可以满足其寻求多样性、改变和放松的需要。通过讨论，学生可以与他人形成联系、获取友谊，还可以获得同学的表扬和赏识，从而建立自信。

讨论除了能满足学生的心理需要，还可以满足学生某些学习和教育的需要。好的讨论能抓住并维持学生的注意力，帮助学生发展倾听、思考和讲述的能力；通过鼓励确定性、自信、合作和宽容，促进学生的社会性发展和心理发展；通过讨论中的复习，促使信息进入学生的长时记忆。

（三）对课堂讨论式学习内涵的理解

课堂讨论式学习的步骤一般是：第一步，教师对课堂讨论进行预先的设计；第二步，学生要在自学的前提下思考教师设计的课堂问题；第三步，学生在教师引导下开展课堂讨论，对某一问题发表自己的看法，同时认真聆听其他同学的见解。

首先，应该相信学生希望进行和需要进行有目的性的讨论，相信学生有思考和为自己做事的能力，相信学生通过讨论能得到发展。

---

1　乌美娜. 教学设计［M］. 北京：高等教育出版社，1994.

然后，设置具体的学习目标，考虑全班及个人对讨论的准备，设置合理的引导方式对讨论进行引导。讨论式学习模式主要有以下四个程序：定题、课前准备、课堂讨论和课后总结。

在讨论式教学的活动中，教师的责任是“使学生能够对他们的经验进行批判性反思，探索不同的观点和角度，思考他们的知识是怎样植根于个人的经验”。根据情况不同，如讨论的目的、学生的成熟水平和经验，教师应该扮演的角色也不相同。教师可以成为一个推动者，有责任保持小组的参与性；作为一个人际关系专家，教师要使每个人都感到舒服，明白自身的重要，鼓励全面平等的参与；作为一个总结者，教师必须确保每个人的讲述都能被听到、被理解；作为一个总结者，教师必须运用相应的技巧，将交流的内容整合起来，确保每个人都能朝着规定的目标前进。

因此，正确把握理论与实践的结合点，科学地运用讨论式学习这一教学策略，是一个非常值得深入研究的课题。

## 二、实验设计

### （一）实验变量的测定

实验自变量：讨论式学习策略的运用。

实验因变量：课堂教学中学生主体性的发挥和教学效果的体现。

### （二）该实验的假设

在讨论式学习的策略和相关理论的指导下，教师正确地把握该策略的内涵和原则，依据学生的认知规律和特征、学科特点与具体授课内容，配合恰当的教学手段，可以达到激发学生的学习兴趣，促进学生发展并获得较理想学习效果的目的。

（三）实验方法

1. 单因素循环实验

选择高二年级的两个班，进行两轮实验。在实验中，对实验班采用讨论式学习的教学方法，对比班采用传统的讲授方法，尽量控制其他的因素影响，实验后两班教学效果对比，验证假设。

2. 实验方式

实验选择高二年级现行教材，以高二 7 班、8 班为实验对象。由于两个班的成绩差异过大，所以采用单因素循环实验的方式进行对比教学。

具体操作模式如表 8–1 所示：

**表 8–1　单因素循环实验操作模式表**

| 实验名称 | 实验组 | 班级 |
| --- | --- | --- |
| 盐的水解（一） | 讨论班 | 高二 7 班 |
| | 讲授班 | 高二 8 班 |
| 盐的水解（二） | 讨论班 | 高二 7 班 |
| | 讲授班 | 高二 8 班 |
| 酸碱中和滴定（一） | 讨论班 | 高二 8 班 |
| | 讲授班 | 高二 7 班 |
| 酸碱中和滴定（二） | 讨论班 | 高二 8 班 |
| | 讲授班 | 高二 7 班 |

3. 数据统计方法

本实验收集的数据包括学习适应性测验成绩和学科成绩。依据实验要求，参与实验的两个班均进行了本底测验，测量项目主要包括学生原有认知水平（本学期期中考试成绩）和学生的学习适应性检测（AAT），数据基本属于测量数据中等距变量，即有相等的单位，但无绝对零的数据，适用参数统计方法，本实验基本采用平均数的差异检验及方差的差异检验方法，用统计产品与服务解决方案软件（SPSS）进行数据分析。

4. 实验对象

广渠门中学高二 7 班、高二 8 班。

5. 实验过程

（1）实验前准备

首先，对两个对比班的学习适应性检测数据进行了分析研究，发现7、8 班的学生在学习热情、学习技术、独立性和心身健康四个方面都有显著的差异。

然后，根据学生的学业水平、能力倾向、个性特征、性别、兴趣爱好等方面将实验班的学生按 4 人一小组分组，尽量使小组人员在能力上相对一致。

（2）对比实验操作过程

依据本实验的操作模式，以同一教学内容、教师分别采用"讲授""讨论学习"方式的授课为一组实验。

本次实验涉及 4 个内容，分别是："盐的水解"（一）（二）；"中和滴定"（一）（二）。也就是说进行 2 组实验，共计 8 节课。

第一轮："盐的水解"

Ⅰ. 教学目标

使学生理解强酸弱碱盐与强碱弱酸盐的水解；

掌握盐的水解的本质；

学会正确书写水解方程式；

学会分析盐的水解的应用。

Ⅱ. 教学重点

盐的水解的本质。

Ⅲ. 教学难点

盐的水解方程式的书写。

Ⅳ. 教学方式设计

本节内容是这章的重点，但比较抽象，也是教学中的难点。

A. 讨论式：

精心设计并提出富有启发性的问题是成功运用课堂讨论模式的保证，因此，定题是关键性的第一步。定题应遵循准确性、具体性、启发性、广泛性和趣味性的原则。除了精心设计需要学生探究的题目以外，教师还将学生按“异质性”原则以4人一个小组分组，以实验探究作为教学手段，辅助电脑动画演示盐的水解的过程，使学生通过实验、讨论、探究理解盐的水解的本质。

B. 讲授式：

讲授式教学是以教师讲授盐的水解理论知识为主，配合演示实验和辅助电脑动画演示，将学生无法直接观察的盐的水解的过程直观地展示给学生，同时引导学生观察实验现象、回答问题。学生通过倾听、观察、思考理解盐的水解的本质。

Ⅴ. 教学设计

A. 讨论式：

1）教师活动

实验的准备：清洁所有的玻璃仪器，备齐所用的试剂且按类摆放整齐。

设置讨论题目：

①盐的水解对电离平衡是否有影响。

②盐的酸碱性是否与构成盐的酸、碱有关。

③盐的酸碱性的实质是什么。

④什么样的盐对水的电离有影响。

⑤以 NaAc 为例，你认为弱离子对水的电离的影响的离子反应方程式如何表示。

⑥你觉得书写水解方程式的步骤是什么。

⑦你认为书写水解方程式应注意什么。

⑧影响水解的因素有哪些。

⑨解释这些现象可应用盐类水解的原理：

a. 明矾可以净水；

b. 热碱水的去污效果好；

c. 草木灰不宜与铵态氮肥混用。

2）学生活动

根据教师提出的讨论题目，分小组实验探究，小组内讨论，得出结论；

各组之间讨论、质疑，得出最终结论。

B. 讲授式：

1）教师活动

提出问题，演示所有实验，演示辅助电脑动画，逐一讲解理论知识。

2）学生活动

观察实验、倾听、思考、记录笔记。

第二轮："酸碱中和滴定"

Ⅰ. 教学目标

使学生理解酸碱中和滴定的原理；

使学生初步了解酸碱中和滴定的操作方法；

使学生掌握有关中和滴定的计算；

学会进行误差分析。

Ⅱ. 教学重点

酸碱中和滴定的原理。

Ⅲ. 教学难点

酸碱中和滴定的计算和误差分析。

Ⅳ. 教学方式设计

本节是中学阶段一个比较重要的定量实验，在第一课时要完成中和滴定的原理及基本操作两项内容，第二课时要完成实验误差分析。

A. 讨论式：

本节课先由习题出发，组织学生讨论酸碱中和滴定的原理，再根据推出的公式探究实验需要的仪器、操作以及实验中遇到的问题，让学生带着问题进行实验探究，通过讨论解决实验中遇到的问题。

B. 讲授式：

由教师根据教学内容逐一讲授理论知识，并演示实验。

Ⅴ. 教学设计

A. 讨论式：

1）教师活动

实验的准备：清洁所有的玻璃仪器，检查保证每支滴定管均滴而不漏，经水洗、润洗、装液后以备课上直接供学生使用。

设置讨论问题：

①根据计算，你认为酸碱中和滴定的理论依据是什么。

②滴定实验需要测量哪些数据。

③根据需要设计实验，选择仪器进行测量。

④在测量过程中你会遇到什么样的难题。

⑤如何选择合适的酸碱指示剂。

⑥如何确定滴定终点。

⑦实验中会产生哪些误差。

⑧误差对实验有何影响。

2）学生活动

分小组讨论习题，探究中和滴定的原理，根据原理选择实验仪器、设计实验、提出质疑、组内讨论、组间讨论，最终得出结论，并进一步对实验误差进行讨论。

B. 讲授式：

1）教师活动

讲授酸碱中和滴定的原理及计算公式，并进行实验演示。

2）学生活动

倾听、思考、观察、记录。

**三、实验数据的分析**

为了比较客观地分析实验结果，我们在实验前后都进行了一些相关数据的检测，现将结果分析如下：

（一）实验前

1. 高二 7、8 班学业成绩对比（表略）

虽然从成绩上看，7 班平均分略高于 8 班，但从离散程度来看，两个班基本无差异。

2. 两班学习适应性测验成绩对比（表略）

对比表的数据表明，在学习适应性方面，两个班在学习热情、学习技术、独立性和身心健康四项学习适应性上有明显差异，但在总体水平上无明显差异。

总体看来两个班的学生在学科成绩和学习适应性上没有显著差异。

学科成绩没有明显差异在于此次考试范围较窄，仅高二教材中一章多的内容，而且由于高一时 8 班成绩水平相对较低，教师在平时更关注 8 班，所以平均分与离散值相差都不大。

学习适应性基本符合实际情况。7 班平时就比较活跃、团结，集体荣誉感强，学习习惯和学习态度都较好，对学习有着浓厚的学习兴趣，因此各科成绩都排在年级前列；但 8 班整体感觉学习气氛不是很浓厚，学习热情也不高，课上较沉闷、呆板，因此选择合作学习的教学策略，尽可能地使学生在互动、互助的教学氛围中提高学习热情。

（二）实验后：

对比实验后，教师又对两个班进行了课堂知识点的检测和课后问卷调查两项工作，比较两个班实验后的对比数据，进而得出有力结论。

对比第一轮实验和第二轮实验的实验数据后发现，两个班的差异并不显著。调查数据显示：

1. 学生普遍喜欢讨论式教学，在座谈的过程中，更喜欢讲授式授课方式的学生普遍是从应试教育出发，认为讲授式更加清晰，条理性强，节省时间，有利于考试；也有部分同学认为体验式或网络式教学效果会比较好。

2. 大部分同学的问题解决都是通过讨论的方式完成的。

3. 8 班的学习热情有了显著的提高。

4. 采用讨论式学习的大部分学生感到讨论式教学比讲授式学习更为轻松。

5. 大多数学生认为讨论式教学比讲授式教学更有利于知识的掌握。

**四、讨论与结论**

高二 7 班与高二 8 班是完全不同的两个班。7 班平时就比较活跃，好动，学习兴趣较浓，学习气氛较好。8 班相对较呆板、听话，平时上课不太积极参与互动，学习热情和学习兴趣都不是很高。因此，本实验采取了单因素循环实验。

虽然测验成绩上两个班的差异不是很大，但从课后小结、听课教师的点评、调查问卷中我们不难看出，8 班的学习热情和学习兴趣在实验课上都有了较大的提高。8 班无论是参与讨论的人数还是回答问题的人数，都相应有所增加，甚至发生了平时少有的组组之间、生生之间的争论现象。显然，学生学习的积极性被充分地调动起来了，有些学生的课后测验成绩有了明显的提高。

总而言之，采用讨论式教学策略的课程基本上完成了预期的目标。

**评析：**

1. 经验

（1）精心设计的问题讨论关键在于精心设计上，教师在设计讨论问题时应层层深入，问题的针对性要突出，不能太简单，也不能太难，应适合小组讨论，最好还能引起争论。所以在设计课堂问题前要狠下功夫，这样才有事半功倍的效果。

（2）授课方式不应固定不变，应该根据教学内容、学生特点（基础知识和性格特点等）以及教师的性格特点来设计。

（3）讲授式的授课方式虽死板，但目标明确、针对性强、层次清晰，课上学生的落实效果较好，而且省时。

（4）在分小组时一定要做周密安排，小组人数不应过多，最好 3 ～ 4 人，否则有些积极性不高的学生会浑水摸鱼，不参与讨论；小组内的分工必须明确，责任到人，例如，要有一名小组长，负责组织讨论和监督，一名书记员，负责记录，一名发言，一名实验和补充。在本次实验过程中，没有出现不参与讨论的学生。

（5）教师要随时照顾到每一个小组，通过积极的鼓励和表扬，调动起各组讨论的积极性，并在讨论后的反馈中采取激励和鼓励的方法，促使组与组充分互动起来。教师还应及时对发言做出评价和修改。

2. 问题及建议

（1）问题讨论式教学虽然可以使课堂活跃，充分调动学生的积极性，但普遍占用课上时间较长，所以教师应随时注意引导和节制，对课时较紧的课程不必节节采用。

（2）由于教师是第一次上这种课，经验不足，实验后虽然每节课都进行了测验，但题目的难易程度选择不当，有些题偏难，两个班都没有学生做对，有些题又过易，几乎全对，这也是后测数据无明显差异的原因。建议以后应重视题目的选取，选取区分度较高的题目进行检测，也可在一章学习完进行章节检测。

（3）由于课上时间有限，大多数课后测验并不是在课后立即进行的，而是利用当天中午午休时间或放学时间进行检测的，所以一些学生的检测成绩并不能完全反映出他在课上对知识的掌握水平，这也是成绩检测差异不明显的原因。建议以后课上讨论的容量可以适当减小，使课后检测工作可以随堂进行。

（4）实验前对实验的目的和原因解释不够，致使学生在填写调查问卷的过程中有草率的现象，有些检测不够客观。建议以后进行实验前认真做好学生工作，课前讲清实验意义，让学生认识自己的主体地位，从而得到学生的配合。

# 第四编　适宜的方式

# 第九章　自主学习的策略

自主学习策略注重让学生在教学过程中主动获取知识。在教学实践中，教师注重培养学生的自主学习能力，是学生学习的指导者、帮助者和促进者。

## 第一节　自主学习策略概述

### 一、自主学习的界定

“自主学习”（Autonomous Learning）这个词由二十世纪六十年代西方的一些教育学家最先使用。二十世纪九十年代以来，最具代表性的是齐莫曼（Zimmerman）的定义。他认为，自主学习就是指学生在元认知、动机、学习时间和学习行为等方面的表现都是积极的。

在国内，自二十世纪八十年代始，许多学者对学生的自主学习也进行了研究。董齐和周勇（1996）把自主学习更具体地理解成为自我监控学习，并定义为学生为了保证学习的成功、提高学习的效果、达到学习的目标，在学习活动中，将自己正在进行的学习活动作为意识的对象，不断地对其进行的积极、自觉的计划、监察、检查、评价、反馈、控制和调节。

## 二、自主学习的意义

在新课改的推动下，以教师为主导、学生为主体的自主学习在教育实践中得到广泛应用。自主学习提倡的就是教师以学生为主体，通过适当的引导，培养学生自主学习的能力。

### （一）自主尝试

在教学实践中，教师作为学生学习的促进者，应创设情境，让学生自主尝试。情境创设应符合学生的学情和生活的实际，尝试的目标应是使学生跳一跳能够得着，再跳一跳能收获更多。学生在不断尝试并有所收获的正强化下，会主动地获取知识。在教学之初，教师要能抓住学生感兴趣的事物并进行有效导入，让学生的学习兴趣高涨，再引导其自主尝试、探究，在探究中让学生先自己摸索，然后找出不足，再讨论、引导。如此，学生学习积极性高，参与度高，学习效果也好。

### （二）自主建构

新一轮课程改革要求以学生为本，以学生的发展为主。自主式学习能提供学生足够的空间，让学生们自主建构自己的知识体系，扩展认知图式。教师应积极帮助学生培养自主的学习意识，指导其自主制定明确的学习目标、学习计划，自主地获取广泛的学习资源，提高学习的效率，促进其全面发展。

### （三）自主选择

新的课程改革就是要让学生成为学习的主人，让他们感受到自己有自主选择的权力和自由。在教学中，教师转变为课堂的组织者、学生的引导者，应着眼于相应教学目标的达成，让每一个学生根据自身的知识基础及认知风格，自主选择适合自身的学习内容和方法。每一个学生个体都是独一无二的，让学生自主选择，有利于每一个学生全面而又有个性地发展。

### 三、自主学习的特征

一是自主学习注重元认知。

二是自主学习注重自我调节策略的运用。自主学习者能够监控自己的学习活动，自我能够对学习的效果做出客观的评价，并能根据这些反馈结果及时调整自己的学习行为。

三是自主学习者能够在适当的时间，使用合适的学习策略。

## 第二节　自主学习策略的基本操作程序及具体策略

### 一、实施自主学习的基本方法

#### （一）创设自主学习的情境

首先，教师应该在班级里创建适合自主学习的物质环境。比如，教室里的图书角，可以在教室两侧或者后排设置书架，摆放各种适合学生阅读的书籍。班级管理中创设安静读书、善于思考、小声讨论的学风，让学生们一走进教室就有一种浓厚的学习氛围，能够更快更好地进入学习状态。

其次，教师应创建自主学习、积极向上的班级文化。班主任教师应协同学科教师，营造尊重和相信每一个学生的班级氛围。教师对学生的欣赏、鼓励能有效激发学生的学习动机，提高学生的学习效果。

最后，教师要促进师生之间、学生与学生之间建立起民主和谐的师生关系和生生关系。和谐的学习氛围能使学生产生较强的安全感，从而积极参与课堂学习，在课堂互动中激发学习动机。平等、民主、和谐的师生关系和生生关系有助于唤醒学生自主学习的意识。

### （二）设定学生认同的目标

教师在设定学生认同的目标时，应遵循以下原则：

第一，教师设计的教学目标应满足每一个孩子发展的需要。教师设定目标时应考虑到学生个体间的差异，目标应有层次性，应是学生通过自主学习能够达到的。

第二，教师制定的教学目标要明确合理。教师要了解学生学习新知识前的知识储备情况和能力水平，并以此来确定教学目标。发展区理论表明：适当的教学目标应该稍高于各个学生的现有水平。制定合理的教学目标有助于学生顺利完成学习任务，建立自信，保证学习动机的持续性。

第三，教师在设定目标时应注重培养学生的自主学习能力。教师应在每一节课教学目标的设定和教学的每一个环节中都渗透学生自主学习这一理念，注重自主学习方法的指导，自主学习策略的应用，有意识地培养学生自主学习能力。

### （三）给予学生充分的自主权

自主学习的关键在于学习的自主权，因此，调动学生学习的积极性，给学生更多的自主权、选择权和支配权非常必要。[1]

第一，"先学后教"。这是指让学生在教师讲课之前先自主学习，发现问题并带着问题听课。这种做法有利于发挥学生的主动性和创造性。学生学什么、怎么学，教师应在课前有系统的设计；教师"教"时，应注意有针对性地解决学生自学时的问题，注重对知识进

1 刘友桂. 国外的自主学习的研究对我国外语教学的启示［J］. 林区教学，2006（10）：35-37.

行小结、拓展和延伸，帮助学生形成学科概念，使学生知识系统化。

第二，把更多的课堂时间和空间留给学生。学生作为学习的自主者，无论在时间上还是空间上都应占据课堂的主导地位。在课堂上，教师应精简提问的语言，鼓励生生对话，引导学生自主学习。

第三，设疑问难，牵引学生思考。高深的知识都是由简单的知识逐步发展形成，在教学中，教师可以用简单有趣的课堂知识设置若干重点、难点，启发学生思考，使学生动手动脑，实现自主学习。

第四，帮助学生克服不利因素的影响。学生在自主学习过程中会出现许多不利因素，例如，由于学生前期的基础知识薄弱，对新知识无法理解，不能确定自己学习的重难点，没有掌握不同学科的学习方法，缺乏持续自主学习的意志力，教师要给予及时的帮助和引导，防止学生在课堂自主学习环节中浪费时间。

### （四）运用多样化的教学策略

自主学习没有定式，在实施中，应根据不同的情况、需要，综合运用多种方法提升学生自主学习能力，如小组合作、综合实践等。

## 二、促进学生自主学习的教学策略

### （一）合作学习策略

合作学习是一种群体的自主学习，应当在个体自主学习的基础上进行。合作学习的基本策略是：

第一，每一个学生在合作学习之前，应做好充分准备，预习、准备学习素材，对一定内容独立思考做出初步假设，或按分工完成一定的学习任务等。在合作中，既强调学生主动完成任务，也强调积极配合、支持、欣赏其他同学的学习活动。在自主学习时，学生间、师生间也可共同协商建立相对稳定的合作小组。

第二，进行小组合作学习时，教师要选定组长。组长组织小组中的成员有秩序地发表自己的意见，给每个成员充分表达的机会，引导小组成员学会分析判断、归纳整理他人的思想观点，避免因互相争执而浪费时间。

第三，合作学习时，教师要精心设计，注重学习程序上的引导。学习的过程是一个螺旋上升的过程，学生在教师提出问题或自我发现问题后，会通过自读自悟的方法尝试自我解决。合作学习时，教师应关注学生的差异，对不同的学生给予适合他的学习方法的指导，适时激发学习积极性。

### （二）讨论式学习策略

讨论式学习策略的核心在于讨论主题的确立。讨论主题的设计应符合以下“四性”：一是趣味性。就是要有趣，深深吸引学生。主题设计要基于学生已有的生活经验，激发学生的好奇心，激起学生强烈的参与欲望。二是启发性。确定主题能使学生有感而发，有思路可循，积极探索主题所涉及的问题知识以及解决途径等。三是交流性。避免因主题单调乏味，无法展开进一步讨论，不能发散学生的思维而陷入难堪的僵持场面。四是实践性。讨论的主题有实践价值，经过讨论得出的结论能够应用于学生的实际生活。

### （三）探究性学习策略

探究性学习重在引导学生在自主学习中进行探究，在探究中深化自主学习。其基本策略是：

第一，引导学生在知识冲突中探究。建构主义学习观认为，学生的学习是基于旧有知识与新知识之间存在的冲突而引起的学习意愿。据此，教师应引导学生从知识冲突（问题发现）入手，促进学生形成进一步学习的愿望，主动探究问题，从而促进其自主学习。

第二，搭建脚手架，引导学生探究。学生在学习中遇到大的障碍或较难问题时，教师要引导学生将复杂问题拆分、化解成自己能够解决的小问题，再引导学生探究，最终解决困难，促进其自主学习。

第三，引导学生动手探究。教师可以精心设计让学生通过动手操作来进行自主学习的教学内容，使学生在动手操作中，通过充分观察、分析、综合，去探究新知，开拓思维，发展智力，促进学生的自主学习。[1]

### （四）对话式学习策略

教学活动的本质是交往，对话是实现交往的形式和途径。对话能为学生的自主学习创造一个教师与学生之间地位平等的平台，其基本策略是：

第一，通过创设良好的课堂环境提供师生、生生对话的平台。对话式自主学习是基于师生间、生生间的相互尊重、信任和平等关系，通过相互之间的对话，促进学生思维和方法的互相学习。

第二，对话式学习策略在不同学科中有不同的应用。对话式自主学习在语文、外语教学中应用较多，如外语的口语和听力练习，通过“模仿对话—扩展对话—活用对话”可以训练学生的交往能力；语文的朗读、角色扮演可以训练学生的语言表现力。

### （五）体验式学习策略

自主学习，具有明显的个性化特征，关注个性发展是自主学习的一项重要内容。要提高每一个学生独具个性的理解、鉴别和表达能力，就必须注重个体的体验。其基本策略是：

第一，紧密联系学科，带领学生走近自然，在大自然中体验生活，如带领学生走进公园，走进博物馆。

第二，紧密结合课堂，引导学生感悟生活中学科知识的应用，

---

1 武汉市第23中学课题组.促进高中生自主学习的策略研究［J］.武汉市教育科学研究院学报，2006（5）：36–40.

如“小数——生活中的数学”。

第三，注重学生的综合实践活动，让学生在实践中体验生活，丰富生活，有效培养学生自主分析问题和解决问题的能力。

## 第三节　自主学习策略的案例及评析

**案例：**

### 对如何培养初一学生自主学习能力的个案研究

北京第五十中学　翟桂梅

初一年级是初中阶段的起始年级，学生如果在这个年级培养起自主学习的能力，那么在以后的学习历程中便顺利得多。自主学习是一种主动的、建构性的学习过程，在这个过程中，学生首先为自己确定学习目标，然后监视、调节、控制由目标和情境特征引导和约束的认知、动机和行为。本课题试图利用“初一年级”这一中学阶段的“黄金”时间为自主学习能力差的学生获得自主学习的能力提供相应的教学对策。

该课题的研究过程主要经历了以下三个阶段：1. 被选为课题组成员。2. 与课题组其他两位成员一起设计学年度课题的研究方案，确定研究方法，安排研究程式与步骤。3. 确定研究方法和研究对象。根据开学初《学习适应性量表》的统计结果和语文、数学、外语的三科成绩，以及学生由小学升入初中的档案材料，确定选择我班自主程度最差的一名同学作为研究对象，即初一（8）班的刘某同学。4. 根据课题负责人撰写出的个案分析初步调查报告，对研究对象进行研究。

从 11 月 29 日起，研究人员试用了《观察记录表》一个星期，

12 月 6 日，课题正式进入研究阶段。最初的几节课，研究人员的主要工作是寻找教学对策的突破口，结合学生存在的弱项，从课堂内、课堂外寻求帮助，如同伴的帮助、任课教师的帮助等。重点研究的个案刘某，在英语课的听课状态较好，每节课可认真听 25 分钟左右，基本能跟着老师的思路。从回答问题的情况看，虽然有许多地方还需要改进，如不太会记笔记、总是做小动作、玩东西等，但总体上，他的心思基本在课堂上。所以，课题组认为，对于该同学来说，要想提高自主学习的程度，仅在课堂上下功夫是不够的，还应该延伸到课下，并争取取得家长的配合。

重点突破口确定后，课题组根据学生的课堂表现，寻找需要改进的地方并及时进行交流，提出适当的建议，提出相应的教学对策并实施。

课题组运用设计好的《观察记录表》每天对研究对象进行课堂观察和课下观察，并每周撰写观察周记。此外，课题组还通过知识能力测验，如课后作业、随堂测验和单元测验等进行跟踪观察和评价。下面是课题组翟桂梅用观察周记的形式记录下的具体研究过程，其中包括发现的问题、采取的相应教学对策和反思。

## 观察周记（一）

11 月 29 日～12 月 3 日

小学升初中后全区进行了的语、数、外三科本底测试及学习能力的问卷调查。我班刘某语、数、外三科成绩都在及格线以上，并不是我们班分数最低的，属中上等，但是学习适应性测试在我们班是最差的，在全年级也属较低水平。这引起了我的注意。回忆一个月的接触，我并没有感觉他能力如此之低，因此，我就细心观察他课上、课下及作业情况。我发现他课上注意力持续时间很短，如果把45分钟分成三个部分，每部分15分钟，每部分他只有3到5分钟的注意力，甚至更少。剩余时间他要不就玩一张小纸片、画一幅小画或向后望一望那些“闲杂人等”，偷偷逗上两句，要不然就互相传纸条。老师发现后，他赶紧坐好，可心还没有收回来，老师继续讲他也继续他的“生意”。突然听见老师说“把它记下来”，他也很快拿起笔，可不知写的是什么，遇见较真儿的老师，走下来看看，他也赶紧看看别人写什么，抄过一两个字句来应付差事。总之，他在课上不能主动听讲、记笔记，没有良好的听讲习惯。但是，只要他在听老师的讲课就会和老师呼应，如果这时的活动他很感兴趣，他就会活跃得过了头，扯着嗓门儿喊，声音能从二楼传到一楼。下课时，他要么捅别人后背一下，让人追得满教室跑，不是撞倒一个人就是把桌椅弄翻；要么把女生头发上的发卡揪下来，女生跑着去办公室告状。作业留3个题时，他只做1个，有时还忘带作业本。他总是丢三落四，初一刚开学一个月就丢了3次月票；今天发的通知，明天就把回执弄丢了，有时是根本没有带回家。刘某的妈妈是医院的护士，一个星期至少要三天夜班，爸爸在一个公司做办公室工作，正常上下班，但休息不固定。妈妈很善谈，但脾气很急也很大。爸爸不爱说话，从没打过孩子，每次刘某淘气，都是妈妈又打又骂。刘某的爸爸妈妈深知孩子的淘气，因此，只要孩子一犯错，他们就批评。老师也批、家长也批，时间长了，孩子犯错误就觉得无所谓了，骂就听着，打就受着。

刘某的妈妈在向我介绍这些情况时说：“也许是我太粗暴、太简单，我有时也很想改变，可是一遇到事情就急，孩子很没记性，今天刚刚打完，明天接着还犯同样的错误。上初中后，我们夫妻决心改变一下方法。”

上面这些情况都是刘某的家长后来主动来学校和我一起聊

的。刘某的父母第一次来学校见我，是因为刘某和同学课间扔粉笔头，其他同学都主动承认错误，他却跟没事人一样，而且周日上课又把初一（五）班的窗子弄掉，跳进他们班把后门打开，在里面和几个同学把人家的桌椅弄得乱七八糟。这种情况下，我才把家长请来。我如实地把刘某的一些情况汇报给家长，刘某的父母坐在那脸拉得长长的，一句话不说。汇报完情况，我问刘某情况是否属实，他点头承认。可刘某的父母仍不作声。于是，我赶紧让刘某回到教室，对他的父母说："虽说刘某毛病很多，但我们任课老师都很喜欢他，他热情又聪明，我们还让他当了数学课代表，最近干得也很认真。孩子是个好孩子，就是淘气了点，有些习惯不好。我的儿子也很淘气，昨天我还被请了家长。老师和家长的心情是一样的，希望孩子养成好习惯，把聪明用在学习上，提高学习成绩。初一很关键，希望你们能配合老师尽快了解孩子的一些情况，我们也好用最好的教育方法来教育孩子，没有你们的支持我们也没法教育他。"听到这里，刘某的爸爸妈妈脸上才露出了笑容，长出了一口气说："我们小学挨批评惯了，知道自己的儿子不好，所以本来真的没什么可说的。可从来没听老师跟我们这么推心置腹地谈过，听了您的话，我们也看见了儿子的希望。我们一定会配合您，您让我们做什么我们就做什么。"

反思：作为教师，赢得了家长的支持，就是成功的一半。教师需要家长的理解与支援；同样，家长也需要教师的理解。

## 观察周记（二）

12 月 6 日～12 月 10 日

得到了家长的信任和支持后，刘某在各方面有了一定的进步。但习惯的养成与改变不是一朝一夕的事，于是我先从两方面入手：

一方面从我的英语课入手，抓他的课堂听讲习惯；另一方面从他担任数学课代表的角度入手，抓他的自尊心和自觉性。

英语课上，我每讲到一个重点都要对全班学生说："这句我已重复两遍了，会听讲的同学早已经记下来了，我看看是不是所有同学都记下来了。"然后我在下边转一下，等他把那个句子记下来才继续讲。在讲课的过程中，我的眼睛多注意他，他一走神，我就轻拍桌子或摸摸他的头，尽量让他的注意力持续得更长一些。课下我跟他说："在英语课上不许嚷，回答问题没听清时不许举手，要学会听别人讲话。但是，我为了检查你的听讲情况我会突然叫你，如果你回答不上来我就罚你站着听，在站着听的过程中，我还会提问你，答上来了你就坐下，错了都没关系，只要你听讲了。"前两天他还很注意，但第三天就真被罚站了。

反思：教给学生方法就好像交给学生一个拐棍儿，但离不开拐棍儿的学生绝不是好学生。课堂上，我不可能总盯着他一个人，也不可能每次他走神我都能摸摸他的头。所以我必须想办法让他有意识地注意去听去记。此外，谈完话两天后应及时鼓励他，接着再找他谈一次。

## 观察周记（三）

12 月 13 日～12 月 17 日

本周前三天我去石景山参加北京市新教材培训。周三晚上回来，我班王某的家长给我打电话说王某在体育课上被班里的几个同学打了，其中就有刘某。周四早自习，我让所有同学都写了一份从周一到周三的总结，谈谈班主任不在期间，自己哪些地方做得好，哪些地方做得不好，有没有为班集体抹黑，等等。我说，如果能够实事求是写好这个总结，说明你长大了，至少你知道哪些应该做，哪些不应该做。同学们写得很认真。在总结中，同学们都谈到了体育课打架事件，参与打架的其中两位同学写得很细，比较符合家长反映的实际情况。但刘某写道："我去给他们俩劝架，但王某打我，我才打了他几下。"总结我还没有全部看完，王某又跟我说他的铅笔袋丢了，我就在班上问了一句："谁看见王某的铅笔袋了？"过了一节课，一个女生偷偷告诉我："是刘某把王某的铅笔袋扔在了健身乐园。"一波未平一波又起。王某的语言表达能力相对较差，与同学交谈时常常词不达意，患有过敏性鼻炎，总打喷嚏，擤鼻涕声音很大，有些同学常常笑话他，刘某及一些淘气的学生也时而欺负他。星期五早自习上我说："今天我给你们讲个故事吧。苏珊是个漂亮的女孩，可是一年级的时候得了癌症，因为化疗满头金黄的头发掉光了……"我刚讲到这里，同学们就说："老师我们小学学过这篇课文。后来她要来上学，可是怕同学笑话，她就想戴顶帽子。结果老师让全班同学每人都戴顶帽子，比一比谁的最漂亮。这样当苏珊走进教室时，看见全班同学都戴着帽子，提着的心就放下来了，于是快乐地和同学们一起学习生活。"同学们七嘴八舌地把这个故事讲完了。我问："你们还知道类似这样的故事吗？"一个同学站起来又讲了一个残疾学生在全班的帮助下坚持学习的故事。然后我说："我们小学的时候就学习了这样的课文，为什么今天在我们初一（8）班还会有两个同学打一个同学？这个同学的铅笔袋又被有的同学扔掉了。难道我们初一的学生还不如四、五年级的小学生懂得互相关心、互相帮助的道理吗？我们的爱心哪里去了？"话音未落，刘某就站起来说："老师，王某的铅笔袋是我扔的，上体育课是我故意拉偏手帮着别人打王某的。"说到这里他很伤心地哭了。我第一个为刘某鼓起掌来并表扬他知错就改、勇于承认错误的行为。紧接着，我也给刘某的家长打了电话表扬了他的进步。第二天王某的妈妈高兴地来到学校说："刘某的妈妈昨天晚上给我打了个电话向我和王某道歉，还给我们买了一个漂亮的铅笔袋。"

有一天中午，我刚下课就看见刘某一手拿一个蓝色饭盒，一手拿一个黄色饭盒（回民饭盒，王某是我们班唯一的回民），喊着："王某你别出来了，我给你拿饭。"看到这一幕，我把书放下，高兴地摸了一下刘某的头。他也红着脸摸摸自己的头。

反思：作为一个老师，培养一个学生的自主意识和自觉意识，有的时候还真要把小事往大看，不能忽视这种能力的培养。因为只有踏踏实实做人，才能踏踏实实做好自己的本职工作。

## 观察周记（四）

12 月 20 日～12 月 24 日

为了能让刘某的自主意识和自觉性更强一些，我设计了一个表格，如表 9–1 所示：

**表 9–1　自主自立学习记录表**

姓名　　日期

| | 课前准备 | 注意力 | 笔记 | 作业 | 预习 | 复习 | 计划 | 心情及原因 | 家长帮助 |
|---|---|---|---|---|---|---|---|---|---|
| 自评 | | | | | | | | | |
| 监督 | | | | | | | | | |
| 老师 | | | | | | | | | |

为了不让他觉得自己和别人有区别，我把表格发给了几个同学。每个同学有一个监督，我让他们互相比，看谁自评和监督评的一致，每人每天放学后把表交给我。我主要看注意力、笔记及心情。刘某比较实事求是，比如，注意力这栏一天七节课，他给

自己打了四个 ×，我一查监督给他打了三个 ×。他还在心情这栏写道：早自习语文考得不好，还画了个哭脸。

反思：利用表格要求我必须每天都要查、都要问，为的是不让他偷懒，落实起来不打折扣。这样我虽然辛苦点儿，但刘某在每天填写表格的过程中，时刻提醒自己上课要集中注意力、记笔记。在不经意中培养他自觉、自主学习的意识。

## 观察周记（五）

12 月 27 日～12 月 31 日

马上就要期末考试了，我要求全班同学建立期末复习本，复习本的第一页先要写上期末考试目标。刘某是数学课代表，我让他检查数学目标，同时也想让他看其他同学的目标。他定得并不高，英语最高 80 分。复习本上老师要求的部分他完成得较好，据他妈妈讲有时能主动让她辅助默写单词或对话。期末复习阶段，刘某的听讲情况比以前有很大进步，笔记记得也多了很多。

考前，我把考试的每个题型如何做才能得高分以及应注意的问题都告诉了他们。比如：什么是简答，答题的时候遇到难题应先易后难等。讲到这些时，我都要几个学生重复，尤其像刘某这样注意力不集中的学生，要在重复后再记在复习本上。

经过一个多月的培养和观察，刘某在各方面都有了不小的进步，期末考试分数比计划的都高。英语 100 分满分他考 90 分，比他升入初中后的每次考试分数都高。

反思：应试能力的培养是教师教学中必不可少的，但不同年级的学生应有所不同。对初一学生只讲不行，还要重复甚至让他们用笔记下来。因为在几分钟内理解所有的知识点是不可能的，需要不断重复他才能理解。每讲完一种方法，我都要盯着刘某记下来，并且尽可能让他口头给同学再重复讲一下。重复的过程就是让他再理解的过程，这样才能很好地落实。

学生自主学习能力的培养需要一个漫长的过程。以上的研究是我们整个课题研究的一部分，虽然课题只开展了一个多月，但我的收获颇多，而我们研究的个案更是从中受益匪浅，所以与大家分享。

新的学期开始了，根据整个研究计划，我们的研究又开始继续进行了。

## 观察周记（六）

3 月 21 日～3 月 25 日

可能是上学期考的成绩好了一点儿，新的学期开始后，刘某上课有些懈怠，我连续找他谈了几次，告诉他做任何事情都要持之以恒、不骄不躁。最后我问他："我们还要不要坚持上学期学习习惯的培养训练？"他笑着说："要"。根据上学期的问题，我把回家的作业给他具体了些，完成笔头作业后，在表格上只要他写出英语课的主要内容和例证，强调一定要分清内容和例证。这样做主要是培养他学会复习当天内容和整理笔记的习惯。第一天和第二天写得很简单，为了培养他的积极性，我又找了一个比他稍差的同学和他比。果然他的笔记和作业比前两天好多了。但是，3 月 23 日的小测验他预测得 85 分，实际才得了 70 分，每个错题我都帮他分析了原因，主要原因是笔记和作业都是为了应付老师，没有真正动脑，注意力和学习稳定性也较差。刘某也承认自己没能静下心来。有了这次教训，刘某的态度好多了，还主动把错题写在错题本上，并注明原因。

反思：其实任何人都有懈怠的时候。这时，学生需要的是老师及时的鼓励和耐心的帮助，让他在短时间内能够重新振作起来。

## 观察周记（七）

3 月 28 日～4 月 1 日

为了使笔记更规范，我又对刘某提出了新的要求，比如，笔记内容要再细些、要按序号标出来，日期用英语写出来，主要内容和例证要分开。3 月 29 日他的笔记格式内容非常清晰，完全是按照老师的要求去做的，我很高兴也及时地表扬了他。孩子从不记笔记到能按老师要求记笔记，其实已经是一个飞跃，但是距我们要达到的研究目标还差得很远。于是我趁热打铁，告诉他记笔记时要注意老师总结性的话，记老师反复重复的话，记老师强调必须要掌握的和易错的知识点。我让他看着他的笔记并告诉他哪些是总结性的，哪些是易错的，告诉他，要想达到这个目标就要上课认真地听，仔细地考虑，不能为了记笔记而记，而是为了更好地去学、去记。

反思：学生的学习要想有一个质的飞跃是很难的，加之我又是班主任，有时刘某在其他课的表现很差时，对他的批评肯定会对他英语学习造成影响。我今天批评了他，他的笔记质量就很差。刘某毕竟是一个孩子，有着班主任和任课教师的双重身份，我需要思考如何去协调、改进自己的工作方法。也许，这又是一个研究课题。四月份就是在这些矛盾中不断地摩擦、不断地继续着。

## 观察周记（八）

5 月 9 日～5 月 13 日

五月初我们把表格又重新设计了一下，如表 9-2 所示，让学生运用起来更加方便。有的例证没记下来，是因为表格没有地方记了。

表 9–2　记笔记的自我监控表格

日期　　姓名　　重点数量　　自我效能感

| 主要内容（按序号排列） | 例证 | 修改 |
| --- | --- | --- |
| | | |

新的表格（表 9–2）发给了他，他也觉得很新、很方便，但一个月来，我们总觉得他不像上学期那样课上活跃，有些没睡醒的感觉。我及时与他妈妈联系，问一问家里是否有什么事，家长说没有。可是这一天他没来上课，家长说他在放学回家的路上被人给打了，那人说刘某偷了超市里的东西。作为一个老师，我当时听了很是气愤，退一万步讲，即使刘某拿了超市里的东西，你有证据在，他有家长做监护，也不应该打孩子！我把这些话跟刘某的家长说了，并一再强调要求严惩那些打人的人。

反思：作为教师我感到无比的惭愧，为什么我们首都北京还会有如此无知、无德、无法的人呢？我们的教育应何去何从？

## 观察周记（九）

5 月 16 日～5 月 20 日

刘某被打得并不是很严重，但吓得有些发呆，休息两天后他来上学了。我并没有问什么，像往常那样，还是关心他的笔记。刘某在课上的精气神更不如以前了，有时额前还被捏的红红的。家长说他常睡不好，还梦游，总说头疼。苏霍姆林斯基说过："教育，首先是关怀备至地，深思熟虑地，小心翼翼地去触及年轻的心灵。在这里，谁有细心和耐心，谁就能获得成功。"我对刘某比以前更关心了，谈话中有时告诉他，人遇到困难该怎样做，讲一些小故事给他听，让他能快点摆脱那件事的阴影。孩子毕竟是孩子，很快精气神好多了。看到孩子的进步我也仿佛轻快了些，虽然课题研究上没有更大进展，但我比获得任何成功都高兴。

反思：首都教育系统先进共产党员北京大学附属中学教师张思明说，“教育的最高境界是不留痕迹。成长的过程是需要爱、需要尊重与理解的过程。老师创造机会给学生更多这样的人生体验，是远比授业解惑更难也更重要的事情”。因此作为教师，要看得更高更远。

## 观察周记（十）

5月23～5月27日

随着刘某精神的好转，我要求他不用表格，把笔记记在本上，看他脱离表格是否会记笔记。开始有些乱，我告诉他在本上和在表格上是一样的，也可以在本打上线。慢慢地，他的笔记本也规矩多了。为了让他更熟练，也为了让他能很好地复习，我要求他把本上的记录抄在表格上交给我。在这期间，他也偷过懒，放学了有时也不能主动把表格交给我。但有一点我和他心里都清楚，他上课能自觉地记笔记了，回家也知道如何整理笔记了。这种能力和习惯的形成不正是我们的课题所要达到的目标吗？

反思：通过一学年的研究实践，我们从一节课的监视、调节、控制如何记笔记，到其自主复习整理笔记。我的对策从两次表格的变化到记在本上加之心理教育，每次对刘某的影响都是深刻的。通过无数次的谈心，通过上下学期笔记的对比，他也惊奇地发现，他知道了什么是主要内容、例证，知道了如何分类，知道了原来听讲还有这些门道。初一最后全区统一练习100分满分，刘某得了85分，虽然不是最好的，但他和自己比有了质的飞跃，因为初一下学期学习难度在不断增加。也就是说，刘某的自主学习意识和能力有了很大提高。从我们研究者这方面，我感觉自己研究意识和能力也有了很大提高，但在监视、调节、控制上还有很多要斟酌的地方。

**评析：**

初一年级是学生进入基础教育阶段的初始阶段，如果在这个阶段培养起学生自主学习的能力，那么在以后的学习历程中便顺利得多，教师教起来也省心省力得多。自主学习是一种主动的、建构性的学习过程，在这个过程中，学生首先要为自己确定学习目标，然后监视、调节、控制由目标和情境特征引导和约束的认知、动机和行为。本案例为自主学习能力差的学生获得自主学习的能力提供相应的教学对策。

# 第十章　合作学习的策略

《学记》中提出“相观而善之谓摩”，所谓的“观摩”是古人对学生合作学习的最早阐述。新课程改革突出了学生的主体地位，强调改变教师讲学生听的传统学习方式，重视学生之间的合作学习。在教学活动中，以任务为导向，将学生按照地理空间和任务分工，结成小组，开展合作学习的方式，改变了学生原有的学习模式，能够起到个人学习或者单纯教师讲授学习难以达到的效果：各小组学生围绕着学习任务，可以互相发表意见，相互探讨和观摩，既促进了其自身的社会性发展，又起到了相互激励的作用；学生们的互相学习，有利于激发思路，寻求合适的问题解决策略，提高学习的效果；通过交流互动，能够增进学生对知识的理解和传播，加深学习效果，提高学习效率。

班级授课制源于欧洲的工业革命，作为一种传统的教学模式，它的主要特点是填鸭式教学，教师利用有限的时间，面向广大学生，通过师讲生听、师问生答，布置课后作业等方式，力求用最短的时间让学生学习最多的知识。而学生学习方式的转变，尤其是合作学习问题的凸显，在保留班级授课制教学优势的同时，能够通过结构调整，为学生提供互相学习的机会。学生通过小组研讨观摩等方式，能够显著提高学习效率。

相比于传统的班级授课制，合作学习的方式有利于改变课程结构，促进学生合作，提高学习的主动性。例如，教师在课堂教学过程中，需要学生完成课堂练习、教学实践任务时，可以采取合作学习方式。在日常的教学情境中，如果将学生置于真实的社会情境中，学生通过亲身经历和观察，通过研讨和交流，能够吸引学生的兴趣。从环境中开展现场教学，可以起到课堂教学意想不到的效果。相比于全班整体教学，参与合作学习的学生有更多的时间和空间，有极大的自主性，能够加深对问题的认识。在学习过程中，不同组内的学生可以互相交流，遇到问题可以集体解决，比传统的“一对一”式的“教师—学生”教学方式效果要好。对于内向的学生来讲，也可以有发言和展示的机会。在不同的小组合作学习中，学生面临的任务情境不同，需要的合作学习策略也不同。例如，集体合作学习、集体协助个体进行的学习，等等。由于任务不同，学生在小组中承担的角色也不同。在每一次的学习任务中，每个成员都有学习参与的机会和展示自己的舞台，其他成员也可以相互观摩，体验共同学习、共同成长的乐趣。

## 第一节　合作学习策略的概述

### 一、合作学习的历史溯源

《礼记·学记》云：“独学而无友，则孤陋而寡闻。”这句话充分说明了合作学习作为一种学习规律的重要作用。合作学习作为一种教育理念或者称为学习方式，倡导学生作为学习的主体，要能够在学习过程中加强互相学习、互相观察，不能仅仅听教师讲，也不能单纯靠自己，要在与同伴的切磋交流，在辩解争论中，加强对问题的认识，形成个人有效的见解，提高学习的效率。我国现代著名教育家陶行知先生不仅拥有系统教育理论积淀，更有着丰富的实践经验。1932 年，陶行知先生基于教师数量缺乏，质量不高的问题，提出了“小先生”制，并且进行了行之有效的实践。“小先生”制在某种程度上就是一种高级别的合作学习，一些优秀的儿童在教师指导下，经过自己的领会消化，然后当“先生”，把学到的知识随时传给周围的同伴。这不仅解决了师资不足的问题，同时极大提高了这部分学生的积极性和主动性。对于其他学生而言，这种教学方式也更易被理解和接受。

二十世纪八十年代，苏联提出的“合作教育学”理论对国内产生了一定的影响。从二十世纪九十年代初开始，国内开始大量介绍西方合作学习理论，其中一些地区和学校开展了有益的实践探索，例如“个性化教育的探索”（杭州大学教育系）、“合作教学研究与实验”（山东省教科所）、“少年儿童主体性发展实验”（北师大教育系）等。这些有益的探索，大大推进了合作学习的传播速度和深度。

合作学习的发展历史是一个逐步引起人们重视的过程，从二十世纪至今的发展历史来看，大致可以分为以下四个阶段：

第一，初步形成阶段（二十世纪六十年代末至七十年代中期）。在这一阶段，作为合作学习的策略初步形成，研究者开始思考合作学习概念内涵等基本理论问题，这个时候出现能力分组、空间分组、任务分组等类型，形成了“小组—游戏—竞赛法”等合作学习的思想。

第二，实质推进阶段（二十世纪七十年代中期至八十年代中期）。该阶段的主要特点是合作学习策略的大量涌现。“小组辅助个人”“学生小组成绩分工”“小组调查法”“共学式”等策略的提出与应用，丰富了合作学习的理论。

第三，融合成熟阶段（二十世纪八十年代中期至九十年代中期）。在融合成熟阶段，开始出现合作学习与其他教学理论相互借鉴、相互融合的趋势，如“合作掌握学习”等新的特色策略。

第四，现代媒体和现代学习理论结合的阶段（二十世纪九十年代中期至今）。在这一阶段，出现了两大趋势：一是随着信息化的发展，合作学习理论逐步与现代教学媒体结合，如计算机媒体、网络媒体。这种结合，打破了学生学习的空间障碍，拓展了学生学习的途径。二是合作学习理论与建构主义学习理论出现了相互融合、相互借鉴的态势，建构主义理论为合作学习理论的丰富和发展提供了理论的支撑，为合作学习注入了新的内涵。

## 二、合作学习的界定

正如前文所言，合作学习的发展是一个由浅入深，由零散到系统的过程。不同阶段产生了不同的合作学习思想，例如美国约翰斯·霍普金斯大学的斯莱文（Slavin）认为：“合作学习是指使学生在小组中从事学习活动，并依据他们整个小组的成绩获取奖励或认可的课堂教学技术。”学生们在一起共同学习，对自己和组内其他成员的学习都要负责[1]。明尼苏达大学“合作学习中心”的约翰逊兄弟（David W. Johnson and Roger. T. Johnson）把合作学习称为共同学习，并提出共同学习的五要素：相互依赖、个人责任感、面对面交互活动、教授合作技巧和检查小组交互活动。“合作学习就是在教学上运用小组，使学生共同活动以最大程度的促进他们自己以及他人的进步。”[2]

在前人研究成果的基础上，结合具体的教学实践，可以认为合作学习是以学生的共同学习为基础，通过整合学习目标、内容、任

1 Slavin R E. Cooperative Learning [J]. Review of Educational Research, 1980 (50): 315–342.

2 Johnson DW, Johnson R T, Smith. Cooperative Learning [J], The Encyclopedia of Peace Psychology, 2011 (11).

务、自主评价等学习系统中的一些积极因素，促进参与合作学习的成员通过成员合理分工、积极互动、共同寻求问题解决的答案，从而形成对知识的理解，在此过程中教师给予合适的指导，达到促进学习成员积极主动、全面参与、有效学习的教学活动。具体来说，合作学习有如下特点：

### （一）合作学习是一种集体学习活动

合作学习不是个体学习活动，而是由小组成员共同参与的集体学习活动。为激发成员的主动学习意识，在集体学习之前，它需要对个体的学习意向、学业成绩、能力倾向、性别等方面做出分析，按照一定的原则进行组合，以便充分发挥每个个体的优势，实现优势互补。

### （二）合作学习是一种目标导学活动

作为一种目标导学活动，它需要在总体任务的要求下，设立一定的认知、技能和情感目标。这些目标的主要功能是引导个体和集体安排学习进程、参与学习进程，共同解决问题。

### （三）合作学习注重个体和团体的评价

为了保障合作学习有序开展，成员的学习状态和集体的学习成绩通常可以作为评价依据。每个成员都承担着合作学习的重任。

### （四）合作学习注重合作互助氛围的创造

在合作学习中创造的自由、开放、互助的氛围，能够促进每个成员敞开心扉、畅所欲言。这有利于激发成员的学习潜能、学习兴趣等。

### （五）合作学习需要教师系统的设计

为了更好地发挥合作学习的理想功能，任课教师需要从系统学的角度，整体规划小组的目标定位、内容选择、成员分组、合作形式、学习进程控制、有效指导、目标测验、激励评价等模块，通过系统设计，形成合作学习的任务清单。

### 三、合作学习的理论基础

合作学习的发展有着丰富的理论支持，主要涉及社会互赖理论、社会凝聚力理论、选择理论、社会发展理论等[1]。不同的理论有不同的特点，对合作学习的解释也不同。社会互赖理论强调结构，不同的结构决定社会个体的互动方式，如果没有互赖，无法形成合作；社会凝聚力理论淡化小组成员的利益和个体评价，突出成员之间的情感和价值认同，强调小组的集体评价和整体进步；选择理论强调对学生成员自尊和归属的关注，通过创造条件，满足学生的需要，能够提高学生学习的意愿和学业成绩；社会发展理论以维果茨基、皮亚杰为代表，强调学生实际发展水平与潜在发展水平之间的差距，突出强调学生之间的合作和同伴互助的力量，通过共同学习，激发学生实现个体的学习潜能。

## 第二节　合作学习的基本操作程序及具体策略

合作学习的理论与实践，要求教师在运用合作学习的过程中，能够把握合作学习的基本要素，遵循基本原则，按照一定的程序开展，具体内容如下。

### 一、基本要素

#### （一）个体职责

个体职责是指参加小组学习的成员，在整体任务目标部署下，必须承担一定的责任，且需要完成一定的学习任务，为小组整体目标的实现贡献个人的力量。

1 张茜. 透视小组合作学习［M］. 上海：华东师范大学，2007.

### （二）相互依赖

相互依赖是指参与合作学习的成员不仅要能够主动负担起自己应承担的任务，还要能够考虑其他小组成员的责任，为他人思考，帮助同伴，遇到问题也可以寻求同伴帮助，这样才能够形成相互依赖关系。

### （三）交往技能

交往技能是小组成员完成学习任务的重要条件，它需要小组成员具备一定的社会交往技能。这些技能的掌握，能够让小组成员更自由地表达自己的意见，倾听他人意见，处理成员遇到的意见冲突。

### （四）面对面交流

面对面交流要求学生在合作学习过程中，能够通过直接的方式，正确表达双方的意见，聆听建议，选择信息，确定合适的方案。

### （五）小组评价

小组学习任务目标的达成，需要小组成员对整个学习活动进行评估，主要包括学习环境、学习进度以及可能遇到的问题和解决的途径。小组的自我评价能够更好地保障任务的完成。

## 二、基本原则

### （一）成员构成原则

合作学习主要以小组形式开展，参与合作学习的成员不宜太多，根据任务的不同安排大致 2 ～ 6 名最为合适，在选择过程中要注意学生学习的意愿、能力、性别等因素。

### （二）目标导向原则

合作学习是一种基于目标导向的学习活动，合作小组的整体目标和个体成员的具体目标通过目标激励、目标承诺等活动，指导小组整体以及成员个体付出行动。

### （三）人人参与原则

在任务导向下，每个小组成员要能够根据分工和特长的不同，有效参与到学习活动中，而不是形式上、表面上的参与。

### （四）有效指导原则

合作学习理想功能的实现离不开教师的培训指导。在具体的小组合作学习教学过程中，任课教师需要对合作小组的任务目标、内容、进程等给予精心安排，在实施过程中采取“非指导教学”的方式，将“有形指导”与“无形指导”结合起来，把握指导的“度”。

## 三、基本操作程序

开展合作学习教学策略的目的在于提高学生的社会性，培养学生的交往技能，使学生妥善处理人际关系；合作学习对学生进行合理分组，通过合作与竞争等方式，激发小组成员的学习潜能和学习动力；通过任务目标的设立，提高学生的集体协商意识和解决复杂问题的能力。这样能够提高学生的综合技能，实现其他学习策略达不到的功能。在建构主义和人本主义学习理论指导下，我们初步设计了合作学习的操作模式，希望能够对任课教师的课堂教学改革有所促进，同时期望教师形成自己和学科特色的合作学习方式。

### （一）内容分析

1. 学科特点

按照学科分类的不同，可以将学生所学学科分成数学与自然学科、社会学科两大类。不同学科由于自身结构内容的特点以及相互之间的差异，对合作学习提出了不同的要求。比如，数学与自然学科，由于知识的逻辑性、系统性较强，且答案较确定，需要成员在掌握基本概念原理的基础上，与现实问题结合，按照条理开展合作学习。而社会学科由于范围宽，内容广，问题相对开放，需要成员深入细致地探讨、交流，形成集体学习成果。

2. 内容特点

在考虑学科特点的基础上，学习内容的结构、目标、情境、操作程序等都需要详细考虑。将内容按照一定的层级结构考虑，才能化为学生具体的学习要求。

**（二）学习者分析**

在合作学习过程中，需要对学习者的知识背景、能力水平、认知结构、性格特点等进行分析，只有对成员进行整体全面且有个性的把握，才有利于合作学习活动的组织。

**（三）任务分析**

在合作学习过程中，需要根据学习任务的不同来组织具体的学习活动。对教师来说，对学习任务的系统设计与分析，有利于合作学习活动的顺利开展。

**（四）知识内容设计**

在确定任务目标的情况下，需要对学习的内容进行科学设计，形成有利于合作学习的程式，具体来说可以从以下几点考虑：第一，主题确定。根据任务要求，确定合作学习的主题要点。第二，初始问题设计。这一点可以依据最近发展区原理，设计难度合适的问题。第三，后续问题。在初始问题解决之后，考虑后续系列问题，通过设计系列问题逐步完成目标。第四，问题情境设立。通过主题和系列问题，选择一个问题情境，在具体的问题情境中激发学生主动学习的愿望、动机和兴趣，使成员形成问题解决的心向。

**（五）实施策略设计**

在实施时，需要考虑具体的推进策略：第一，知识准备。设计时要考虑所需知识准备是由学生在课前预习，还是合作实施前由教师统一讲解。第二，学生分组。根据学生差异和目标差异，选择合适的分组方式，分组之后对学生进行有效合作的方法指导。第三，合作方式及步骤。明确任务目标，确定合作小组的职责、学习主体责任与合作方式，在目标引领下，开展学习活动，保证学习目标的实现。第四，教师指导。教师能够根据任务和问题进展，合理确定时间分配，及时进行信息反馈，给予学生恰当的指导。

### （六）评价设计

小组合作学习的评价可以采取多种评价方式，例如，整体评价和个体评价相结合、过程评价与结果评价相结合。从评价主体的差异来看，可以将合作学习评价分为自我评价、同学评价、教师评价。任课教师可以根据任务的差异，选择合适的评价方案。

#### 1. 自我评价

自我评价强调小组成员对自己的学习过程与结果、学习感受等进行分析反省，让学生本人将参与合作学习的前后结果做对比，或者让学生将目前的学习现状与任务目标做差距分析，从而促进学生的自我反思与进步。

#### 2. 小组评价

小组评价主要是让全体学员对整个小组活动进行评价，目的是让大家明白自己的努力程度直接影响着整体成绩，从而让个体成员在学习活动中承担起相应的责任和义务。

#### 3. 教师评价

作为学生学习的引领者、激励者，活动教师对小组合作学习的评价可以采取过程评价和结果评价，通过客观数据，形成自己对学生整个学习进程的深度了解，以便更好地指导学生学习。

### （七）整体设计

在学科、学习者、任务、知识内容等分析基础上，确定合作学习的整体框架，对每一个结构进行细致设计，从而形成合作学习的整体系统。在整体框架下，形成学生合作学习的思维导图。

# 第三节　合作学习策略案例及评析

**案例：**

## 语文小组合作学习策略的教学案例分析

北京市丰台区扶轮小学　石莹

### 一、班级中小组合作学习的情况介绍

我们按照一定的原则将学生分成固定的小组开展小组合作学习。在分组时为达到组内成员的优势互补和小组间的公平竞争，遵循“同组异质、异组同质”的原则，综合考虑了学生的能力、兴趣、性别等因素，在大致相同的水平上展开合作学习，有利于增加每个小组合作的动力，增强取胜的信心，取得良好的合作效果。

我们班共有学生31人。我先按学生的个体差异、学习情况把班级里的学生按照4人一组分4组，5人一组分3组共计7个组。每个小组人员不要过多，这样的分组便于管理和沟通。接着每组由组员推选出一位责任心强、学习态度好、乐于助人、有一定组织能力的学生担任行政组长，他的主要任务是在教师的指导下组织全组人员一起合作学习，负责组员“学不学”的工作。然后每个组按照学科选出一位学科长，保证每个组员至少是一科的学科长，学科长负责组员这一学科“会不会”的工作。这样的安排可以充分调动学生的学习积极性，作为学科长的学生就会认真学习本学科的内容，因为他要负责全组人这一学科的学习，学习积极性自然会提升。这样就可以做到每个组“人人都是学科长，科科都有领头雁”。

下面我以语文教材《美丽的小兴安岭》一课，结合自己的教学实践谈谈语文教学中合作学习策略的运用。在课前我做了有关这一课的学习方案设计，如表10–1所示，这份方案设计不再以

教师的教为中心而是以学生的学为中心。

表 10–1 《美丽的小兴安岭》课堂学习过程设计

| 程序要素 | 时间 | 创设情境 | 教师行为 | 期望的学生行为 |
|---|---|---|---|---|
| 创设情境导入主题 | 2 分 30 秒 | 创设语言环境 | 【旁白】刚才课前三分钟的时间，同学们以小组为单位给大家补充介绍了一些有关小兴安岭的课外资料，我们收获很多。通过上节课的学习，我们初步了解了这篇课文的内容，那这节课我们继续来学习这篇课文。 | 1. 希望学生学习积极性高、做到专注。<br>2. 学生准备好《问题解决单》。<br>3. 学生代表板书课题。<br>4. 请杨雪彤同学主持本课学习。 |
| 自主学习合作讨论 | 9 分 30 秒 | 创设组内合作交流情境 | 【旁白】本文重点段落的学习有一定难度，上节课初步学习课文的时候，经过同学们的讨论，我们提出了一些问题，这些问题已出示在《问题解决单》上了。老师相信经过你们小组合作学习能够很轻松地解决《问题解决单》上的问题。下面，大家带着这些问题，再次走进文本，讨论解决疑难问题吧！<br>1. 教师巡回指导，适当评价。<br>2. 教师参与学生讨论，为学生提供指导性意见。<br>3. 特别关注田源、路北银、申钦东、范宇，帮助他们解决问题。 | 1. 学生表现出高度的参与热情。根据《问题解决单》进行自主学习。<br>2. 采用讨论学习“12345+2”策略，由学科长组织讨论，发挥学科长作用，关注小组内同学的学习情况。<br>3. 学科长指导将答案要点写在《问题解决单》上。 |

续表

| 程序要素 | 时间 | 创设情境 | 教师行为 | 期望的学生行为 |
| --- | --- | --- | --- | --- |
| 组间交流巡回解决 | 3分 | 创设组间合作交流情境 | 【旁白】看到大家学习都很积极、主动，老师很高兴，有哪位同学想做“小老师”，指导其他同学呢？<br>1. 教师巡回指导。<br>2. 教师进行启发性评价。 | 1. 学生主动到其他小组进行指导。<br>2. 学科长组织学生将答案要点写在黑板上，为展示做准备。 |
| 重点问题展示解决 | 10分30秒 | 创设展示交流质疑情境 | 【旁白】看到大家积极主动地讨论，老师很高兴，现在，请各小组展示你们的讨论结果，其他小组同学可以进行补充质疑。<br>第一个问题：小兴安岭一年四季中你喜欢哪个季节？这个季节中你最喜欢哪个景物？为什么？（小组选择季节进行展讲，先展读，再分析重点词句、总结特点，最后读出自己的喜爱之情，展讲的过程中配合自己的画作展示。）<br>第二个问题：为什么在写四季景色时都要写到“树木”？<br>第三个问题：为什么说“小兴安岭是一座巨大的宝库，也是一座美丽的大花园”？（可以结合课外资料说。）<br>1. 教师参与学生的学习活动，鼓励学生从不同侧面展示自己的见解。<br>2. 教师进行真实性、激励性、赏识性评价。 | 1. 学生以小组为单位，根据自己的理解对问题进行解读。<br>2. 在同学汇报中，其他学生要认真倾听。<br>3. 同学可以做补充。 |

续表

| 程序要素 | 时间 | 创设情境 | 教师行为 | 期望的学生行为 |
|---|---|---|---|---|
| 拓展学习 | 4分30秒 | 创设拓展学习展示情境 | 【旁白】<br>1. 作者按什么顺序来描写小兴安岭的？<br>（答：四季。）<br>2. 作者是怎样表达自己的喜爱之情的？<br>（答：抓住事物的特点描写、联想。）<br>3. 你对小兴安岭还有哪些了解？<br>4. 你还积累了哪些按四季顺序描写景物的文章或是写景文章中的优美词句？与大家分享。 | 1. 学生能够积极思考并回答老师提出的问题。<br>2. 学生之间相互评价。<br>3. 学生介绍拓展知识。 |
| 总结概括提升意义 | 10分 | 创设总结情境 | 【旁白】同学们，《美丽的小兴安岭》这篇课文生动地描写了小兴安岭一年四季的美，同时写了小兴安岭的富有，为人们创造财富。所以课文最后说"小兴安岭是一座美丽的大花园，也是一座巨大的宝库"。它们等着我们去欣赏，去开发，当然也需要我们的保护。 | 总结归纳，提炼升华。<br>1. 小组内积极讨论。<br>2. 各组派代表进行展示发言。<br>3. 今天希望3位同学总结性展讲。 |
| 板书设计 | 学生板书设计：略<br>教师板书设计：<br>美丽的小兴安岭 { 春天：生机勃勃<br>夏天：郁郁葱葱美丽、诱人<br>秋天：黄中透绿<br>冬天：一片银白 | | | |

**评析：**

该案例，授课者创建了小组合作学习的机制，构建了本土化的班级小组合作学习文化，一旦合作机制和合作文化创建，小组合作学习在课堂教学中的运用将可能成为一种教学常态。我们可以看出，小组合作学习的要素运用科学有效，譬如，小组规模适中、成员结构合理、任务角色分工明确，授课者能够更加重视合作学习的过程，教师在小组合作中及时介入指导，对小组活动做出即时评价。授课者能够通过小组合作学习策略的实施，达到优化教师教学策略的目的，并且能够有机融合，为学生的学习过程服务。

# 第十一章　探究式学习的策略

教育问题已经被越来越多的国家纳入了国家战略发展的高度，这与科学技术迅猛发展、国际竞争形势日趋激烈有着紧密的关系。我国二十世纪九十年代的教育课程改革是以培养学习者创新精神与实践能力为重点，目的在于改变传统教师教的方式和学习者学的方式。为此，新课程改革提出探究式教学的建议，倡导在学科教学中，面向学习者开展探究式学习。

## 第一节　探究式学习策略简述

随着我国基础教育课程改革工作的不断深入，改变传统以教师教为主的课堂教学方式，提倡学习者自主参与的探究式教学方式已经成为课堂教学改革的主要形式。国家新课标强调，科学探究既可作为学习目标又可作为教学方式。然而对于“探究式学习的界定”“探究式学习的意义”“探究式学习的特征”等问题，教师们的回答却不尽相同，甚至有的教师根本就不清楚。试想，如果教师们对学科课程标准中的关键词“探究式”的含义都不能辨清，又怎能保证具体学科当中的课程目标能得以良好的落实呢？

## 一、探究式学习的核心概念界定

### （一）探究式学习的发展过程

1. 传统探究式学习的体现

我国著名的思想家、政治家、教育家孔子就以启发式教学的思想探求学习者主动、自主学习的方式。在《论语》中就有相关方面的记载，如“敏而好学，不耻下问”“学而不思则罔，思而不学则殆”等。“博学”“切问”“近思”，是孔子启发式教学的基本思想。韩愈指出“行成于思毁于随”，强调独立思考、终身学习。孟子也强调“尽信书，则不如无书”。由此可见，探究式学习在我国教育领域很早就出现了。

西方古希腊著名的思想家、哲学家、教育家、公民陪审员苏格拉底（Socrates）的“问答法”，强调在教学习者学习知识的时候，不直接告诉学习者答案，而是先提出问题让学习者回答。如果学习者回答错了，不进行纠正，而是提出新的问题引导学习者再次思考，进而一步步得出最终结论。学习者在不停回答提问和讨论的过程中，主动形成观点并习得知识。这是自主探究的典型体现形式。

2. 近现代“探究式学习”在国外及我国的体现

纵观教育发展史，我们不难发现，探究式学习作为一种学习策略，历史悠久。“探究式学习”的思想在十八世纪就已经受到西方许多学者的关注与倡导，直到今天，“探究式学习”还是西方教学中主流的学习策略。在十八世纪末期十九世纪初期，教育家卢梭（Rousseau）、福禄贝尔（Frobet）、裴斯泰洛齐（Pestalozzi）等人提倡在教学中促进学习者的主动发展。卢梭的教育思想为探究学习的进一步研究奠定了基础，他的核心观点认为“教学习者如何去发现真理，比告诉学习者一个真理更重要”。由此可见，发现是人类与生俱来的能力，教育应当遵循人类的本性，只要是能从经验中学习到的内容，就不要用书本去学习。经验来自实践，来自探究。

二十世纪之前，探究对教育的重要性没有得到大多数教育者的认可，科学知识基本都是直接灌输给学习者。教育家第斯多惠（Diesterweg）在1853年提出了“探究发现”的教学思想，他提倡在学习科学教育的时候使用“探究发现”的基本理念和方法。教育家阿姆斯特朗（Armstrong）全面研究了探究发现法的目的、原则、内容和具体实施方法，而后提出了“科学教学中应采用探究发现的方法”的观点。

二十世纪初期，杜威（Dewey）、克伯屈（Kilpatrick）、康茨（Counts）、拉格（Rugg）为适应工业化发展和民主化的基本需求，提出“做中学”的观点并明确：社会需要什么样的人才，教育就应培养什么样的人才。杜威最早提出了在科学教育中应运用探究的方法，并创立了与之对应的“问题教学法”。

杜威在1909年的美国科学进步联合会谈道：科学教育在学习者习得知识的同时，更教会学习者进行科学研究的过程与具体方法。他强调的“做中学”（learning by doing），“做”即“探究”，“做中学”就是学习者在“做”中主动构建知识，其核心意义就是“在探究中学习”（learning by inquiry）。1916年，杜威在教育实践与研究中引入了探究法，并在《民主主义与教育》中系统地论证了“科学探究”在教学中的必要性。杜威认为，探究是学习者的本能，人的思维就是一个从疑难情境向明确情境转化的过程，一般包括问题情境、产生疑问、建立假设、深入推理和检查验证等五个方面。与之相对应的教学也应分为五个步骤进行：（1）提供一个学习者感兴趣的问题情境；（2）学习者在此情境中产生了疑问；（3）学习者通过收集信息，设法去解决问题；（4）引导学习者逐步深入并论证解决途径；（5）检查验证。杜威强调了学习者学习的自主性、探究性和真实性，改变了传统的教学方式。1933年杜威建立了“探究法”学习模式，不但使探究学习从理论层面转向了实践层面，更为“探究式学习”的建立做好了前期的准备。

二十世纪五十年代末布鲁纳（Bruner）的发现教学法取得了主导地位并引起了广泛的关注。布鲁纳虽然批判杜威的一些主张，但他的“发现教学法”与杜威的“问题教学法”在本质上是基本一致的，问题解决也是探究式教学中的一种重要的实施方式。

二十世纪五十年代末至六十年代初期，“探究式学习”在许多欧美国家及日韩等国再次掀起了研究的高潮。施瓦布（Schwab）教授指出：积极地投入到探究的过程中比其他学习方式更有效。……探究的方式既应该应用在教师向学习者传授科学知识的过程中，又应该应用在学习者学习科学知识的过程中。施瓦布提出：科学教师和学习者都应在特定的实验室中学习和验证科学实验的整个过程，用实验的结论来验证、解释和深化教材中的知识，向学习者解释相关的科学概念和原理。

施瓦布在教材和实验手册的编写方面提出了三点的建议：1. 教材或手册不要直接告诉学习者实验的结论，只需要给出与学习内容相关的一系列问题或者给出在研究问题的过程中可以应用的具体操作方法，最终促使学习者发现他们不知道或不确定的内容；2. 可以在教材中提出相关问题，但对于研究方法的选取和最终的研究结论应该是开放性的，让学习者根据自身的实践经验做出判断；3. 学习者的实践活动可以设计得更具开放性，可以是教材或手册之外的更有价值的研究问题。学习者通过收集相关数据资料，根据自身的实践活动提出具有科学性的结论。

施瓦布还提出了“对探究的探究”（“inquiry into inquiry”），也就是基于阅读文献资料的探究式学习方法。其具体实施步骤是：

1. 教师向学习者提供相关科学研究的阅读材料或专业性的研究报告。学习者阅读的这些资料一般包括几种不同类别的可以进行选择的解释，甚至有的内容可能会出现相互矛盾的实验结论以及对假设的不同争论观点等内容。2. 教师与学习者共同讨论研究过程中的问题、数据、技术的作用、对数据的解释以及科学家得出的相关性结论等各项细节。这种讨论可以让学习者更加深入地了解到科学知识产生的过程及各项基本要素。

二十世纪五十年代至七十年代的课程教材与杜威、施瓦布、布鲁纳和皮亚杰等人的研究息息相关。当时的教育改革中得到广泛传播的观点有两个，一是发展学习者的探究能力，二是把科学理解为探究过程。

施瓦布、布鲁纳、费尼克斯（Phenix）在科学学科领域设定了以培养“精英”为目标的课程改革运动。该运动推动了世界教育的发展与变革。美国著名的心理学家、教育家布鲁纳，提出了“发现法”，并论证了“发现学习”在学习过程中的合理性。1961 年，施瓦布教授在哈佛大学演讲时指出：传统的教学掩盖了科学知识的试探性及其不断发展变化的本质，只进行了静态的、结论性的描述。他在“探究式学习”中，希望学习者在探究学习的过程中都能够像科学家那样进行学习。他的研究对探究式学习的理论研究与可操作性研究起到了深化作用，使“探究式学习”在英国、美国得到了进一步的发展。

二十世纪八十年代，世界各国在基础教育课程改革的过程中开始尝试应用“探究式学习”的策略。“探究”作为一种学习方式，更作为课程的内容标准被提升到了一个较高的层次。1985 年，美国的“2061 计划”强调：学习者要利用探究的方式来学习科学的基本结构。随后美国又相继出版了相关的指导性参考书，例如《面向全体美国人的科学》《科学教育改革的蓝本》《科学素养的基准》《科学素养的资源》《科学素养设计》《科学素养导航图》《国家科学教育标准》等。英国在《1998 年教育改革法案》中提出的三大核心课程中，首次将培养学习者科学探究能力的科学课程与英语、数学等课程进行了并列。法国和德国在课程改革中均有针对性地设立了“动手做”“发现途径”和“设计学习”等课程。日本设立了“综合学习时间”课程，韩国提倡“学习者的自主学习”等。时至今日，探究式学习在国外的教育教学过程中依然具有极其重要的地位。

在我国，“探究式学习”的出现可以追溯到二十世纪七十年代小学自然学科。二十世纪八十年代，我国中小学教育中渐渐出现了“智力”或“创造”教育。1978 年“探究式学习”受到了一些人的关注，很多教师开始尝试使用这种教学法，并取得了一定的经验。教育部课程教材研究所的研究员任长松对探究式学习的理论进行了详细的阐述，他提出了进行探究式学习的策略和原则。

二十世纪九十年代，我国出现了以上海为代表的新型素质教育形式。1995 年，利用课题研究进行自主学习的内容已经出现在上海市部分中学活动课程的板块中了。“探究式学习”作为一门独立的课程为后续研究性课程的启动做好了必要的准备。1997 年上海在专项性与综合性课题研究过程中指出：教育应以学生的发展为根本目标，以学生创新精神与实践能力的培养为重点目标。1999 年，国内启动了以改变传统学习方式为主的基础教育课程改革，改革倡导“探究式学习”的方式。2000 年 1 月至 2001 年 6 月，教育部分别颁发了《全日制普通高级中学课程计划（试验修订稿）》《普通高中“研究性学习”实施指南（试行）》《基础教育课程改革纲要（试行）》，由此“探究式学习”在我国新课程改革中被作为重点提出。

我国颁布的《义务教育科学课程标准》及义务教育理科各学科

课程标准中均指出:“应将科学探究作为我国义务教育阶段科学课程的重要学习内容和一种有效的学习方式。”今天，我们不仅要看到“探究式学习”已在全国中小学学科教学中被广泛应用，更应该看到“探究式学习”与传统学习方式在教学过程中的合理应用问题，探究环境的创设问题，在具体学科中怎样使探究学习不流于形式的问题，有关探究学习的研究还需要更加深入化，更加微观化地不断研究下去等问题。

### （二）探究式学习的内涵

1. 探究的理解

我们把“探究”一词拆开来，“探”表示通过调查、探讨等方法获取事实的一个过程;“究”表示寻求“探”所获取事实原因的一个过程。“探”“究”两字合在一起，我们可以理解为“深入探讨，反复研究”。

在英语中，“探”字对应的是“explore”“try to find out”“call on”，意思是“寻求”“探索”“探测”“研究”;“究”字在英语中对应的是“study carefully”“investigate”，意思是“仔细研究”“调查”“研究”“审查”。“探究”在英语中翻译后可以对应“inquiry”，“inquiry”源于拉丁文的 in 或 inward（在，之中）和 inquiry（质询、寻找）[1]，可以理解为“question（质询）”“investigation（调查）”“asking（探问）”。通过对比我们能够发现，其实中英文中“探究”的意思基本相同。

《现代汉语词典》中对“探究”的解释是“探索、研究”，而对

---

1 “科学探究性学习的理论与实验研究”课题组. 探究式学习：含义、特征及核心要素［J］. 教育研究，2001（12）：52-56.

“探索”的解释是“多方寻求答案，解决疑问”。[1]《牛津英语词典》中“探究”的定义是：“探究是求索知识或信息特别是求真的活动；是搜寻、调查、检验的活动；是提问和质疑的活动。”

我国有些论著将 inquiry study 译成了研究性学习，导致有些研究者将“探究式学习”与“研究性学习”混用，造成了很多理解上的困惑。实际教学研究中，我们发现“探究”一词用于中小学的科学教育领域其意义更为准确，原因在于，《辞海》对“探究”的解释是指：深入探讨，反复研究。“研究”指用科学的方法探求事物的本质和规律[2]，“研究”比“探究”显得更加严谨和规范，“探究”比“研究”显得更有活力，符合青少年学习者年龄发展的特点。

美国《国家科学教育标准》中对“探究”的定义是：“探究是包含观察和提出问题等多层面的活动；研究已有的结论可以通过浏览书籍或其他相关信息资源的途径来进行；依据实验证据对已有的结论做出客观评价；学会用工具收集、分析、解释数据；提出有效的解答，解释并预测交流的结果。探究要求确定假设，进行批判的和逻辑的思考，并且考虑其他可以替代的解释。”[3]“探究”也指一种积极的学习过程，它要求学习者去做事，而不是把事情为学习者做好。[4]也就是说：应当让学习者去思考怎样做，而不是让学习者接受已有的结论。“探究”既蕴藏在学习的过程中又是学习者学习的目的之一。

---

1 中国社会科学院语言研究所词典编辑室．现代汉语词典：修订版［M］．商务印书馆，2002.

2 辞书编辑委员会．辞海［M］．上海辞书出版社，1999.

3 美国国家研究理事会，科学、数学及技术教育中心，《国家科学教育标准》科学探究附属读物编委．科学探究与国家科学教育标准——教与学的指南［M］．罗星凯，译．北京：科学普及出版社，2004.

4 National Research Council. (1996). The National Science Education Standards [M]. Washington DC: National Academy Press. 1996.

2. 探究学习的理解

国内外学者对于探究学习有着不同的理解，如郑金洲对于探究学习的理解为：学习者在教师的指导下，采用科学研究的方法主动地发现问题，进而对问题进行分析和研究，最终解决问题并获得相关知识的过程及活动[1]；施瓦布对于探究学习的理解为：儿童在主动学习知识的过程中，形成科学概念，掌握探究能力，进而养成对探究的积极态度[2]。这种认识上的偏差往往会导致实践中的不同结果。

除此以外，笔者认为探究学习的应用领域不能仅仅局限在科学探究。例如，从研究对象的角度进行划分，可以分为自然探究、社会与人文科学探究、人造事物探究、心理探究、数理逻辑探究及符号体系探究；从研究目的的角度进行划分，可以分为对象的性质、规律和特点的探究，解决问题的探究，抽象观念或复杂事物的探究，培养技能的探究；从探究方法的角度进行划分，可以分为观察、调查、实验、思考、分析、研讨、设计、制作。

就目前研究的范畴而言，将探究学习作为学习者的一种具体的学习方式来讨论，在界定概念时，更侧重于对探究形式的多样化和我国学习者的特点的描述。探究学习是指学习者借助教师的指导或者独立地从问题或任务开始进行的主动探究的学习过程与学习方式。在探究中，学习者在获得知识与技能的同时，端正了学习的态度。

3. 探究式学习的理解

探究式学习在我国的翻译中经常会被译为："探究学习""探究性学习"或"探究式学习"。这些概念表面上意义相近，实则各自侧重点不同。

---

1 郑金洲. 基于新课程的课堂教学改革［M］. 福州：福建教育出版社，2003.

2 钟启泉. 现代教学论发展［M］. 北京：教育科学出版社，1998.

徐学福指出：探究学习强调学习者要经历探究过程，能使学习者获得探究体验的学习才是探究学习。探究性学习更强调探究活动的是否可行。探究式学习注重探究的方式或基本步骤。[1]

探究式学习作为一种教学策略，不同于科学家的探究活动，它必须满足学习者在短时间内学到学科的知识和结构，因此这个过程在大多数情况下都要被适当简化。例如，在提出问题环节中，大部分的教学活动都是由教师或教材直接提出问题。在获取事实环节中，一般是根据教师或教材提供的资料来确定研究方法、步骤及所用材料等。

综上所述，我们可以将“探究式学习”理解为：教师从具体学科领域或与教学内容相关的现实生活中选择并确立主题，在学习者不清楚或不确定基本知识内容或规律的前提下，由教师创设适合学习者进行探究活动的问题或情境。学习者在问题或具体情境中，经历主动寻找或发现问题，查找、收集和处理相关资料，实践、交流与表达探究结论等活动的过程。学习者在探究活动过程中获得知识的同时感受到的各种体验，从中学会搜集资料，提高分析与判断能力，发展情感、态度与价值观的积极的学习过程与方式。

## 二、探究式学习的意义

### （一）探究式学习有利于培养学习者创新与实践能力

探究式学习依托学习者的兴趣爱好或好奇心，让学习者在教师精心设计的良好的探究环境中自主生成强烈的探究欲望，发展创新意识与实践操作能力，学习者在主动参与获得知识的过程中逐步形成独立自主的探究意识，不断提升自身的探究能力，形成积极主动的创新精神。

1 徐学福. 探究学习的内涵辨析［J］. 教育科学，2002（3）：33–36.

### （二）探究式学习有利于促进教师队伍整体能力的提升

教师成为学习者完成探究式学习过程中参与者、引导者和帮助者的角色。在探究式学习中教师自身要具备较高的探究素质，探究的内容、过程及结果的不确定性，决定了教师不但要具有先进的教育理念，更要具备较高的知识水平和较强的能力素养。由此可见，探究式学习必然会促使教师不断自觉地进行自我提升，进而提升教师队伍的整体能力。

### （三）探究式学习有利于完善学校各项管理制度

在探究式学习中，教师的教学工作需要在科学合理的管理制度和开放、和谐的校园文化环境下进行。学校各职能部门、各学科教师之间良好、高效的配合是探究式学习顺利开展的必要保障。学校管理者自身的管理观念、管理能力也会受到探究式学习理念的影响而不断地进行改进与提升。

### （四）探究式学习有利于建立和谐平等的师生关系

探究式学习改变了传统意义上教师是真理的拥有者、对学习者有着至高无上的权利的认识。教师必须树立以学习者为主体、为学习者学习服务的思想，要变成学习者学习的参与者、促进者和培养者，指导学习者学会如何去获取、发现和探究自己所需要的知识。因此，探究式学习有利于师生之间关系的改善，使师生成为真正的合作者。

### （五）探究式学习有利于促进学校、家庭与社会的合作教育

探究式学习要求教师在开展探究式教学时能够合理利用各种社会资源，与学校、家庭和社会开展合作教育。这种合作教育有利于促进学校与家庭、社会的密切联系，整体提升社会化的先进教育理念，建立共同为学习者成长服务的新型的合作关系。

## 三、探究式学习的特征

不同专家从不同角度对探究式学习的本质特征进行过诠释。如郑金洲认为，探究式学习的特征主要是：综合、开放、主动、自主、探究、创造、实践、过程、互动、灵活、层次与超越[1]。

探究式学习基本特征的掌握能够帮助我们更好地实施探究学习。综上所述，我们将探究式学习与传统接受学习对比，发现其基本特征如下：

### （一）问题性

人类产生学习动机的最根本原因就是问题。探究式学习应抓住问题为核心进行学习，学习者以问题的发现、提出、分析和解决来创设学习活动，进而形成问题意识，催生出更多的新问题。发现、提出、分析及解决问题的过程应伴随在整个学习过程中。问题质量的好坏决定着探究的有效性，因此这些问题应是学习者在教师的指导下可以自主探究的，既可以是封闭型的，也可以是开放型的。

### （二）开放性

探究式学习要求在课上学习和课后学习中，能够为学习者提供一个较为宽松并有利于进行相互交流的学习环境。在学习地点、内容、方式和思维开放的同时，还应提供给学习者更多知识获取的方式和渠道。教师要为学习者提供综合的学习机会，围绕问题组织多方面或跨学科的学习内容；整个学习过程应跟上时代的步伐，时刻与外在世界保持生动的联系。

### （三）主动性

探究式学习要求学习者在主动制定学习目标的同时，积极进行

1 郑金洲.基于新课程的课堂教学改革［M］.福州：福建教育出版社，2003.

与之相关的学习活动。在活动中，学习者的创新意识及实践能力得到了良好的发展和提升。肖川提到：学习者应在探究式学习的过程中，主动地、能动地建构知识，进而获得自身发展[1]。

### （四）引导性

在探究式学习中，教师选择的材料要具有一定的典型性，通过精心设计教学组织和教学管理活动，引导学习者探索新知，促进其全面发展。在探究学习中，教师应积极调动学习者的主动性并引导学生积极参与探究，帮助学习者进行更深一步的自主分析与思考。教师要把重点放在创造条件、引导和激励学习者进行探究和发现上。探究式学习将教师的作用提升到一个很高的层次，要求教师在学习者学习的每个时段都要对探究活动进行一定的引导。教师在探究活动中应根据学习者的能力水平不同程度地发挥其主导作用，让学习者逐步掌握独立探究学习的方法。

### （五）研究性

进行探究式学习时必须合理运用一定的科学研究方法，例如，观察法、实验法、文献法、调查法、历史比较法等。为了使探究式学习能够达到预期的目标，在研究过程中应培养学习者遵循相对规范的研究步骤来对问题展开学习。

1 肖川．教育的真义：价值引导与自主建构［J］．上海教育科研，1999（3）：10–12，17．

# 第二节　探究式学习的基本操作程序及具体策略

探究式学习在我国教育体系中主要体现在学科教学和研究性学习两个方面。探究式学习是一种强调学习者进行自主学习的方式，因此，在理科课程中（如物理、化学、生物、地理、数学、通用技术、信息技术）应用的比较广泛，近些年，在语文、历史、艺术、外语等课程的学习中也有了一定程度的体现。

张熊飞指出：探究实质上就是人在学习过程中，从感性认识过渡到理性认识的过程，这个过程适用于每个学科的每个概念和规律[1]。探究式学习的一个方面是研究性学习，它通过学习者经历整个研究的过程，对真实问题的研究，初步掌握基本的科学研究方法，感受科学探究的意义、精神和方法。为了使我们的研究更具有普适性，我们将主要针对一般学科课堂教学中的探究式学习进行讨论。

## 一、探究式学习的分类

通过对探究式学习不同分类形式的研究，我们发现可以从以下四种角度对其进行分类：按照表现形式可分为课题研究、综合课程中的探究、学科教学中的专题探究；按照教师或学习资料引导的程度可分为定向探究和自由探究；按思维方式可分为归纳探究和演绎探究；按照探究的具体实施方式可分为问题类探究、讨论类探究、实践类探究和演示类探究等。我们研究的探究式学习主要指的是课堂中的探究式学习，因此，采用上述的最后一种分类形式比较好区分，也最具时效性。

1 张滢. 把教学规律具体化还有很长的路要走［M］. 中国教育报，2007-08-05（4）.

### （一）问题类探究

问题类探究是指教师事先设定能够引起学习者探究兴趣的问题，或引导学习者发现感兴趣的探索性问题，进而引导学习者进行积极思考并开展下一步的探究活动，最终尝试解决问题，学习者在活动中形成探究意识和能力。

教师在运用问题类探究时应紧密联系实际生活中的真实问题创设情境，引发学习者认知的矛盾，激发学习者进行探究的欲望。在活动中，教师应鼓励学习者依据自身的理解发表看法或尝试解决问题，自主构建知识。在探究过程中，教师应关注学习者思维过程中的合理成分，对学习者的回答及时做出积极的鼓励性评价或总结，使学习者的情绪处于最佳状态，利用问题情境的设置和变换积极引导学习者探索新知识和新问题。

### （二）讨论类探究

讨论类探究是指学习者在教师的引导下，按照提出问题、研究问题、相互交流问题、合作解决问题的方式，以全班或小组讨论的形式紧紧围绕问题情境展开讨论进行学习。

讨论类探究在高年级学习者的教学过程中应用得较为普遍，使用方法非常灵活，既可以贯穿于课堂教学的全过程，也可以作为一种辅助的教学方法应用于课堂教学的某个环节中。在课堂中，学习者围绕某个主题学会使用科学的思维方式进行讨论，进而提高发现、提出、分析及解决问题的能力。教师应帮助学习者选择有讨论价值的问题，引导并激励全体学习者积极参与，紧紧围绕某个主题进行讨论探究，并在结束时客观地进行有针对性的评价与总结，使学习者学会用科学的思维方式进行问题的研究。

### （三）实践类探究

实践类探究是指教师指导学习者利用计算机软件、仪器或工具等，围绕某个问题开展研究。在研究过程中通过设置不同的限定条件，采用对比或观察实践结果的方式对科学概念或原理进行学习，在验证实践结论中获得知识并提升探究能力的学习过程。

教师在进行教学时，应充分体现出学习者的主体地位，鼓励学习者进行独立思考、大胆尝试和自主实践操作，帮助学习者进行必要的总结或撰写出比较规范的实践研究报告。

**（四）演示类探究**

演示类探究是指教师利用多种感性材料进行呈现，或采用规范性的演示操作等手段指导学习者获得知识的学习过程。

教师应用演示类探究进行教学时应注意明确概念或原理，针对学习者的特点选择容易激发学习兴趣和探究热情的案例及演示方式。在学习者学习的过程中，教师应进行有必要的指导与帮助，在学习结束时，教师应引导学习者认识到现象的本质。

## 二、探究式学习的实施模式

探究式学习策略虽然已经被大多数一线教师认可，但由于对其认识得还不够深入，造成了教学实施过程中的偏差，其实践结果往往难以令人满意，有时甚至引起了教学过程的混乱，降低了教师对“探究式学习”的信任，转而又采用了传统的灌输式方法进行教学。因此，探究式学习基本实施步骤的明确显得尤为重要。

探究式学习作为一种学习策略，根据具体情况的不同必然有其实施条件、实施步骤和适用的范围。通过研究我们发现，探究式学习一般出现在两个方面：一方面是传统的学科教学特别是理科教学（数学、物理、化学、生物等）；另一方面是与我国课程改革相适应的新课程（综合实践活动、研究性学习、通用技术等）。我们总结出了几种具有代表性的探究式学习的实施模式，仅供大家参考，希望大家在实践中能够对具体问题具体分析，确定出适合自身教学的实施步骤。

**（一）发现模式**

布鲁纳认为，教学应该是学习者在教师的引导和帮助下主动发现知识的过程。科学家和学习者获取知识的过程仅仅在程度上有所区别，本质上是相同的。

发现模式可划分为以下五个步骤：

步骤一：创设情境。教师提出和明确使学习者感兴趣的问题，并让学习者带着问题观察，发现有用信息。

步骤二：制定假设。学习者将相对分散的材料进行重组，形成有序的思路和假设。

步骤三：验证假设。学习者利用实践操作对提出的假设进行验证，若假设不成立，就需要制定新的假设，并再次利用实践操作来对新假设进行验证。

步骤四：总结评价。对发现的结果进行评价，从而强化学习的动机，改进学习的方式。

步骤五：能力拓展。学习者应用新获取的知识技能尝试解决实际问题。

**（二）训练模式**

萨奇曼（Suchman）认为，学习的目的在于让学习者掌握科学家用来组织知识、形成原理的各种方式，教会学习者进行科学探究的一般程序及某些技巧。因此，这一模式特别强调让学习者掌握科学探究的过程，主要由五个步骤组成：

步骤一：问题展示。教师首先提出一个能够激起学习者强烈好奇心和探究欲望的问题情境。教师在呈现问题时首先要保证这些问题是学生可以解决的，其次要确保所有学习者都能够理解要回答或要解决的问题。

步骤二：提出假设，收集资料。学习者在收集某些问题的相关资料时，教师充当信息资料的提供者并回答学生的问题，但不向学习者做出任何解释和分析。

步骤三：提出新假设，再收集资料。当收集到的资料不能验证假设时，就要进行此步骤。这一步应直到被收集到的资料能够验证假设时才能终止。

步骤四：生成结论。这时，学习者的主要任务是做资料整理工作，把资料与假设联系起来，得出结论，并且论证结论。

步骤五：反思探究的整个过程。反思的主要内容是：如何从自身原有的知识经验中找出解决问题的途径；需要从哪些方面进行资料的收集与整理；怎样避免收集到的资料与问题无关；怎样进行设问才能少走弯路，等等。

**（三）融合模式**

学习者要在课堂上像历史中的某位科学家一样探究某一种已经研究过的问题。这种模式主要由六个步骤组成：

步骤一：再现科学现象。教师首先通过演示或描述某一特定现象（此现象在历史中已经被科学家研究过了），把学习者的注意力集中到这个现象上，并把这个现象变成需要解决的问题。

步骤二：发展学习者观点。教师鼓励学习者对现象做出各种可能性的解释，但教师在这个步骤中不做是非判断，仅调动学习者积极且创造性地进行想象、思考、表述自身的观点。

步骤三：学习相关科学史。通过教师口述、课本内容、多媒体材料等多方面介绍早期科学家探索这一现象的事例，提供历史上的相关背景材料及各类不同的观点，与此同时，教师应按照时间的顺序或者事件的发生顺序简单地梳理历史上对此问题的研究情况。

步骤四：自主设计验证实验。将学习者提出的各种可行性观点和历史上提出的各种观点汇总在一起提供给学习者，再由学习者经过认真分析选定自己认为正确的观点，鼓励学习者去设计相关验证实验。

步骤五：实验验证。先由教师讲解教材上的结论，此时教师不要轻易否定或肯定学习者的观点。随后，学习者验证自己选定的观点，验证的结论会帮助学习者接受科学的结论。

步骤六：小结评价。帮助学习者深刻认识到科学探究的过程以及科学观念。

**（四）社会探究模式**

教会学习者应当怎样对社会问题进行思考是社会探究模式的主要目的。假说的提出和求证是整个社会探究活动的核心。在探究过程中，学习者不但要学会给问题下定义，更要学会从多方面、多角度去看待问题，对大量相关数据进行整理并加以总结。社会探究模式分为以下六个步骤：

步骤一：确立研究对象。教师或学习者将社会某领域或现象确立为当前的研究问题，并对问题展开探究。教师在这个过程中引导学习者对问题产生浓厚的兴趣，并帮助学习者简要概括出需要进一步探究的问题。

步骤二：假说。在这一过程中有可能会出现很多种假说，这些假说应该能够清晰地表达出对现象的解释。

步骤三：定义。假说的各个方面在这时都应被清晰化并且明确定义。

步骤四：深化。此步骤要从假说的内涵以及相关推论的角度加以深入研究。

步骤五：求证。搜集事实和证据来支持假说。

步骤六：概括。当有唯一的假设成立时，我们应总结出一个尽可能好的陈述；当有两个或以上的假设同时成立时，应该在确定它们各自优势和劣势的基础上一同被保留下来。

## 三、探究式学习的评价

探究式学习的评价是教学过程中的一个重要环节，贯穿了整个教学过程的始终，为被评价者提供多元化的反馈，促进其发展。探究式学习的评价除了应遵循科学性、客观性、有效性等原则以外，还应遵循探究式学习独特的评价原则与方法。

### （一）探究式学习评价的主要原则

1. 形成性评价原则

探究式学习注重学习者学习的全过程，在学习之前、之中、之后都可以进行评价。评价时更加关注学习者在学习过程中表现出来的对于学习的态度，强调学习者的亲身经历与情感体验，重视对学习者在发现问题、提出问题、分析问题和解决问题过程中的综合能力和独特见解的评价。

探究式学习承认并尊重学习者的个体差异，教师必须以发展的眼光看待学习者，强调在探究过程中关注学习者个体的发展。因此，探究式学习评价更多采用的是形成性评价和终结性评价。只有这样才能客观收集到有关学习者学习的信息，更好地发挥评价的激励功能和导向功能，更加客观地评定学习者的学习效果。

2. 多元化评价原则

探究式学习注重学习者个体活动、注重学习的全过程，其评价依据是多元的。评价者可以是某位教师或教师团队，可以是学习者的家长，可以是全体学习者或学习者本人，甚至还可以是社区里、企业里及相关部门的人员，等等。从评价对象的角度来分析，可以是学习者参与活动的态度和表现，可以是学习者探究活动中的讨论和活动记录，可以是学习者参与活动的行为表现和学习结果，可以是学习者综合使用学科知识解决实际问题的能力，可以是学习者一次或多次参与活动前后的比较，更可以是学习者的各种学习成果。从评价方法的角度来分析，可以是师评、生评、互评、组内评、组间评相结合，可以是对书面材料评、对学习者报告、活动及展示评，可以是定性或定量评，可以是诊断性、形成性和终结性评。

### （二）探究式学习的评价方法

1. 档案袋评价技术

档案袋评价，又称文件夹评价，是指把显示学习者学习成就或进步信息的表现、作品、评价结果以及相关记录和资料汇总起来，展示学习者学习的真实状况。这种评价重视发展过程，是有目的、有意义的收集学习者与学习目标相关的材料，从多角度判断每个学习者的学习过程。

档案袋的建立要在教师指导下进行，学习者既是档案袋中内容的选择者又是作品质量高低的控制者。档案袋里的资料包括：观察所得的信息、实践操作所得的成果或考试信息。对档案袋内容的评价至少需要从两个方面来进行：一是对收集的材料进行分项评价；二是对材料进行整体综合评价。在档案袋评价中，应制定相应的等级评价标准。

2. 表现性评价技术

表现性评价是指通过观察学习者在完成实际任务时，运用自身掌握的知识和技能进行班级参与和课堂讨论的各种表现。这种观察可以是非正式地在教学中随时观察，也可以是有意识地了解学习者学习活动中表现出来的特点。教师在一段时间内加以整理分析，并主观评价学习者已经取得的发展成就。

3. 成果展示评价技术

学习者个体或小组将其在探究活动中取得的成果（收集的材料，制作的卡片、图片，对材料的分析处理，对问题的设想论证，知识在实际生活中的应用与体现，模型的制作及小论文）以实物、成果、报告会、讨论、黑板报和展板的形式进行展示。

# 第三节　探究式学习的案例及评析

**案例：**

## 设计的一般原则

北京汇文中学　马丽娜

### 一、学习者分析

高二学生有一定的生活经验，能够模仿生活中已有产品进行一些简单的设计制作，但大多是一些零碎而非系统的、自发而非自觉的、感性而非理性的模仿技能。9班学生有活力、喜欢动手，能积极参与和相互合作，同时能比较恰当地表达自己的想法。前一节“设计的一般过程”中，学生体验了制作，并不自觉地运用了某些设计的原则。国庆节的作业中自制了“地铁一角”的模型，根据“最近发展区”理论这都为本课的学习奠定了知识基础。

学生对设计的一般原则的识记并不困难，主要是让学生通过自主的探究活动，理解设计的一般原则及其相互关系，从而对设计的一般原则形成全面的、联系的、主次的辩证观和初步运用设计的一般原则评价产品的能力。

### 二、教学内容分析

通用技术必修模块“技术与设计”第三章第二节《设计的一

般原则》（江苏版）主要阐述了产品设计过程中应遵循的基本原则（创新、实用、经济、美观、道德、技术规范、可持续发展）及其各个原则之间存在相互制约、相互联系的关系。本节内容是全章的重点，是后续各章节知识的结集点。设计的一般原则既是设计的规范，又是评价的尺度。学生通过对设计的一般原则及原则之间关系的理解，内化为初步运用设计的一般原则评价产品的能力，并为“能制定符合一般原则和相关设计规范的完整设计方案（课标要求）”做知识准备。

## 三、实施探究式教学策略

本节课学生在教师的指导下，通过独立阅读和小组合作的学习方式对设计的一般原则进行自主学习、深入探究并进行交流，最终学生结合生活实践较好地掌握了设计的一般原则并能灵活应用，同时更加了解了设计，对其产生了浓厚的兴趣。具体地说，先通过教具和图片创设了情境；在此基础上，通过网页博客给出阅读资料，让学生自主浏览网页做出评论以启发学生的思考；接着，学生组内接受任务，合作学习互相帮助；然后把各组的想法进行展示交流，初步形成一些学习成果；最后，在教师的提问和引导下，完善零散的认识，收获学习成果。整个过程教师的主导作用和学生的主体能动性相互结合，共同发挥作用。

## 四、教学目标

### （一）知识与技能

1. 初步理解设计的一般原则。

2. 了解设计的一般原则之间存在相互关联、相互制约的关系。

3. 初步学会用设计的一般原则来评价某些产品。

4. 初步养成利用设计的原则解决实际问题的能力。

### （二）过程与方法

1. 通过了解北京地铁现状，体会设计的一般原则。

2. 在设计一般原则的学习过程中，能够仔细倾听其他同学的发言，有将自己的理解用语言表达出来与其他同学交流的愿望，体验协作学习的过程和方法。

（三）情感态度和价值观

1. 通过生生合作和对北京地铁的分析，增强对技术设计中人文因素的理解，初步形成创新意识和“以人为本”的设计理念。

2. 提高审美情趣以及对个人、社会、环境的道德责任观念。

## 五、教学重点

教学重点：对设计的一般原则的理解。

教学难点：对设计原则之间相互联系、相互制约关系的理解。

## 六、教学过程

**表 11–1 教学设计**

| 步骤 | 教师的教学活动与控制 | 学生的学习活动 | 设计意图 |
|---|---|---|---|
| 导入新课 | 出示谜语，公布谜底。答对给小组加 1 分。指出这节课就是想带大家走进北京的地铁，来看看北京的新地铁能带给我们什么启示?<br>展示图片反映新旧地铁的对比。大家觉得新设计怎么样?（停顿）好不好?“无规矩，不成方圆”，是否存在一定的标准来衡量设计的优劣呢?设计是否有原则可循呢? | 全体学生积极思考<br>预设：地铁<br>预设：新列车比旧列车更先进，新站台比旧站台更安全，新车站比旧车站更美观。 | 使用教练策略，通过猜谜吸引学生，促使其很快进入学习状态。<br>图片吸引学生，创设地铁情境。 |

续表

| 步骤 | 教师的教学活动与控制 | 学生的学习活动 | 设计意图 |
| --- | --- | --- | --- |
| 导入新课 | （停顿）今天我们就一起来学习“设计的一般原则”。<br>板书：设计的一般原则。<br>明确学习目标：<br>1. 了解设计的一般原则；<br>2. 了解各原则的相互关系；<br>3. 学会初步应用设计的一般原则。 | | |
| 探究学习 | 通过四个任务达到学习目标。<br>明确任务一：<br>1. 打开页面“设计的一般原则”，从左侧栏进入小组资料；<br>2. 阅读资料并填写资料分析；<br>3. 在资料后做评论；<br>每个学生独立进行，限时 5 分钟。给最快的小组加 1 分。<br>进行任务一（学生控制电脑），开始计时。<br>加分表扬。<br>快的同学可以看补充资料。 | 完成任务一：<br>打开博客，查找本组资料，独立阅读，填资料分析，做评论。<br>阅读，填写，评论 | 给学生独立学习的时间和环境，提供丰富的学习资源和网络交流平台。针对学生缺乏网络学习的经验，要细致具体地引导学生自主学习的每一步。 |

续表

| 步骤 | 教师的教学活动与控制 | 学生的学习活动 | 设计意图 |
|---|---|---|---|
| 探究学习 | 结束任务一并评价（教师控制电脑），然后组织小组讨论进入任务二。明确任务二：<br>1. 讨论资料分析的答案；<br>2. 共同完成“陈述要求”中所有问题；<br>3. 选出表达清楚的陈述人，选出电脑操作熟练的广播人，配合陈述人陈述。 | 统一组员观点，填写“课堂分析用表”，准备要陈述的主要内容。确定陈述人和广播人。 | 在独立学习的基础上进行合作学习。进一步思考，深入分析，取长补短，形成小组观点。 |
| | 结束任务二（教师控制电脑）并评价。<br>明确任务三：<br>本组陈述时，陈述人、广播人配合展示学习成果；<br>他组陈述时，注意听，同时填写小组评价量表，积极回答同学提问。 | | 通过小组评价量表，再一次用教练策略调动学生学习积极性。也为了引导学生去学习和思考别的组的资料，保证学习效果。让每个学生在课堂上都有明确而具体的学习任务。 |

续表

| 步骤 | 教师的教学活动与控制 | 学生的学习活动 | 设计意图 |
| --- | --- | --- | --- |
| 探究学习 | 开始任务三（小组控制电脑）。<br>第一组分析资料一：<br>1. 北京地铁中的创新应用。<br>资料一中的四个新设计体现了设计的四个创新途径：材料使用的创新，工艺改变的创新，新技术引用的创新，功能组合的创新。创新是设计的核心，设计因创新而魅力四射。<br>评价学生表现。<br>板书：创新原则。 | 一组陈述人：<br>预设：我们了解到地铁建设中的新材料、新技术、新工艺，觉得设计需要科学的支持。我们认为这些材料体现的设计原则是：创新原则。展示组内其他成员评论。<br>其他组听讲，并且填写小组评价量表。 | 分享一组学习的成果。 |
| | 第二组分析资料二：<br>2. 地铁中的实用设计。<br>二组同学让我们了解了地铁的很多新功能。新地铁更安全、更宜人，功能更完善，这些均体现了设计的实用性。实用是设计的基础。<br>评价学生表现。<br>板书：实用原则。 | 二组陈述人：<br>预设：我们了解到地铁中有安全锤、报警器、摄像头、监视器和安全疏散标志，还有很多方便残疾人的无障碍设计，最后还了解了西线的有关问题。我们觉得设计需要方便原则、宜人原则、安全原则、功能强的原则。 | 分享二组学习的成果。 |

续表

| 步骤 | 教师的教学活动与控制 | 学生的学习活动 | 设计意图 |
|---|---|---|---|
| | | 展示组内其他成员评论。<br>其他组听讲，并且填写小组评价量表。 | |
| 探究学习 | 第三组分析资料三：<br>3. 地铁中经济的设计。<br>我们知道地铁需要大量的资金投入，经济的设计尤为重要。注意：经济原则不是意味着越便宜越好，价廉质优才是我们想要的。<br>评价学生表现。<br>板书：经济原则。 | 三组陈述人：<br>预设：我们了解到北京地铁中能省钱的一些设计，有减少司机节省人力，有改进后的空调通风系统，还有低成本的隧道广告。我们知道地铁是很耗费资金的，需要更多突出经济性的设计。<br>展示组内其他成员评论。<br>其他组听讲，并且填写小组评价量表。 | 分享三组学习的成果。 |

续表

| 步骤 | 教师的教学活动与控制 | 学生的学习活动 | 设计意图 |
|---|---|---|---|
| 探究学习 | 第四组分析资料四：<br>4. 美丽的地铁风景。<br>美观原则受消费者、产品功能、技术、文化传统等多方面影响，通常表现为造型美、色彩美、图案美等等。美观往往建立在实用的基础上。<br>评价学生表现。<br>板书：美观原则。 | 四组陈述人：<br>预设：欣赏了北京地铁的美丽，学会从造型、色彩、材料、装饰图案等方面达到美观的效果。<br>展示组内其他成员评论。<br>其他组听讲，并且填写小组评价量表。 | 分享四组学习的成果。 |
| | 第五组分析资料五：<br>5. 地铁广告引起的道德风波。<br>设计如果伤害人的身体或心理，那么一定是失败的设计。这样的设计一般不容易立刻被发现，所以我们更得警惕。<br>评价学生表现。<br>板书：道德原则。 | 五组陈述人：<br>预设：我们了解到地铁里有些不道德的现象，广告侮辱消费者，影响成人和小孩子的心理。展示组内其他成员评论。<br>其他组听讲，并且填写小组评价量表。 | 分享五组学习的成果。 |
| | 第六组分析资料六：<br>6. 地铁中的技术规范。<br>技术规范是设计发展到一定程度才出现的，随着设计的发展而发展，既有强制的，也有推荐使用的。前者为防止出现伤害事故，后者多为保证优良的产品品质。 | 六组陈述人：<br>预设：了解了地铁中达到的一些技术规范，如：焊接、无障碍设计达到国际标准、火警和查询系统、插座插头等等。认识了一些规范标识。由此我 | 分享六组学习的成果。 |

续表

| 步骤 | 教师的教学活动与控制 | 学生的学习活动 | 设计意图 |
| --- | --- | --- | --- |
| | 技术规范不容易被我们觉察，但是很重要。<br>评价学生表现。<br>板书：技术规范原则。 | 们觉得设计需要标准化的原则。展示组内其他成员评论。<br>其他组听讲，并且填写小组评价量表。 | |
| 探究学习 | 第七组分析资料七：<br>技术和设计发展到一定程度才会考虑到可持续发展的问题，它不能带来立竿见影的利益，长远地看非常重要。<br>评价学生表现。<br>板书：可持续发展原则。 | 七组陈述人：<br>预设：我们知道在设计时要环保、节约、保护自然，否则会损失巨大。我们觉得设计要符合保护人和自然环境这一原则。展示组内其他成员评论。<br>其他组听讲，并且填写小组评价量表。 | 分享七组学习的成果。 |
| | 综合七个组的分析，我们知道设计的一般原则有：创新、实用、经济、美观、道德、技术规范、可持续发展。创新原则是设计的核心，实用原则是设计的基础。不分先后，不同的设计侧重不同。这七个原则是设计的一般原则，通用且有普遍性，同学们有兴趣还可以再研究，今天我们就不再深入了。 | 思考 | 总结提升学生对七原则的认识。 |

续表

| 步骤 | 教师的教学活动与控制 | 学生的学习活动 | 设计意图 |
|---|---|---|---|
| 巩固加深 | 质疑：资料一中创新原则的例子“新列车”是创新原则吗？有创新吗？我怎么觉得应该是第三组的经济原则呢？因为车身用了不锈钢原色，节省了涂料。好像是第七组的，新列车大大减少了噪音，减轻了噪音污染也就保护了环境，这当然是可持续发展原则了。 | 学生会突然迷惑，思考后明白过来，设计的原则不是彼此独立，互不相干的，它们彼此联系。 | 用设疑的方式促使学生思考然后顿悟，思想上的冲击利于学习的深入。 |
| | 让同学明白新列车省资源环保，省涂料经济，易清洁，大大减少噪音污染保护了环境。各原则相互联系。<br>展示模型：<br>1. 地铁扶手；<br>2. 美丽的地铁站；<br>3. 实用的进出口。<br>模型 1 实用而美观。<br>模型 2 美观而实用，各原则有时是相互制约的。<br>模型 3 实用但在现实中实施有困难，或没有必要。 | | 模型直观地让学生认识到各原则相互联系、相互制约、相互影响。 |

**续表**

| 步骤 | 教师的教学活动与控制 | 学生的学习活动 | 设计意图 |
| --- | --- | --- | --- |
| 小结拓展 | 总结归纳知识点设计的一般原则和各原则关系。 | 填写总结，落实知识点。填写自我表现评价。 | 落实所学的知识点，通过填写对自己的评价，引导学生学会自评。有意识地用评价结果指导自己完善学习。 |
| | 公布各组积分，鼓励学生。<br>布置作业：用设计的原则，从过程和结果两方面对自己的模型做评价。 | 比较自己和他人，本组和其他组的差异，分析原因。<br>记录作业。 | 淡化得分和名次，激励更多的学生。 |

| 学习效果评价设计 |
| --- |
| 评价方式：<br>1. 学生评价自己、本组的成员、本组表现。<br>2. 非本组学生对小组进行投票，写描述性评论。<br>3. 教师呈现学生评价后，从过程和结果两方面对小组进行口头评价。<br>4. 师生共同评选表现突出的学生，给予鼓励，树立榜样。 |

续表

评价量规：

小组（他评）评价量表

评价人____________

每项满分 3 分，1 分达不到，2 分基本达到，3 分很好

| 组别 | 声音是否清楚 | 语言是否流畅 | 仪态是否规范 | 观点是否合理 | 网页和陈述是否同步 | 发表评论是否恰当 | 合计 |
|---|---|---|---|---|---|---|---|
| 第一组 | | | | | | | |
| 第二组 | | | | | | | |
| 第三组 | | | | | | | |
| 第四组 | | | | | | | |
| 第五组 | | | | | | | |
| 第六组 | | | | | | | |
| 第七组 | | | | | | | |

## 七、课后反思——科学引领打造高效课堂

本节课的内容是两个课时，教材上采用的是零散的例子。本课用北京地铁一个例子，贯穿了七个原则，因为七个原则本身是紧密联系的，所以一个学习载体有助于先突出再综合分析，一个课时就完成了教学任务。学生普遍反映对教材上的内容一看就懂，安排在了补充资料里，同时，借助博客扩展学习内容。

学习是学生根据自己的经验，对外部信息进行主动选择、加工和处理的过程。为了丰富学生的经验，国庆长假后举办了“我设计的地铁一角”模型展。要求每人制作一个模型，挑选部分作品展出。这些前期准备是为了让学生在有体验的基础上能领悟这节课的知识。

猜谜的活动调动了学生情绪，接着，图片中新旧地铁的对比，把学生自然地引到了学习的状态。随即由新地铁中的亮点提出问题："设计是有规律可循的吗？设计的优劣是否有衡量标准？"明确本节课的任务是研究"设计的一般原则"。这样的引入就是为了简短而迅速地抓住学生注意力。

接着进入了任务驱动下的学习过程，为了发展学生的"探究式学习"能力，只向学生提供解决该问题的有关线索。在网络屏蔽技术的支持下，借助博客平台汇集了丰富的北京地铁资料，给学生营造了自主浏览和讨论的学习环境，并通过填写课堂学习流程控制学生的学习方向，力求把教学活动组织成一个在教师指导下的学生自主探索过程。

网络学习的困难在于控制课堂。在这个教学设计表中，明确的学习任务和教师指令是控制网络课堂的制胜法宝。有了具体详细的课堂流程，学生面对网络就不会不知所措，盲目兴奋，学生就会按我们的设计一步步完成学习任务，体会到网络学习的美妙。

本课主要以小组形式组织课堂，围绕探究设计的一般原则进行，每个学生都有丰富的体验可以交流，容易达到互助合作相互学习。个人之间的竞争转化为小组之间的竞争，以促进小组内部的合作，使每个学生在各自小组中尽其所能，得到最大程度的发展。对合作学习的新体会是合作必须建立在独立的基础之上，没有独立的合作是盲目的。所以设计中，学生有充分的时间独立学习，以便用较少的时间完成有意义的合作。

在本课程的实施过程中，没有优秀的现成教学案例可供借鉴，这虽是缺憾，但好处在于可不受以往经验的影响和限制，充分根据新的教学理念来实施教学。本节课实际上是用信息技术支持了通用技术课堂，两个技术融合，让学生体会到技术的魅力。整个准备过程让笔者感到：教师不但要排除各种依赖心理，尽快走出传统角色，成为教学活动的主导者、学生学习的合作者、教学规律的研究者，还需要精心设计学生探究学习的环节，把复杂的大问题、小步骤逐个解决，从而获得最终问题的全面解决。探究学习绝不是不管学生，它对教师的要求更高，要求教师看似无为地掌控学生的学习过程。

**评析：**

该案例紧紧围绕学生日常生活中熟悉的正在迅速发展的“北京地铁”展开探究。

探究过程中，以信息技术为主要探究手段，以博客为主要探究平台，以讨论的形式围绕北京地铁的设计特点出发，探究地铁系统的设计特色，发现地铁系统中体现出的“设计的一般原则”。

在最后的环节中，教师提出质疑，继续以学生总结出的设计的一般原则为例创设问题情境，引起学生认知冲突，激发学生继续探究知识的欲望。学生根据自己的理解发表看法，自主构建知识体系，有利于更深刻地理解知识、发展探究的能力。

# 第十二章 体验式学习的策略

美国华盛顿儿童博物馆的墙壁上有这样一段话："我听见了，就忘记了；我看见了，就记住了；我做过了，就理解了。"这段话点明了体验式学习的重要性。

## 第一节 体验式学习策略概述

### 一、体验式学习的界定

众所周知，学习是从阅读、听讲、研究、实践中获得知识或技能的过程，学习的过程是必须亲身参与、亲身体验才能真正完成的。体验式学习，则是指教师以课堂为舞台，以任何可用感官接触的媒质为道具，以学生为主体，通过创造出值得学生回忆，让学生有所感受，留下难忘印象的学习过程。不难看出，体验式学习像生活中其他任何一种体验一样，是内在的，是个人在形体、情绪、知识上参与的所得，是个人通过一定的知识、技能和方法等方面的参与而获得的深刻体验。大卫·科尔布（Kolb，1984）是体验式学习理论的代表人物。他认为，学习是通过经验的转换从而创造知识的过程。他提出的体验式学习包括以下几个环节：第一，实际经历和体验；第二，观察和反思；第三，抽象概念和归纳的形成；第四，在新环节中测试新概念的含义。

## 二、体验式学习的意义

### （一）体验式学习有利于发展学生的思维能力、实践技能和个人品质

体验式学习方式的合理运用更有利于激发学生的学习兴趣，提升学生的思维品质，更能促进学生实践操作技能的形成与发展，更有利于学生主体意识、合作精神、人格品质的形成与发展。

### （二）体验式学习有利于使学生成为学习的主体

体验式学习方式，强调学习者通过实践来认识事物，完全地参与学习过程，学生真正成为学习的主人。教师的地位和作用发生了改变，不再仅仅是传统的知识传授者、权威者、课堂的控制者，而是良好学习氛围的营造者，学生学习过程的帮助者、合作者。

### （三）体验式学习利于发展学生的情感体验

体验式学习方式注重情感体验与实践应用，能体现学生的主体地位，真正地把课堂还给学生。广大教师在实践研究中，能够不断反思教学实践，从而达到新课标的要求。

总之，体验式学习会给学习者带来新的感觉、新的刺激，从而加深学习者的记忆和理解，使学习者形成良好的情感、态度和价值观。

## 三、体验式学习的特征

体验式教学强调学习者对学习活动的亲身参与，因此，体验式学习的特征包含如下几个方面：

### （一）学生是学习活动的主体

体验式学习强调学习者的亲身参与，认为如果没有亲身参与，学习就没有发生，因此，体验式学习的首要特点是学习者要对自己的学习负责任。学习者是学习活动的主体，学习的主人。

### （二）学习活动的趣味性

体验式学习既要求学习者亲身参与到学习活动中，也要求教师设计有利于学生积极参与的学习活动。若要学习活动能够充分调动学生的积极性，就一定要考虑到活动的趣味性。只有有趣的活动才能真正吸引学生，使其主动参与。当然，这里的趣味性包括两个方面：一是活动本身的趣味性，即除了能吸引学生积极参与之外，还要求教师设计的教学活动是有趣的；二是活动过程中，学生能体验到愉悦与快乐，即要求学生学习中有积极的情感体验。只有强调了教师设计的教学活动的趣味性与学生学习的内在快乐体验，才能使体验式学习真正有效。

### （三）学习情境的真实性

体验式学习强调学习者在预先设计的学习活动中进行学习，因此这种学习方式的特点是情境化的，虚拟情境是对客观环境和事件的模拟和虚拟再现。这种虚拟的情境应力求逼真，在引导学生体验的同时，应尽量使学生从外在的环境和内在的心境两方面都感到自己正处在现实的生活中，而不是处于被安排好的活动之中。同时，还要让学生对即将发生的事情无法预料，而又必须马上运用所学知识进行思考、做出反应、加以解决，从而在一个解决问题的过程中获得对知识技能、情感态度的深刻体验。为体验式学习创设真实的学习情境，要求教师注意两点：一是实施情境化教学理念，二是应该对其保持一种发展的眼光和态度，意识到情境化学习不能只是让学生表演一些背得烂熟的情景对话小品。所以，教师可在体验结束后给予积极的评价，让学生意识到准确运用知识的价值。

### （四）学以致用

体验式教学方式强调学以致用，同时，它也是对传统学习方式的弥补。因此，无论教师还是学生都应该认识到学习是一个通过实践运用循序渐进的过程。如果脱离了应用，知识就永远只是一堆僵化的字符，并将随着时间的流逝从头脑里消失。体验式学习的优势在于，它为学习者创设了相对真实的情境，在这一情境中，所学的知识将得到应用，学习者将成功地体验到实践与应用的过程。

## 第二节　体验式学习策略的具体操作步骤及具体策略

### 一、体验式学习的实施步骤

体验的主体是学生，教师是体验式学习的设计者，教师设计体验式学习的过程（或称为体验教育的过程），如表 12–1 所示：

表 12–1　体验式学习的过程

| 阶段 | 启动阶段 | 导入阶段 | 关键阶段 | 调节控制阶段 |
|---|---|---|---|---|
| 特征 | 激发动机 | 实践感受 | 体验内化 | 反馈外化 |
| 功能 | 动力、指向与选择 | 个体初步亲历 | 反思、同化或顺应 | 维持、强化与应用 |

体验式学习的这 4 个阶段可以描绘成一个 4 阶段的循环周期图，它始终是一个不断循环上升的过程。

### 二、体验式学习的操作策略

#### （一）在视听欣赏中体验

在教学中充分利用录音、录像等技术手段，所反映的声音、图像具有很强的感染力，容易引起学生情感上的共鸣。如在教授《雨铃铛》一课时，根据一年级学生爱动、好奇的特点，教师充分利用多媒体制作了声像俱佳、视听结合的典型场景，把认知活动和情感活动结合起来，让学生通过精美课件欣赏雨景，聆听画中夹杂的春雨“沙沙沙”的声音，雨点从屋檐上“叮叮咚咚”落下来的声音。在学生欣赏画面的同时出示诗句，播放配乐朗读，学生在声音、颜色、形象等情境中，感悟了春雨带给万物蓬勃生机，文中生字融入课文语言，加深了学生的认读和记忆，学生在美的享受中深刻体验了课文重点内容。

**（二）在表演中体验**

表演是学生非常喜欢的一种活动，能够有效激发学生的学习兴趣，不仅可以加深学生对知识的理解和记忆，还能在拓展想象、富有创造性的表演过程中培养想象力，增强自信和勇气。如綦振玲老师在《一片树叶》的教学中，为了让学生更好地理解“勿以恶小而为之”的道理，在课堂上让学生进行模拟表演，取得了良好的教学效果。部分课堂实录节录如下：

教师：小动物们太喜欢小椿树了，所以很想摘一片叶子，他们是怎样摘的呢？

（课件出示课文中的插图）。引导学生观察想象小动物们在摘树叶时会想些什么？说些什么？小椿树会怎样想？怎样做？

学生进行观察、想象、讨论。

然后安排小组内表演，为每位学生都提供一个说出自己想法的机会。

接下来找一位同学扮演小椿树，三位同学分别扮演小兔子、小猴子、小熊，其他同学当小评委。

学生（小兔子）：哎呀！多漂亮的小椿树！摘一片叶子当书签吧。（边说边轻轻地摘下一片叶子。）

学生（小椿树）：哎哟！哎哟！好疼呀！

学生（小猴子）：哇！多么美丽的小椿树呀！等它长大了我要在树干上做攀登技巧表演，现在摘一片叶子做个纪念吧。（边说边摘，动作很轻柔。小椿树喊疼。）

学生（小熊）：这棵小树真好看，还有股香味，我摘一片叶子尝尝！

教师：通过省略号我们还知道了有许多小动物走过来摘树叶，小狐狸、小鹿，等等。

教师：最后小椿树怎样了？

学生：一片叶子也不剩了。

教师：第二天，小动物们看到光秃秃的小椿树会说些什么呢？

学生（小兔子）：哎呀！我就摘了一片，小椿树怎么一片叶子也没有了？

学生（小椿树）：还有小猴子、小熊他们每人摘了一片叶子。

学生（小猴子）：早知这样，我就不摘了，小椿树，真是对不起！

……

教师：这让老师想起了一句话“勿以恶小而为之，勿以善小而不为”。

教师在引导学生通过观察课本中的插图进行个性化的揣摩、想象后，鼓励学生以眼、脑、耳、口、手等多种感官作为媒介，用自己喜欢的形式表演出来。这样，学生既在活动中展现了自己对课文的理解，也在表演中进一步获得了种种发现，达到了对文本的理解，使感悟进一步内化，心中体验到正确道德观念的意义。

### （三）在情境模拟中体验

给学生创设一个虚拟的情境，学生身临其境，在活动中体验、思考、感悟。情境的模拟正是可以唤起学生生活体验的，这种体验一般以表象、观念的形式存在于学生的大脑之中。当学生体验感知与所学知识相统一、相吻合时，主客体之间便会出现一种和谐交融状态。

例如：《鸭子拌嘴》是一年级上学期教学的一首民间吹打乐曲。在这节音乐课上，学生通过合奏的形式模拟了一群鸭子在嬉戏中"拌嘴"的场景。尽管情境是虚拟的，却在虚拟中让学生有真实的体验，并且通过这一模拟的活动，提升了学生的音乐鉴赏能力。为了达到这一效果，教师收集了相关音乐资料，编制成多媒体课件，课件图文并茂，大大吸引了学生的学习兴趣，并且让学生通过操作电脑，亲身感受到"鸭子拌嘴"的过程。课程开始时，先让学生通过网络认识大小镲、串木鱼等有关打击乐器的外形特征，再分别听辨各种乐器的音色，然后了解刮击、点击、轮击等不同表演技巧以及产生的不同音色，在此基础上让学生集中欣赏乐器的合奏表演。当乐曲开始时，电脑屏幕上就呈现出十分可爱的鸭子形象，而且乐曲与画面达到了完美的结合，比如：鸭子"行走""交谈""入手""嬉戏""拌嘴"时伴着乐器的刮击、轮击、打镲叶、敲镲帮等声音。在这个声音与影像完美结合的过程中，学生边听边看，兴趣盎然，而且还随着乐曲与动画不由自主地模仿小鸭子的动作，使原本乏味的合奏形式变得生动活泼、妙趣横生，大大激发了学生的学习兴趣，也解决了抽象的音乐与学生思维形象性之间的矛盾，并且促进了学生音乐鉴赏能力的发展。

### （四）在观察调查中体验

美国教育家布朗（Brown）认为："学习的环境应该放在真实问

题的背景中，使它对学生有意义。”这里的“真实问题”显然指学生的生活实际。“问渠哪得清如许，为有源头活水来”，学生的生活实际，就是课堂教学的源头活水。

教师要使作文课教学更具针对性、实效性，就应充分挖掘贴近学生生活的信息资源，让学生能切实地融入丰富的生活情景“亲心”体验。这样，学生的体验会更加深刻。如，三年级一篇习作“向别人介绍自我”，提前 2 ～ 3 天，让学生走向家庭、走向社会，先采访爸爸妈妈，再采访邻居、朋友、同学，访谈的内容是“我是一个什么样的孩子，从哪些事看出的？”这个作业培养和锻炼了学生的三种能力：一是计划能力。学生去采访别人时，他首先得考虑怎么向别人开口，用什么语气，对人家说什么，人家才能好好跟你谈。二是交际能力。在访问别人时体现了交际能力的水平。三是口语表达能力。学生对自己是一个什么样的人有了初步了解，回到学校和周围的同学交流，结果学生说得兴高采烈、生动有趣。如王晖同学说，“妈妈说我活泼可爱又淘气。晚上他们看电视，我在他们眼前扭来扭去，我妈妈非常生气地说：‘烦死人了，一边去！’对门的阿姨说我嘴巴甜，想要的东西拐弯抹角也得得到它。”学生在这一过程中不仅仅获得生动的习作材料，更重要的是学生经历的获取材料的过程。这样，作文就不是纸上谈兵，不是就作文而作文。

### （五）在操作中体验

生活教育理论提倡，教学要从学生的生活经验和已有的背景出发，提供给学生充分的学习实践活动和交流机会，使学生在自由探索的过程中真正理解和掌握知识。小学自然教材选择的教学内容大部分是学生常见的，感兴趣的，能够亲自进行观察、实验和操作的。因此，在教学时，教师要尽量把实验操作的机会让给学生，让学生在实验操作中体验乐趣，体验成功。教学《彩虹的秘密》时，为了探究彩虹的成因，我让学生自己设计实验，学生有的拿着装有水的喷雾器，来到操场上，用喷雾器背着太阳喷水；有的则吹起了小泡泡，小泡泡在阳光底下呈现出赤橙黄绿青蓝紫……学生“玩”得不亦乐乎，又认识了彩虹的成因，即阳光是由七种色光混合成的，下雨时（或雨后），空中悬浮着很多小水滴，它们会像三棱镜一样，将阳光分散成七种色光，形成彩虹。

**（六）在设计制作中体验**

学习二年级数学《统计》一课时，学生已经在一年级学会制作用一个格子表示“1 个单位”的统计图。重点是让学生在尝试中体会到当数据比较大时用一个格子表示“2 个单位”比较方便、清楚、美观。邵临静老师的设计如下：

1. 模拟商场的抽奖活动，让学生抽刮刮卡，刮刮卡分 4 类：谢谢惠顾、可乐、薯片、遥控车。

2. 学生想办法收集抽到各类刮刮卡的人数，完成统计表。

3. 教师发一张格子较少的空白统计图，让学生尝试着画，发现问题，先自己动脑子解决。

4. 展示各种画法（有的学生自己往上添格子，有的学生往旁边画，有的学生用一个格子表示“2 个单位”），让学生充分评价各种画法的优点和不足之处，经过讨论和比较，发现对于这组数据用一个格子表示“2 个单位”比较合适。

5. 再出示一组较大的数据，让学生尝试练习，体验用一个格子表示“2 个单位”的方法的优点。

在这个学习过程中，学生首先对抽奖活动非常感兴趣，能马上投入学习，然后通过尝试发现问题，最后自主探究解决问题，学生感受到自己的探究成果是有价值的，从而体验到成功的喜悦。

# 第三节 体验式学习策略案例及评析

**案例：**

## 让孩子在亲身实践中体验获得知识的快乐

——《圆柱和球的认识》案例

北京市朝阳区惠新里小学 任 莉

### 一、设计思想

“教与学策略”课题研究重点强调以构建学生在学习过程中的主体地位为核心，按照自我愉悦的心理体验，从教师教的策略和学生学的策略两方面完成课堂教学行为，进而让每个学生获得成功感，确立自信心，培养他们的创造能力。

儿童的情感体验是构成儿童内心世界的重要组成部分，在儿童的发展上起着重要的作用。当他们的活动和交往等需要获得满足时，就会体验到愉快的情感，否则就会体验到痛苦、焦虑等消极的情感。健康的情感会产生健康的心理。

### 二、目标

让学生自己去发现数学问题，在亲身实践中得到心理体验。

### 三、准备

课件，圆柱形和球形的物品。

### 四、过程

（一）故事引入，引起猜想

教师：小朋友们，你们听过龟兔赛跑的故事吗？在那次比赛中，小兔输了，它输得可不服气了！这不，又要和小乌龟进行比赛，这次它们进行的是射门比赛，还请来了森林之王狮子来做守门员。瞧！比赛开始了！

教师：（课件演示小兔和小乌龟射门。）哎！小兔又输了。小朋友知道，小兔这次为什么又输了吗?

学生1：因为小兔射门时，站的方位不好！没有对准球门。

学生2：因为小兔踢的是圆柱，而小乌龟踢的是球，所以小兔又输了。

学生3：小兔的球技不如小乌龟！

教师：小朋友说的都很有道理！那么最主要的原因是什么呢，只要我们认识了圆柱和球的特征以后，就都明白了！

（二）亲身体验，得出结论

体验1：看、摸、滚、套

教师：请小朋友们拿出自己带来的圆柱形和球形的物品，通过看一看、摆一摆、摸一摸、滚一滚，你能发现什么？（学生自己动手操作，同桌交流，小组合作。）

学生1：我通过摸，发现圆柱的上下两个面是平平的，而球摸上去没有平平的面，是滚圆滚圆的。

教师：请小朋友们闭上眼睛，摸一摸圆柱和球，你感觉到圆柱的上下两个面是平的吗？球有平面吗？（学生摸一摸。）

学生2：我看到圆柱的上下两个平平的面都是圆形，而且它们一样大。

教师：小朋友们拿起圆柱看一看，你看到圆柱的上下两个圆形平面了吗?

学生3：我通过滚，发现圆柱只能向前或向后滚动，不能随意滚动，而球能向四面八方滚动。

教师：你的发现真有价值！用词也很准确！圆柱只能来回滚动，而球能向四面八方滚动。请小朋友们再滚一滚，看看是像××说的一样吗？（学生滚一滚。）

学生：我通过摸和用手指套一套，发现圆柱从上到下都是一样粗的，而球中间最粗。

教师：你观察得可真仔细！哪位小朋友能用老师发给你们的铁圈和圆柱形的香肠来验证一下呢?

学生：把铁圈从上往下套，刚刚好。

教师：请每个小朋友用铁圈也套一套，是这样吗?

体验2：切、割

教师：刚才小朋友们通过看、摸、滚发现了圆柱和球的一些基本特征，接下来，老师请小朋友小组合作，通过切割圆柱形和球形的物体，你们又能发现什么？（学生小组合作切割、探究。)

学生1：我们横着切圆柱，发现切开来的还是一个个小的圆柱，而竖着切开，它的面是长方形的（边说边展示），就不能滚动了。

教师：他用两种不同的切法发现了圆柱的其他奥秘，真不错！其他小组也切一切，你看到的和他说的一样吗?

学生2：我们通过切球，发现无论怎么切，切开来的面都是圆，并且不能滚动了。

教师：拿起切开来的球看一看，是圆吗？滚一滚，还能滚吗?

（三）归纳小结，验证猜想

教师：通过刚才的动手操作，结合你自己的发现，现在你能说说小兔为什么会输吗?

学生：因为小兔踢的是圆柱，圆柱只能来回滚动，小乌龟踢的是球，球能向四面八方滚动，所以小兔输了。

**五、教学反思**

新的课程标准将主体教育和可持续发展教育进行衔接和融合，确定为实施教与学策略。《数学课程标准》把数学活动水平的过程性目标设定“经历、体验、探索”，可见，在创新教育的大背景下，我们只有充分发挥学生的主体作用，让学生置身于一定的情境之中，经历它，感受它，发现它，才能真正使每个学生得到发展。

体验中发现，感受过程的快乐。苏霍姆林斯基（Suchomlinsky）说过：“在人的心理深处都有一种根深蒂固的需要，就是希望自己是发现者、研究者、探索者。而在儿童的精神世界中，这种需要特别强烈。”

教师遵循学生生命成长的规律，在完全尊重学生的基础上，呵护学生、引导学生。本节课的课堂教学从感官、视觉、触觉等全方位地调动了学生，使其全身心投入了数学王国中。要让学生有更多的机会去体验探究发现的过程，体验验证科学的结论，在实践中得到心理满足，并感受到快乐，才能真正培养和提高学生的能力。

**评析：**

该案例体现了教师为体验式教学营造了相应的教学环境，设置了一系列能够充分调动学生的体验活动，学生在对圆柱和球进行看、摸、滚、套以及切、割的过程中，对两者的异同有了清晰的了解。这个案例中，学生参与的积极性很高，活动的体验很真实，而这样的体验式教学不仅能够促进学生个体知识体系的完善，同时也能更好地促进学生积极情绪的发展。

# 第五编　有效的评价与管理

# 第十三章　学习目标评价的策略

学习目标评价是教学活动中的要素之一，能够帮助教师掌握学生学习情况，采取适当的教学方式，促进各个层次学生的发展。

## 第一节　学习目标评价的策略概述

### 一、学习目标评价的界定

#### （一）学习目标评价的背景

素质教育的深入和基础教育课程改革对评价改革提出新的要求。随着素质教育在学校操作层面的推进和新课程的展开，“教育质量问题”成为人们关注的话题。社会对学校教育不断提出新的要求，家长比任何时候都关注孩子的成长，教育内部对好课的标准、好教师的标准、好学生的标准、好学校的标准也发起了讨论。改进原有的评价制度，建立科学的评价体系以适应新的发展已成为推进素质教育的关键性问题。

#### （二）学习目标评价的定义

什么是评价？克龙巴赫（Cronbach）认为，可以把评价广义地定义为收集和使用信息以便作出关于教育方案的决策。这一方案可以是适用于全国的课程方案，也可以是关于某一学校的教学活动方案，或者是关于某一学生的教育行动方案。由此可见，评价对象是变化多样的，评价可以在任何情境中发挥其功能。学习目标的评价目的是为了改进、提高、发挥教育功能，促进学生发展，为此，教师需要依据一定标准，采用各种正规或非正规的方法，对学生实现学习目标的进展情况实施调查和调控。

学习目标的评价，主要指依据一定的客观标准，通过各种测量和相关资料的收集，对教学活动及其效果进行客观衡量和科学判定的系统过程。由此可见，对于学习目标的评价本质就是一种价值判断，它的对象不仅包括教学活动的结果即学生的学习效果，还应包括学生的学习品质。要相对科学地完成对学习目标的评价过程，就必须严格依据并执行客观的标准，尽可能全面而系统地测量，并收集各方面的资料和证据。

所谓测量，是指评价者对其对象进行的量化的衡量，最基本的特征是用数学方法对事物进行描述而并不对其价值进行判断。而评价则要在这种描述的基础上作出价值判断。

例如：在某次考试中，某个学生成绩为 70 分，这是一个测量结果。这个成绩表示什么意义，是高还是低，还需进一步去分析判断，即对学生的成绩给予评价。它具体反馈出什么信息，还要结合测验的目标、试题的性质、学生所在团体的整体情况等进行具体分析。为此，我们可能还需要收集学生答题的具体情况及整体的一些指标。

此外，与教学评价密切相关的另一个概念是测验。测验通常表现为测量的工具或测量量表，这一概念经常与测量混合使用。在前例中，考试是一种测验，而考试过程是测量，对考试成绩的分析是评价。测量、测验、评价是教学评价中经常使用的概念，正确理解这三个概念的含义，有助于我们理解教学评价的基本意义。

### （三）学习目标评价的分类

良好的评价除了考试成绩之外，还应尽量收集多方面的信息，对所有教学目标做出回应（包括知识性目标、思维技能及与教学内容相关联的价值观念和心理因素等）。

依据常模编制的标准化的测试，在评价中占有一定的分量。这类测试能对课程预期目标的达成程度及学生对具体知识的掌握程度做出较准确的评判。标准化测试通常还需要配套的教辅检测以及教师根据教学重点编制的临时性测试题。

## 二、学习目标评价的作用

评价是每个教学单元都不可缺少的组成部分。教师通过评价，可以了解学生的需求及需要纠正的理解和重点概念方面的错误，并据此调整未来的课程目标、教材或教学计划，及时纠正自身教学存在的缺陷。作为教学活动的一个基本环节，评价发挥着多方面的作用。它从整体上调节、控制着教学活动的进行，保证教学活动向预定方向开展。

具体来说，学习目标评价的作用主要表现在以下几方面：

### （一）提供反馈信息

实践表明，教学评价为教师和学生了解和掌控学习进程提供了直接的反馈信息。通过教学评价的结果，学生可以知晓自己的学习效果。通常肯定的评价会进一步激发学生的学习积极性，提高学习兴趣，而否定的评价可以帮助学生找到自己的差距，找准原因并加以改进；也可能引起学生的学习焦虑，当这种焦虑是适度的时候，可以成为推进学生学习的动因，而过度紧张和焦虑，则会给学生的身心发展和学习造成不良后果。评价的细致程度或者说具体程度对学生的反应有较强的影响。粗劣的、没有具体内容的评价，无论是肯定还是否定的，往往都会消除学习的动机，具体的、有针对性的评价是学生欢迎和接受的，但这往往需要依赖教师的机智与经验。

### （二）引导教学方向

教学评价的导向作用在实践中是显而易见的，毕竟我们受高考这一“指挥棒”引导多年了。评价内容和评价标准的影响深入到学习过程的每一个细节，教学评价的标准和内容必须要反映课程标准的要求，符合学生全面发展的需求，才能保证其积极正确的导向作用，否则，则可能使教学偏离正确方向。

### （三）调控教学进程

对教学活动进程进行调控是教学评价的重要功能。即时、准确地掌握多种反馈信息是实现教学目标评价有效调控的基础。这种调控具体表现为对教学目标、教学内容、教学环境的调整，对教学速度与节奏的把控，对教学方法、策略的更换等。实际上，教学评价追求的基本目标也正是客观地判定教学的效果，合理地调节、控制教学过程，使之向着预定的教学目标前进。有经验的教师经常在课堂上运用即时评价的结果来调整自己的教学进程，这种调整既基于他们的经验，也积累和丰富了他们的教学经验。

### （四）激发学习动力

学习目标评价最终的目的是让学习者更好地进行学习活动，最终达到提高自我的目的。所以教学评价应该承担起激发学习者学习动力的作用。

## 三、学习目标评价的特征

### （一）标准性

学习目标评价是测量并判定教学效果的重要标准，是教学评价最重要的一项职能。其主要内容是检测教师的教学设计与执行水平，学生掌握知识、技能的程度，既定教学目标与任务实现的情况等。而检验和判定教学效果，是了解教学状况、提高教学质量的重要途径，其标准性主要体现在评价的目标是依据国家课程标准设定的。

### （二）工具性

学习目标评价是诊断教师教与学生学的重要工具。通过学习目标评价，教师可以判断自己在教学目标、教学方法、手段、重难点的解决等方面的设计与执行是否有问题，也可以了解学生学习的效果，发现学生存在的问题与困难，从而提出相应对策。

### （三）多元性

评价内容多元化是指，教师对学生除考试之外的完成实验任务的表现、观察记录以及学生研究报告、论文或其他要求高级思维和应用能力的学习任务等方面进行评价。对这些学习活动及来自其他渠道信息的分析进行评估，有助于引导教师将他们的注意力转移到学生对所学知识的理解，批判性、创造性思维的培养以及问题解决能力的发展上来。

评价的形式也是多元化的，我们根据评价的性质可以将评价形式分为形成性评价和总结性评价。形成性评价指在学习过程中的评价；总结性评价则是学习活动结束后，对整体的评价，如期末考试、年终评定。教师应该更重视形成性评价。

评价主体多元化是指教师、学生、家长都可以成为评价的主体。学生为主体的评价更符合课程改革的发展方向。

## 第二节 学习目标评价的基本操作程序及具体策略

以往的教学评价大多只关心学生学习的结果，在具体评价中往往以总结性评价为主，过程性评价较为缺失，这种状况严重影响了学习评价的效果。在课堂学习系统中，学生与教师应该是多边互动的关系，这种互动是丰富多彩的，深刻影响着教学的进程，也越来越受到教师的重视。通过对学生课堂动态行为的观察与评价，教师可以获得大量真实资料，收集大量信息。为了更好地发挥评价的作用，学习目标的评价应该注重实施策略。

## 一、学习目标评价的实施

### （一）开展形成性评价和诊断性评价

在以往的教学中，对教学效果的评价多采用期末考试、年终评定等总结性评价。总结性评价通常更多的是关注整个阶段的教学结果，旨在把握工作总效果。由于学习本身是一个动态发展的过程，学习情境的创设、意义的建构以及学习者之间的协作关系都是不断变化的。因此，我们有必要对整个教学的过程做跟踪监控、检测与指导，即进行形成性评价。形成性评价即过程评价，它更关注教学活动进行中的各种状态，强调及时发现问题、及时反馈和及时调整。此外，为了使教学更有针对性、预见性，还需要在学习过程开始前对学习者进行诊断性评价。这种诊断性评价也被称为前置评价，它为制定教学目标、组织教学内容、选择学习策略等行为提供依据。学习者可以依据前置评价的结果进行自主的学习。

### （二）以自我评价为主，结合教师评价、小组评价等多种方式开展评价

建构主义理论提倡教师要鼓励学生积极参与学习、研究，发挥创造精神，实现自主学习。学习者每一次对自己原有认知结构的改造与重组，也相当于完成了一次自我的否定—肯定—再否定的评价过程。这种自我评价对于学习者形成自我效能感、明确学习目标、培养学习者的个性都有极大作用，它使学生由评价的客体转而成为评价的主体，极大地提高了学生的学习效果。当然，他人评价也有

其重要的意义。教师的评价会引导学生知识建构的方向，可以适时为其提供思维的支架；而学习者之间的相互评价，可引起各种层次和类型碰撞，这有助于他们在认知层次上达到协同，并发展其社会交往能力。这三者的有机结合可以使得教学评价更科学、更客观、更合理。

**（三）通过对评价对象的多维度、多层次的评价，提高评价的说服力**

建构主义重视个性发展，主张对发散性思维的培养，提倡多情境解决问题。以往传统教学评价的参照标准比较单一、死板，简单的考试成绩不能有效反映学生的特质、情感和学习风格的差异，更不能为学生个性发展与自主学习创造良好的环境。现代教学评价用知识、能力、品质、态度等多项指标，多维度、多层次的学生进行更为详尽的描述和评价，更加重视学生综合能力和整体素质的发展。更具个性发展的评价策略可以更好地激发学习者的学习兴趣，充分发挥学习者的积极性、主动性并增强学生的创造能力。而现代的网络、通信和多媒体技术的不断发展，为现代教学评价提供了更丰富的手段，使多维度测评成为可能。

**（四）根据评价目的和标准制定评价指标体系**

教学目标与测试标准是否一致是教学能否成功的关键，只有准确依据标准设定教学目标才能取得更为理想的教学效果。而评价指标体系是否具体、明确、可测量、可观察、可执行，是影响其能否实现的根本原因。

## 二、学习目标评价的策略

**（一）注重发展性**

学习目标评价不是为了甄别，更不是为了选拔，改进与发展才是其根本目的。评价应当成为一种教育手段，应该帮助学生诊断发展现状，寻找差距，确立目标，监控实施计划，不断改进，促进其更好地发展。因此，在评价中，应强调诊断与调节功能，通过评价让学生了解自己在学习、发展过程中存在的问题和取得的成绩，从而及时调整自己的学习计划。

**（二）注重过程性**

评价的过程就是教育的过程和潜能开发的过程。为了达到提高、改进的目的，评价应该更加关注过程，只有通过关注过程、监控过程，才能获得结果的提升。在评价中，应突出关注学生在发展过程中付出的努力、收获的体验与取得的进步，这往往比最终的结果更重要。在学习的过程中应该允许学习者犯错误，使其在评价—改进—再评价—再改进的过程中，开发潜能，发展自身。

**（三）注重主体性**

评价持续性发展的必要条件是改变被评价者的被动地位，使评价成为自愿参与的一件事。只有这样，评价才能转变为自我发展的需要，成为自我教育的组成部分，学习者才能具有持续发展的动力。

**（四）注重多主体性**

评价是学习过程中的一项重要工作，它强调让每一位被评价者都有机会参与进来，在相互激励交流中共同发展。评价源要多主体，可以由同学、教师以及学生本人共同评价。这种评价使被评价者多角度地了解自己的学习状况，多角度地收集信息，有利于自身诊断与调节。教师在平时的教学中可以渗透教学评价的内容，让学生学会评价，从被动接受评价变为主动参与评价。

**（五）注重差异性**

评价者首先应该注重被评价者间的个体差异，承认差异是正确评价的前提。因学生情况有差异，所以，目标评价也要注重差异性，应根据不同的学生，分层设立目标进行评价，使基础较好的学生有所提高，并使基础薄弱的学生可以通过努力实现自己的目标，从而获得成就感，激励其更好地学习。

## 第三节　学习目标的评价策略案例及评析

**案例：**

### 写　字

——校本课程评价方案的实施

东城区天坛东里小学　沈　斌

随着新课程标准的实施，学生素质评价目标与课程目标已处于同等重要的地位。学生素质评价目标也称学生评价标准，它规定了学生在接受教育过程中和阶段性教育结束后，应获得的基本素质要求和能力要求。它不仅是衡量学校培养目标是否实现的最终标准，也是如何实施和改进课程教学的重要依据。教师应采用各种正规或非正规的评价方法，针对学生的个性，对学生实施学习目标的进展情况进行监控。基于此，我校尝试将形成性评价和终结性评价相结合，以促进学生素质“发展”和“进步”，并根据个人能力发展每一个学生的个性。

**一、小组合作在形成性评价中的尝试**

形成性评价是采取多种形式对学生学习过程的评价。小组合作是研究性学习的基本组织形式和活动方式，学习能否达到预期目标很大程度上取决于小组合作的成效。利用小组评价可以快速收集评价结果。小组合作学习能突出学生的主体地位，培养学生主动参与的意识，激发学生学习的创造潜能，有利于培养学生的交际能力，形成和发展学生的自我意识。小组学习是同学间互教互学、彼此之间交流信息情感的过程。故此，我在五年级单项知识测评中采取了小组合作的方式。班内同学依据喜好自由组合成6个小组，根据课上所讲知识，每组出2道题。同学们集思广益，有书法知识、分析例字、优秀作品点评、板书展示……在测试中，由2位学生主持，进行组对组的出题、答题，最后评出哪组题出得好，哪组回答得最多、最准，最后，作为奖励，教师给每组都发了印刷的各种书体的名家作品，让学生自己选择喜欢的作品作为奖品。测评中不时穿插争论，没有分数的限定，有的只是知识的共享。他们发挥个人的力量，相互协作，共同完成学习与评价的双重任务，教师在一旁只是拍下这紧张而愉悦的场面。利用寒暑假作业展览的机会，学生依据自己的能力书写了不同字体、不同书写工具的作品，相互欣赏和点评，开展了“我说我评”的活动，这样既给书写好的学生以成功感，又给了其他学生学习的机会；小组内同学间相互点评、相互指点，既评价又学习。

## 二、学习档案在形成性评价中的尝试

### （一）目的

新课标指出，学习档案是展示每一个学生在学习过程中所做的努力、取得的进步以及反映他们个性学习成果的集合体。档案袋的意义在于客观准确地反映学生自己学习的进步和不足，这种过程性的记载，能够增强学生学习的自信心和进取心，使学生体验成功的快乐，也能使教师的教育教学水平得到提高。

### （二）步骤

教师发给一至四年级每个学生一个资料夹。首先，学生要根据自己的个性和特点设计和书法有关的封面，要有生活照片、自我介绍、书法格言、喜欢的书法家等。档案袋中包括课内、课外的知识技能技法与习惯两部分的内容。书法技法方面包括写字课、书法小课的作业作品和语文、数学、英语各学科的课内外优秀作业，还有的是学生在课外书中、网上搜集的有关书法方面的知识，如：三年级搜集有关文房四宝的知识介绍和图片资料。另外，有的学生为了充实自己的资料夹，还把在少年宫学习的心得体会和学友的优秀作品收集在自己资料夹中，供自己和同学们欣赏和交流。对于学习态度、行为习惯的评价，中高年级采用了表格的评价形式，如表 13–1 所示。在学期开学的第一节课，教师就告诉学生要注重在课上积极参与小组学习、参与板书练习，更要重视双姿达标。至此，每月、每学期中、期末我们都要进行自评、他评、教师评和家长评，以此来综合评价每一个学生的学习态度、习惯。低年级学生年龄较小，正是培养书写兴趣、书写习惯的关键期，我们就以“三个一”为标准，以儿歌的方式入手，派专人在书写前领读检查，发放双姿标兵桌签；师生共评，评出双姿标兵组、双姿标兵班，并利用每周艺美沙龙时间展示他们上课的照片或视频，如图 13–1 所示。这种方式既是检查的奖励又是兴趣的激励，无形中督促了学生在平时养成良好的学习习惯，真正做到了在学习的过程中评价。表格的填写又为学生创设了互相了解和学习的机会，不仅发挥了学生的主体作用，还调动了学生的积极性。

图 13–1　一二年级双姿小标兵

**表 13-1 天坛东里小学书写态度习惯评价量表**

| 评价项目 | 评价要素 | 评价等级 | | | | | | | |
|---|---|---|---|---|---|---|---|---|---|
| | | 自评 | | | 组评 | | | 师评 | 家长评 |
| 习惯 | | | | | | | | | |
| | | | | | | | | | |
| | | | | | | | | | |
| 态度 | | | | | | | | | |
| | | | | | | | | | |
| | | | | | | | | | |

评价要素说明：

习惯：

①写字用具齐备、洁净、好用，保护得好；

②坐姿规范持久；

③执笔规范持久；

④写字时用具摆布整齐、始终不乱；

⑤书本、写字本、桌面以及身上与手上干净。

态度：

①我认真倾听别人的发言（教师讲课、学生发言）；

②我能倾听别人的发言；

③我正努力倾听别人的发言；

④我只要一动笔就认真（各科作业）；

⑤我努力做到动笔就认真；

⑥我能积极参与到小伙伴的学习中（分析、观察、讲解、板书）；

⑦我正努力参与到小伙伴的学习中；

⑧我尝试着参与到小伙伴的学习中。

在中高年级书写技法评价上，我们从软笔和硬笔入手，提出了具体书写和评价的细则。硬笔为例：告诉学生书写评价要素分为描红和对临，描红的要求是，要与红字完全吻合、按红字的显示写出每笔的顿笔；对临的要求是，与范字大小一致、每笔要有顿笔（轻重变化）、结构合理，评价时也是按这些要求以生自评、生互评、师生共评等多种方式进行。评价后再练习，反反复复，长期坚持，学生既提高了书写水平，也锻炼了自己的表述能力。在表述时，我们也有相应的评价要素：①我认真倾听别人的发言，提出优点或不足（说话完整、学科语言）；②我能积极参与到小伙伴的学习中（认真观察、积极发言，包括讨论时）。长期的坚持让我校的书法教学有了很大的进步，主要体现在学生书写水平的提高、对书法文化的了解。故依据以上的学习态度、书写技法、行为习惯又评出“书写小能手”，如图 13-2 所示。“双姿小标兵”，学生在评选时相互推荐，积极性很高。这种形式不仅使学生重视结果，更使学生在课上主动参与学习，能够相互欣赏，并培养了学生各方面的能力。为了创造适合学生的教育，使教育全面地、最大限度地促进每个学生的发展，我们必须把评价真正落实到平时的学习中。

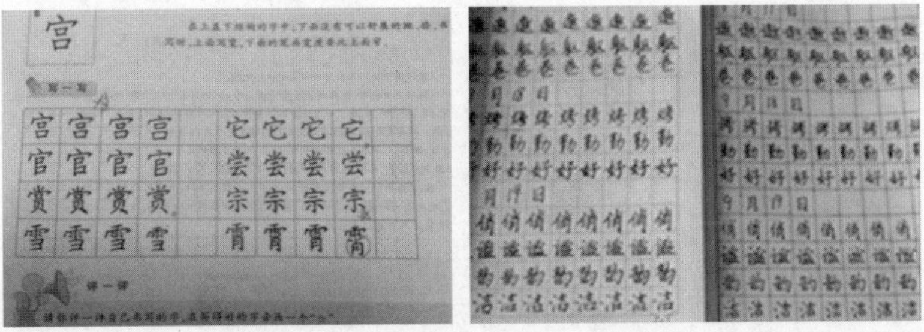


图 13-2　“书写小能手”的作品

（三）体会

档案袋有学生共有的材料及评价表，也有反映学生个性的材料，它的评价工作为学生的发展创设了一个良好的条件。信息反馈是教师、学生、家长心灵沟通的桥梁，又是师生实践、反思、发展的过程。我们还适时进行了档案袋的交流，大家在相互学习中看到了自己的进步，体验了成功的喜悦，激发了习字的兴趣。

**三、结合语文教学进行终结性评价尝试**

为了在《写字校本课程评价方案》多维评价的基础上继续探索评价方式，充实学生的写字资料夹，深化写字教育，我们又依据小语课标中对会写的字提出的要求，即：做到会读、会写，了解字词在语言环境中的意思，能在口头语言和书面表达中运用，让写字课弥补语文识字教学中“写”这个必要过程，巩固识字教学中的“认”和“理解”，培养学生在识字写字的基础上会灵活运用汉字进行表达。因此，我把每月书法小课及期末写字测试的形式与语文教学相结合，以语文试题的形式测查写字课的教学目标，让学生自由选择一些题目，来完成写字课的终结性评价。

评价内容、评价目标要做到多元化。多元化原则要求评价不仅要体现共性，更要关心学生的个性；不仅要关心结果，更要关心过程，注重学生学习的主动性、创造性和积极性。这种评价应该是多角度的，需要特别关注学习过程的表现，包括他们的自信心、进取心、意志、毅力等方面的自我认识和自我发展。我们不仅注重在形成性评价中体现此原则，在总结性评价的写字试卷中也尝试利用某一试题体现评价内容、目标的多元化。如：为了让低年级学生对写字产生兴趣，爱上汉字，我校开设了校本课程《品味汉字》。书法课上，书法教师会先以某个范字为例讲汉字的演变过程，让学生了解汉字起源，以此激发学生热爱中国传统文化的情感，如图 13–3 所示。久而久之，学生自己也开始寻找讲述汉字的故事，逐步达到热爱汉字的目的。为了达到既提高兴趣，又考查学生对象形文字的了解程度，我出了这样一题：你们都知道中国最古老的汉字是象形字，接着是甲骨文，那么这三个甲骨文发展到今天是什么字？（水、火、禾）又如：在课上我既注重学生共性的学习，又注重学生个性的发展。六年级的写字课，我让学生凭借自己的能力、依据自己的喜好，选择不同的书写工具、不同的字体、不同的书体进行学习。测试时又结合语文积累运用中培养学生搜集春联的活动，出了这样一题：春节快到了，搜集一些春联，用你想用的书写工具、不同的书体或字体写一写，挂在家里或布置教室。课下，同学们积极搜集春联，测试后，同学们用软笔写的一幅幅春联，参加了学校为社区写春联的活动，挂在了小区的楼门口；不同字体写得漂亮的钢笔字春联贴在了班里的书法栏中。这既评价了学生的书写质量，又评价了与其相关的情感、态度，也增加了学生学习的主动性和积极性。

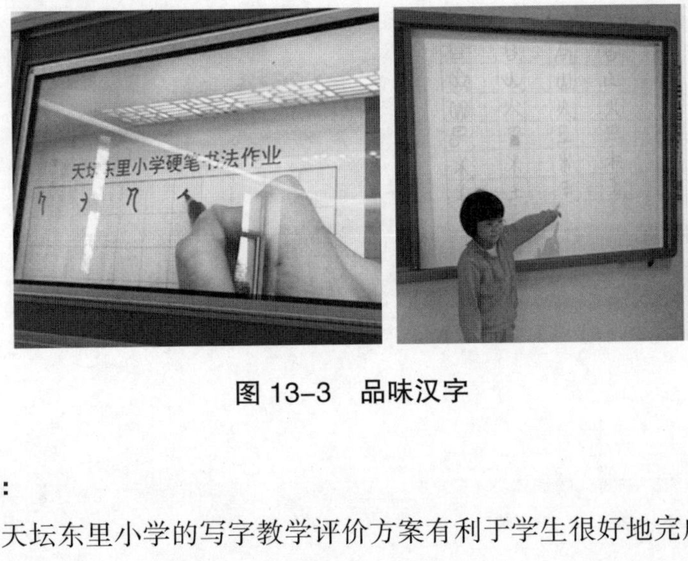

图 13–3 品味汉字

**评析：**

天坛东里小学的写字教学评价方案有利于学生很好地完成学习

目标，采用形成性评价与终结性评价相结合的形式，既注重学生个性的发展，又树立他们可持续性发展的意识，始终体现“以学生发展为本”的原则。评价要素分为两大方面：一方面是习惯（写字用具齐备、洁净、好用，保护得好；坐姿规范持久；执笔规范持久；写字时用具摆布整齐、始终不乱；书本、写字本、桌面以及身上与手上干净），另一方面是态度（认真倾听别人的发言，只要一动笔就认真，积极参与到小伙伴的学习中）。评价形式采用档案袋式。档案袋有学生共有的材料及评价表，也有反映学生个性的材料，让学生的档案袋既有共性又有自己的特色。档案袋的评价工作利于师生实践、反思、发展。档案袋的交流，使大家相互学习，看到自己的进步，体验成功的喜悦，激发写字的兴趣。

# 第十四章　成就期待教育的策略

有研究显示，优秀的学校离不开出色的教学领导。教学是学校工作的重中之重，学校工作的重要目标之一是提升教学质量。有研究表明，优秀的教师在取得显著教学成果的同时还能够主动承担起帮助学生获得成功体验的责任。他们认为每一位学生都具备取得好成绩的能力，因而能够对学生的进步和成绩给予重点关注、正面鼓励和积极期待，他们会尽己所能，出色地完成教学工作。在学习的过程中，学生如果遇到困难，他们会耐心讲解；如果传统的教学方法效果不明显，他们还会尝试探索其他可行的方式，直到帮助学生解决问题为止。

## 第一节　成就期待教育策略概述

### 一、关于成就期待教育的界定

在平时的教育教学中，学生对自己的期望值会受到教师的影响，因此教师应该向学生表达积极的、经过努力可以实现的期望。教师对学生的期待程度也会影响到其在帮助学生过程中所付出的努力。教师对学生取得成绩和进步的信心是教师期望的具体表现，同时，教师需要将这种期待当作教学目标并尽力完成。具体做法是：教师在设置目标时，不能追求一步到位，应该先将较低的水平设为目标，循序渐进，逐步加大难度和要求。这样，教师会看到学生学习水平逐步提高的过程，并确定一段时期内学生学业发展的幅度变化。设置目标后，教师还需要随时了解跟进学生的学习情况，并根据实际对目标和期待进行调整。

总体来看，教师必须把学生当作有能力完成学习任务、有能力参加教学活动的个体，并报以积极的期待。教师应该期望学生取得进步，并进入更高层次的学习阶段。此外，在学生达到教师期望程度的过程中，教师还应该给予辅导和鼓励。

对于学困生，教师不能把全班的平均分或者全班学生的普遍水平当作评价标准，也不能将成绩作为判断学生学习成就的唯一手段，而是应该将他们与以往表现进行纵向比较，从而发现学生的进步。教师可以根据评价和反馈诊断学生的学习困难，如果学生没有理解，教师可以再次讲解，或是采取其他教学方法，提供有针对性的帮助。

总之，教师想要取得教学的成功，就需要激励学生努力学习并勇于尝试，不能为了避免学生失败，一味盲目“保护”学生。

## 二、关于成就期待教育的意义和作用

学生积极上进、刻苦努力、成绩优秀是每一位教师的愿望，然而现实中总有些学生不爱学习，不能自觉学习，甚至是害怕学习。分析发现，之所以造成这种现象，既有学习态度、学习方法等方面的原因，也有自信心方面的原因。这些问题有些来自学生自身，也有些来自外界影响，但究其根本还是学生缺乏内在的学习动机，缺少鞭策自己不断提高、不断进步的动力。那么，学生的学习动机从何而来？作为教师应该采取哪些措施？

成就期待教育需要教师转变教育观念，探索新的适合学生的教学方法，从而激发学生的学习兴趣和动机。比如，尝试自主合作探究的学习方式，把教师讲授、学生接受的被动学习转变为学生探究、教师引导的主动学习，这也是深化教育改革、实施新课程必须解决的基本问题。

成就期待教育需要教师以激励理论为基础，根据不同年龄段学生的生理和心理特点，选择恰当的教学手段，从而调动学生的积极性。教师可以根据不同的教学内容和教学任务设计不同的教学活动，最大限度地挖掘学生的潜能，充分发挥学生在学习中的主体地位，引导学生高效自主进行探究和学习。这是教师进行教学设计的重要内容，这样的理念也需要贯穿在课堂教学的各个环节之中。

成就期待教育的核心在于以学生为本，站在学生的角度换位思考，帮助学生全面发展，激发学生的学习动机，使学生在学习中体验成功和幸福。

成就期待教育的出发点在于调动学生的主体性，教师在进行激励教育的过程中，应综合考虑学生的学习潜力和学习需求，将促进学生的全面发展和终身幸福作为激励教育的动力和目标，这是教学领域人性的回归，是现代教学论的立足点。学习动机通常由两部分组成，一个是学生的学习需要，这是激发学习动机的内驱力，另一个是学生的学习期待，这是激发学习动机的外诱因。教学激励活动的根本在于激发学生的学习动机，而教学激励活动的过程就是激发学生学习动机的过程，即教师在日常的教育教学中，利用多种教学方法，从内部满足学生的学习需要，帮助学生产生对知识的渴望和好奇，同时，从外部增强学生的学习期待，树立学习目标，并推动学生努力学习。成就期待教育的意义包括以下五个方面：

**（一）强调“鼓励”，克服自卑心理**

调查显示，如今有不少学生存在自卑心理，这些学生往往缺乏自信，如果长时间没有得到正确的引导和关心，性格会受到负面影响，变得孤僻冷漠，产生严重的心理问题，甚至患上抑郁症。外界的评价是自信心的主要来源，因此，当学生取得一些成绩时，教师要及时给予积极的反馈，让学生感受到教师的关心和重视，树立“我能行”的意识，进而增强自信心。当学生在学习和生活中遇到挑战和困难时，自信心是迎接挑战、解决困难的基础和前提。

**（二）注重“平等”，融洽师生关系**

很多人把教师比作园丁和灯塔。在人们看来，教师在学生成长的过程中扮演着引路人的角色。师生之间平等和谐的关系是成就期待教育所倡导的，成就期待教育理论认为教师扮演的角色是学生的朋友，师生之间应相互尊重，学生愿意把困难向教师倾诉，教师也愿意为学生提供有效的帮助。这种和谐融洽的师生关系也为学生的快乐学习奠定了基础。

**（三）尊重“差异”，激发学习潜能**

多元智能理论认为，每个个体都具有各自的优势和特点，个体之间虽然存在差异，但都具有取得成功的潜力。成就期待教育相信所有学生都有自己的闪光点，成就期待相信每个学生都有独特的创造力。教学中，教师通过体验探究、互动活动等调动学生的自主性和能动性，帮助学生调整学习状态，积极参加各项教学活动，实现全面发展。无论如何，教师都应首先尊重学生个体之间的差异，并利用差异进行合理引导，分配与之相配的任务，挖掘学生各自的潜在能力。

**（四）倡导“互动、探究、体验”，拓展创造空间**

学生是学习的主体，成就期待教育提倡教育回归学生，回归主体。教师应改变传统讲授的方式，把课堂中更多的时间和空间还给学生，让学生自主选择探究，从多角度多渠道拓展知识面。在这一过程中，教师应起到引导作用，在教学设计时对激疑引思、导学释难、点拨评议、启智培能环节进行精心设计。同时，在问题设计方面教师也应有所考虑，既要激发学生的兴趣，又要引起学生的思考，既要适当放宽解决问题的自由度，又要注意问题的梯度和层次。

### （五）完善“评价”，体现教育的人文性

重结果轻过程、重评教轻评学、重标准轻特征是传统评价体系中经常出现的问题，而多元评价使得评价更具动态性和合理性，倡导教师使用发展、全面、客观、公正的眼光看待学生，从而培养学生全面发展，并体现教育的人文性。在教育教学中，教师的评价会对学生产生重要的影响，学生会从教师中肯的评价中建立自信心，并通过积极的自我评价树立自尊心。因此，教师可以使用评价策略和手段鼓励学生的个性发展，帮助学生在成长过程中体验成就感。这样的评价方式注重培养学生的个体独立性，鼓励学生的个体创造性，考虑与教育的社会功能和目标相协调。教师可以选择适合的评价方式对学生进行鼓励，培养出既适应社会需求，又富有创新意识的个性化人才，从而实现教育的人文性与社会性的完美结合。

## 三、成就期待教育的特征

### （一）人文性——以人为本

成就期待教育充分体现了教育的人文性。课堂教学是指向于学生并服务于学生的，因此在教育教学活动中，以学生为本是首先遵循的原则。然而，很多教师仍然习惯采取说教式、强制性的教育方式，注重教师在教育教学中的权威地位，这不仅使得自己的教育行为事倍功半，也使得学生的学习效果大打折扣。师生双方都没有在这一教育过程中体会到收获的喜悦，极大地挫伤了“教”与“学”的积极性。成就期待教育正是摒弃了这种“外压式”的教育方式，采用“内调式”的教学策略，主要表现为：教师在教育教学过程中为学生获得成功的积极体验创设机会，让学生体会到教师的期望，

同时强化学生对自己的期望，调动学生主动争取成功的积极性，进而反映到学习活动中，促进学生的自主学习。因材施教和激励理论是该方法的教育学和心理学依据，究其根本，这也体现了以学生为本、为学生的终身发展服务的教育理念。

### （二）全面性——促进学生全面发展

在传统“应试教育”的大环境下，课堂教学的主要目的往往都是应对考试、取得高分。然而，这样的教育方式单单强调学生文化素质的培养，却忽视了学生的全面发展，而一味地抓成绩，效果往往适得其反，学生文化素养的发展也无法得偿所愿，还诱发了一部分学生学习困难。从一定程度上讲，这是一种失败的教育，同时，它也没能使所有学生得到均衡的发展。成就期待教育则以学生的视角考虑问题，每个学生都是一个具有主体性的个体，因此在教学中，要结合学生的实际情况，尊重学生的主体性和个体发展，设计适当的教学活动，既要包含应有的知识点，又要培养创造性思维；既要提高知识文化水平，又要保持身心健康；既要结合当前实际水平，又要注重可持续的全面发展。

### （三）全员性——面向全体学生

成就期待教育有机融合了教学思想、教学态度、教学内容、教学方法和教学评估等多种教育因素，在课堂上按照计划有目的、有组织的贯彻执行，让所有学生在民主宽松的环境下和不断激励的氛围中遵循认知规律完成探究和学习，增强自我意识，树立良好信心，从而充分发挥教育的整体功能，获得教育诸因素的整体效益。“面向全体学生”的教育理念贯穿其中，在教学实践中，既要面向全体学生综合考虑，又要兼顾重点学生的培养和辅导，使学优生和学困生都能在各自原有的基础上取得发展和进步。

### （四）成功性——使学生不断体验成功

让每一名学生都取得成功是赏识教育所追求的目标，一切教育活动都应指向成功。成就期待教育主张教师结合成功心理学、潜能发展观、多元智能理论和人本主义等教育理论，优化教学设计，重组教学要素，调整课堂结构，创造条件帮助学生达到成功。此外，教师还要把握学生的实际情况和水平，随时调整教学内容及进度，发现和肯定学生的每一点进步，使学生不断体验成功的喜悦，进而对取得更大的进步充满信心。

# 第二节　成就期待教育策略的基本操作程序及具体策略

## 一、成就期待教育的实施

### （一）激发学生的动机

学生学习的动力来源于学习动机。学习动机是直接推动学生进行学习的一种内部动力，它会让学生对学习活动产生积极的态度，对学习内容产生强烈的兴趣，对学习产生指向性和驱动力，并将其贯穿于学习过程之中，即使遇到挑战和困难，也能在学习动机的驱动下产生迎接挑战克服困难的信心。因此，想要学生从自身内在产生强大的学习动力，需要首先保持积极向上的学习动机，并在此基础上明确合理的学习目标。

学习动机通常受到内部和外部两方面的影响。内部学习动机主要包括心理自尊和被尊重的需要、实现自身价值的需要、学生自身发展的需要等，而外部学习动机的影响因素主要来自教师、价值观、同学、朋友及社会环境等。

树立正确的学生观对一名教师来说至关重要。教师要对学生充满信心，相信每一名学生都能够成功，并结合学生的实际情况，使用不同的教学策略激发学习动机，帮助学生树立正确的学习目标，保持良好的学习动机。学习动机具有多元性、可变性、层递性等特点。学习动机的多元性在于每个学生都有各自不同的学习动机，而即便是同一个学生，支配并影响其学习活动的学习动机也往往不止一个。因为，不同的学生所处的学习环境、家庭环境、社会环境都各不相同，他们受到的教育影响也各不相同，而同一名学生随着年龄和经历的变化，也会随之呈现不同的特点。由此可见，教师在了解学生及其学习动机的过程中，需要采取多种形式和方法进行判断，综合考虑学生的学习态度、学生的学习认知、学生的学习行为等多类因素，不能仅仅凭借一两次调查或谈话的材料就急于下定论。在对学生进行学习动机教育时，学生的生理和心理特点也是教师需要着重了解的，应结合学生的家庭背景、社会环境等影响因素，分析学生的内在思想，选择最恰当的方式有针对性地进行思想教育。教师对学生的思想教育是一个长期的过程，如果只是简单的重复，很容易引起学生的反感，甚至使学生产生逆反心理。因此在进行教育时，应结合学习动机的可变性特点，及时掌握学生的心理变化，了解学生的心理动态，并在教育方式和内容上做出相应变化。当然，教师可以在形式上做出调整，但原则性的目标和总体的方向不能随意变化，尤其是在人生观、价值观、世界观方面的教育，一定要始终把握正确的目标和方向，如果一旦出现偏差，后果将不堪设想。此外，层递性是学习动机的另外一个特点。具体来看，当学生在一定层次上的学习需求得到满足后，教师还应引导学生进行拓展和发散，向更高一级的学习层次发展，树立更高一级的学习目标。总之，在教育的过程中，激发学生的学习动机并将其引向积极的轨道上是教师的首要任务。

### （二）培养学生的兴趣

影响学生学习积极性和主动性的最直接因素就是学习兴趣和学习动机，二者之间关系密切。兴趣会对人的认识和活动产生正面影响，使人在认识事物的过程中产生积极的心理倾向，它也是人类进行学习活动的动力机制。因此，不少教育学者和工作者对培养和发展学生的学习兴趣都十分重视。

孔子曰："知之者不如好之者，好之者不如乐之者。"可见，孔子已对"好学""乐学"做出肯定，并强调了其对教育的重要性。欧洲的教育家德可乐利（O. Decroly）提出："兴趣是个水闸。用它开启注意的水库，并使注意有了方向。"他把兴趣作为其教学法的核心，强调了兴趣在教育教学中具有重要的价值和作用。赫尔巴特学派认为，教育过程中必须借助的"保险丝"便是兴趣，杜威也把兴趣作为儿童成长时期的"指示器"。可见，古今中外的教育家都把培养学习兴趣当作学生学习过程发生的有效运行机制。

教学不是教师单向传授知识的过程，而是师生之间双向互动的活动过程。学生首先要愿意学习，才能做到主动学习，而学生对于学习的兴趣是愿意学习的前提。激发学生的学习欲望，培养学生的学习兴趣，是促使学生主动学习的前提和基础。因此，教师要以"情"导航，以"趣"引路，把传统知识灌输的课堂变为轻松愉快的学习场所。

鲍比·迪比特（Bobbi·De porter）指出："积极的态度是学习方面最宝贵的财富。"学生对于学习内容的兴趣正是这种积极态度的来源所在。当学生的兴趣被激发后，会树立正面积极的学习态度，从而产生进取向上的学习动力。发展心理学家皮亚杰认为："兴趣是能量的调节者。"如果学习内容能够激发一个人的兴趣，学习会取得很好的效果，也很容易长期坚持。反之，如果一个人对学习产生倦怠情绪，学习活动也会停滞不前。

良好的师生关系是培养学生学习兴趣的重要因素，在这一方面，教师应该亲力亲为，并注意教育的方式方法。

有些教师的教育信念比较传统，讲究长幼尊卑、尊师重道，为了让学生信服，在学生面前树立威信，总是板着脸以严肃示人，很少与学生交流沟通，更别说谈心交心了。但其实，这种方式很容易使师生之间产生鸿沟，不利于沟通交流，也不利于知识的传授。有些教师认为，学生总是调皮，要通过批评才能够教育他们，因此在平时的教学过程中经常采取批评的方式。还有些教师在学生面前无法做到一碗水端平，对成绩优秀的学生表扬赞美，对成绩不理想的学生却关注较少，甚至批评歧视、冷嘲热讽，这种做法严重伤害了学生的自尊心。当学生认为教师疏远甚至厌恶自己的时候，也就不可能对教师所讲授的学科和知识产生任何兴趣。因此，在平时的教学中，教师应该努力营造和谐、融洽、平等的师生关系。作为教师，要有一颗仁爱之心，热爱学生，且热爱每一个学生。

喜欢模仿、善于模仿是青少年心理发展过程中的一种表现形式，而教师是学生最直观的榜样和模仿对象。教师的知识经验、行为方式、为人处事、人生态度，甚至说话的语音语调都可能成为学生模仿的榜样。孔子主张“讷于言而敏于行”“身教重于言教”。唐代教育家韩愈也提出教师只有“以身立教”才会“其身亡而其教存”。教师从一言一行到思想品德，从治学态度到行为习惯都会潜移默化地影响学生。因此，作为教师，必须要以身作则、为人师表，注意并约束自己的行为举止，才能够让学生信服和效仿，让学生对其所学的知识内容感兴趣。

教师应该综合考虑学生的生理和心理特点、任教学科的目标和内容等因素，培养和激发学生的学习兴趣。当然，教师不能为了片面追求课堂表面的活跃气氛插科打诨，而是需要结合多种教学手段激发学习兴趣。比如，在课堂引入环节，抛出问题设置悬念，激起学生的好奇心和求知欲；在实验演示环节，借助多媒体等手段，增强学生的直观感受；在新课讲解环节，准备丰富的教学资源，拓展学生的知识面；在实践探究环节，创设情境铺设任务，引导学生用所学知识解决实际生活中的问题。

总的来说，教师应当采取丰富多样、行之有效的教学方式来激发学生的学习兴趣，保持学生的好奇心和对未知世界的探索欲望。

### （三）给学生施加适当的压力

如今，有不少教育工作者都提倡快乐教育，他们主张让学生在轻松愉快的氛围中获得知识，这显然有利于培养学生的学习兴趣。然而，不同学生的心理特点、生活环境、成长经历等都有所差异，学习动机也具有多元性，这就要求教师在教育教学过程中，根据不同学生的特点采取不同的教育方式。可以采取给学生适当地施加压力的方式，促进学生有效学习。

人在一生中会遇到各种各样的困难和压力，有些来自学习和工作，有些来自生活和社会。因此，如何面对困难，如何将压力转化为动力为个人发展助力则显得至关重要。对于学生来说，学习压力是必须面对和解决的问题。学习过程中有苦有乐，如果只靠一时的热情和冲动无法长久，这就需要学生面对学习压力时，有正确的认识和持之以恒的决心。适当的压力能够成为学生学习的助推器，教师在这个过程中也扮演了重要角色。当学生学习压力较大时，教师应该积极引导，帮助学生化解压力；当学生学习压力过小，甚至没有学习压力时，很容易在学习上产生懈怠情绪，这时，教师就应适当施加压力，促使学生积极向上。

学习压力有些来自内在，比如，学生自己要求上进，增加学习任务，也有些来自外部，比如教师布置的学习任务，家长赋予的期望等。在教学过程中，教师可以通过引导，帮助学生用恰当的方式将学习压力转化为学习动力，激发自身的学习动机，提高学习效率。教师在制定自己的教学目标时要结合课标大纲的要求，在制定学生的学习目标时要考虑学生学习的实际。无论是教学目标还是学习目标都应具体明确、可实施、可测量，且符合现有的实际情况和水平。在教学过程中，教师还需要对目标的达成情况进行监控，根据进度适时调整和提醒，当教学目标或学习目标无法达成时，教师需要深入分析原因，及时采取补救措施。在制定目标、施加压力的过程中，教师需要结合学生各自的生理、心理特点和家庭背景等因素综合考虑，不能因为目标难以实现或压力过大伤害到学生的自信心。此外，教师还可以引导学生关注当今社会的激烈竞争形势，适度培养学生的竞争意识和忧患意识，进而将压力转化为动力。当然，教师施加压力一定要注意控制“度”，切忌给学生造成过重的心理负担，产生负面影响。

### （四）让学生期待并成功

学生在学习上取得进步或成功能够极大地提高他们的学习动力。贝蒂·B·扬斯（Bettie·B·Youngs）提出：“当学生达到他们的目标时，动力与能力就会猛增。”教师可以设定一个适当的目标，并努力帮助学生达到这个目标。有不少教师和学者都推崇目标教育和成功教育，当学生在学习上的进步和成绩一目了然时，学生自然能够体会到学习的乐趣和成就感，而这种成就感也能够使学生产生进一步深入学习的动力，增强学习的信心。因此，教师应当向学生展示他们努力的结果和成绩的提升，让学生了解自己的学习成果，让学生获得成功的体验。

对于学生来说，成功与失败是一个相对的概念。从学习成绩来看，考试得到 80 分对于有些学生而言是一次巨大的成功，而也有些学生会认为这是一次可怕的失败。因此，在制定学习目标时不可一刀切。教师应该引导学生根据自身的学习基础制定衡量成功与失败的标尺，并结合自身的实际情况安排学习进度。同时，教师还应充分相信学生，给予他们一定的空间，让学生独立实现目标，体验完成目标的过程和达成目标之后的成就感。当然，对于学生制定的目标，教师要进行判断和把关，保证学生的学习目标难度适中，既能够通过一定的努力达成目标获得成功和信心，又不至于难度太大造成失败，导致丧失兴趣。在学生达成目标或是阶段性取得进步时，教师要及时给予明确积极的正面反馈和评价。教师的鼓励对学生的成功有着重要的意义，教师的鼓励对学生成长起着促进作用。

总之，成就期待教育提倡激发学习动机，培养学习兴趣，并在学习过程中适当施加压力，让学生体验成功，促使学生产生学习的动力。在这一过程中，学习兴趣和成功体验会增加学生的学习热情，而适当的学习压力则会让学生更加冷静理性。学习动机为学生提供了目标，学习兴趣能够引起学生的好奇，压力会转化为促进学生进取的动力，成功则让学生获得了积极的体验，反过来，这又将进一步激发学生的兴趣，使学生坚定信心，为实现理想和目标而努力奋斗。因此这四者之间相辅相成，有机统一，缺一不可。

## 二、成就期待教育的策略

创设情境——教师结合教学目标、教学重难点、教学内容等，创设特定的能够引发学生兴趣的学习情境，使学生产生强烈的好奇心和探究欲望，从而促进学生的学习效率。

激励发现——教师采取赏识教育，对于学生的优点强化并扩大激励反应，通过鼓励，让学生树立自信心，产生学习内驱力，进而形成“发现—激励—发现”的良性循环。

参与互动——教师采取有效的教学策略调动学生的积极性，让每一位学生都能主动参与到教学活动之中，同时注重课堂中学生主体性的体现，营造积极和谐、互动性强的课堂氛围。

合作探究——在教学中，教师可以采用合作探究的方式，把学生分成小组，并划分角色，模拟课题研究的形式，围绕主题进行探究。在研究的过程中，学生通过查阅资料、实验观察、讨论交流等方式找到问题的答案和解决办法。在小组中，学生互相帮助，取长补短，既提高了合作意识，又增强了思考和解决问题的能力。

体验成功——教师将教学内容分解成若干层次，由浅入深形成梯度，让学生在每一个台阶上均能感受到成功的愉悦，增进学生对下一梯度学习目标的兴趣和自信。

差异体现——承认学生的独特性和差异性，尽力捕捉不同学生的“智慧点”，有针对性地加以赏识和训练，使不同层次的学生在课堂上都有所得。

多元评价——教师在教学过程中运用多元智能理论，充分调动不同的评价主体，形成过程性和动态性评价，为学生营造良好的心理环境。

## 第三节　成就期待教育策略的案例及评析

**案例：**

### 成就期待就是激发心灵的活力

——在小学科学课中运用成就期待教育策略

北京市朝阳区新源里四小　魏　欣

在朝阳区小学科学学科学习习惯评价标准中有一项要素：要引导学生养成科学行为习惯，而其中的小组合作这一要点，对于科学学科来说是非常重要的。合作意识和能力是现代人应具备的基本素质，在合作学习下，教师要引导学生在小组合作中进行学习并承担一定的任务。

新学期开学不久，在我所授班的科学课上，我发现一位令人头疼的男孩。课堂上，他很好动，经常玩东西，有时还会发出点怪声或搞点恶作剧以引起别人的注意。在小组里他也从不与同学一起完成实验活动，总是自己想做什么就做什么，时不常还与同组同学发生争执。正因为如此，班里的同学都不愿意跟他一个小组。从班主任口中我了解到，原来，这位同学的家人都很纵容溺爱他，因为没有约束，他越来越跋扈。在科学课上，为了帮助他尽快与同学融合在一起，我有意识地安排班里表现比较好的同学与他一个小组，让同学主动地帮助他，但收效甚微，他还是非常霸道，我行我素。我深知建立良好的科学行为习惯并非易事，但我也坚信只要用上恰当的方法，学生的不良习惯是能改掉的！

学习“电路”一课时，我在组装简单电路这个环节给每组同学都准备了实验材料，要求两位同学合作完成实验。当我讲清实验要求之后，同学们都开始分工合作动手实验。这时，我发现那个男孩快速地把实验材料揽到自己面前，开始做了起来，同组的同学非常无奈地跟旁边小组的同学一起做实验了。我急忙朝他走过去，准备对他进行严厉的批评，纠正他这种不能与同学合作的行为习惯。但当我走到他身边时，他已经把电池分别与导线、小电珠连接起来了，可小电珠怎么也不亮。他开始着急了，非常烦躁地问：“老师，我的小电珠怎么不亮呀？”原本是要对他进行严厉批评的，但看着他着急的样子，二十多年的教育经验告诉我，发火是没有用的，发火的结果只会让这个难调教的家伙摸清老师的脾气，抓住老师的弱点。怎么办？怎么办？这个问题在我脑子里不停地回荡，急中生智，我忽然觉得应该好好利用这个机会，引导这个“能量超群”的孩子将注意力转移到有意义的事情上来，这正是一个可以利用的机会！我顿了顿，稳定了一下情绪，快速地做出决定，要抓住他实验没有成功这件事，对他进行教育。于是，我看过他的连接之后对他说：“连接没问题，非常正确，可能是你用的器件有问题，想办法检查每一个元件，看看是哪个元件的问题。这样吧，你先不用着急，可以问问同组的同学，让他们帮帮你，跟同学借个元件再试一试，看看到底是哪儿出了问题，好吗？”这时，我又暗示旁边的同学主动与他沟通。因为非常想看到实验成功，他并没有拒绝同学的帮助。就这样，在同学的帮助下，很快，他们就找到了问题所在。于是，我又趁热打铁，在展示交流的环节，让他与合作伙伴拿着他们组装好的电路到前面来，与同学分享成功。全班同学都为他们的成功鼓掌加油！此刻，他高兴地笑了。看到他高兴的样子，我也非常欣慰，暗自庆幸刚才的决定是非常明智的。

课后他对我说：“老师，我觉得与同学一起实验还是挺好的。”我摸着他的头，夸他很聪明、很有灵感，继续努力，一定能行。

在以后的科学课上，我发现他是个非常聪明、动手能力很强的孩子。于是，我抓住他这个闪光点，经常让他帮助老师给同学发放一些实验材料，在实验活动中，让他帮助动手能力弱的同学。就这样，他渐渐地感受到了与同学一起交流、一起讨论、一起进行观察实验、一起承担并完成任务的乐趣。每当看到这一幕，我就会及时表扬、鼓励他。一段时间以后，我发现他的性情变得温和多了，行为有了很大的改善，和同学的矛盾也少了，对科学课产生了浓厚的兴趣，经常提出一些小问题，然后通过搜集整理资料的方法找到答案。渐渐地，他不仅不再是个令人讨厌的家伙，还成了这方面的“专家”，很多同学都向他请教搜集整理资料的方法。不知不觉中，他融入同学，逐步养成了小组合作的科学行为习惯。

教学的艺术不在于传授本领，而在于激励、唤醒、鼓舞。对学生的缺点，教师应充满“师情”透出“爱心”，用亲切的语气指出他们应努力的方向和预期达到的目的。作为一名教师，在引导学生参与教育教学过程中，不仅要让他们学习掌握知识，也要让他们的各种心理素质得到协调发展，使他们有愉快的情绪、情感，充满自信、生动活泼地发展。正如一位心理学家说：“孩子需要鼓励，如同植物需要水一样，鼓励就是激发心灵的活力。”

**评析：**

该案例中，教师对学生的期望，学生经过努力可以实现。教师根据学生的年龄特点与教学任务的要求，采取多种措施与手段，激发学生学习动机，调动其学习的主体性和积极性。教师运用成就期待策略，强化学生每一个小的发现和进步后的激励效应，促使学生在激励中产生学习的内驱力，最大限度地挖掘自身潜能并融入小组合作学习，高效自主地进行学习。

# 第十五章　学习机会的策略

在新一轮课程改革的大背景下，教与学方式的改革牵动着教育者教学实践的脉搏。关注学生学习体验、注重学生主动学习日益成为教师们教学工作的重点，以此为契机提供学习机会、激发学习兴趣、提高学习效率成为教学切入点。本章中所提到的学习效能不是指学习的效率，而是指学习的实际效果及其对学生产生的影响。

## 第一节　学习机会策略概述

### 一、学习机会策略的内涵

“要提高学生的学习效能就必须使教学时间紧紧围绕课程活动进行安排。实施有效的课堂管理，以保障学生充分参与教学过程。”这句话一方面指出高效能的学习源于教学安排围绕教学目的，所有的教学安排都指向最终的教学目的，这样才能保证学生最高效学习；另一方面指出提高学生的参与度是要通过课堂管理的手段来实现的。那么关于“学习的机会”的内涵，我们可以从精心设计的教学活动和有效的课堂管理两个方面来理解。

#### （一）精心设计的教学活动

有研究表明，学习效果与学生在校学习时间呈相关关系。此处在校学习时间是指学生真正参与学习的时间，这一时间是教师利用自己的专业知识和对学生学情的了解，通过精心设计课堂教学活动来实现的。教师根据教学目标设计教学活动，内容丰富、充实且吸引力大的教学活动可使学生不自觉地被带入学习情境，自然而然跟着教师的引导主动参与到教学环节之中，逐渐独立思考问题、解决问题，进而引发学习兴趣，提高学习效率。

### （二）有效的课堂管理

课堂管理表面是指维持课堂纪律，深层次的含义则是指高效学习情境的创设。课堂管理的目的是为了吸引学生课堂注意、提高学生参与度，同时在一定程度上给需要帮助的学生以恰当的帮助。

成功的教师善于表达并坚持对学生的积极期望。教学初期，他们可能会以示范和训练的方式进行教学，但随着教学的深入，就会渐渐以指导者和帮助者的身份引导学生学习。他们对课堂教学定期监控，对可能出现的问题，在不影响教学的前提下，进行提前干预。另一方面，成功的教师还会根据学生的已有知识水平逐渐渗透能力方面的训练。比如，通过增加课堂讨论来引导学生思考，锻炼表达能力；又如，增加综合实践活动、小组学习等多种多样的学习形式。这些方式既有利于学生弄懂学习的内涵，又有利于培养学生自我管理的能力，提高了课堂管理的有效性。所有做法归结到一点就是：教师在教学过程中对学生的期望要随时调整，同时，对学生的管理也应逐渐淡化。

## 二、学习机会策略的意义

### （一）保障每位学生享有受教育的权利

教育的基本要求是保障每位学生都能享受到受教育的权利。本章所讲的“受教育的权利”特指每位学生真正积极地参与到课堂教学活动中的权利。学习机会策略就是秉承着这样的目的而开展的教学策略。在课堂教学中只有目标明确且设计合理、紧凑的教学活动才能调动学生学习主动性、激发学生兴趣。有效的课堂管理能够保证教学的流畅性，使每个学生都能够按照教师预先设计的教学环节完成学习任务。因此，这一策略的有效运用能够保障每位学生享到受教育的权利。

### （二）提高学生学习效率

精心设计的教学活动和有效的课堂管理都能够提高学生的学习效率。因此，教师在日常教育教学中要争取熟悉每位学生的知识掌握情况以及性格特点，在熟悉学生这些特点的基础上设计教学活动，这必将极大提高学生的学习效能。

## 三、学习机会策略的特征

从学习机会的内涵我们可以看出，这一策略的特征有两个：一是教学时间分配以课程安排为标准；二是保障每位学生真正参与教学活动。为了达到高效的学习效能，使有限的教学时间得到充分利用，教师首先必须要精心设计教学活动，让每位学生都积极主动地参与到这些教学活动中。其次必须进行有效的课堂管理，保障课堂活动能够按计划进行。

# 第二节　学习机会策略操作程序及具体策略

“学习机会”的创造来源于教师对课堂有效的操控。在教学过程中，教师按照一定的教学计划，通过控制课上各种对于教育目标会产生影响的变量有效地完成教育任务，从而实现对课堂的良好操控。有研究表明，课堂管理的目标分成三个：为学生创造更多的学习时间、使更多的学生投入学习和帮助学生进行自我管理。要达到以上目标，可以从以下两方面入手：①教学控制，如教师通过控制上课速度、教学环节间歇以及学生间交往的引导等达到教学管理的目的。②纪律控制，如教师通过控制学生的不良行为、维护课堂次序、调控学生注意力以及营造班级气氛等来达到控制纪律的目的。其中，主要以教学管理为主，课堂纪律的管理是为了教学服务。下面具体介绍实施策略。

## 一、对课堂教学实施管理的策略

### （一）课堂教学节奏的处理

课堂教学节奏是指在教学过程中教师有目的、有规律地分配教学因素。教学因素主要涵盖教学的密度、难度、激情度、速度、强度、重点度等，教师以这些因素为着眼点，通过适度的变化来吸引学生的课堂注意，从而使教学中的重难点问题能够引起学生的注意，同时也可表达情感态度，与学生产生良好互动，提高教学吸引力。

实践表明，好的课堂教学节奏有利于营造良好的学习情境，从而激发学生学习兴趣，提高学习效率。一般来说，好的教学节奏是有规律可循的，教学要素按照“弱—强—弱”或“强—弱—强”的趋势交替、重复或者循环变化，即可形成有规律的课堂教学节奏。另外，“强—渐弱—弱”和“弱—渐强—强”的趋势有时也会收到很好的教学效果。如果将多种教学因素综合考虑，因素间的关系就需要更加谨慎的处理。有研究表明，部分因素如高强度与高激情度、高激情度与高重点度皆可重叠进行，而有些因素如高密度、高重点度、高难度则不适合集中在一起。教学难度较高的部分，教师应适当减慢速度和密度，而遇到教学重点问题，则应提高激情度、降低速度与密度，以此达到提高学生学习效率、激发学生学习兴趣的目的。由此可见，提高教学管理质量的重要手段是掌握课堂节奏控制的规律并能够灵活地应用该规律。

此外，有关研究还表明，课堂教学节奏的变化除了受限于教师对课堂节奏规律的理解和应用以外，还在很大程度上受限于授课教师对教学的理解。教师在教学过程中通常会有些过敏行为，过敏行为易使课堂节奏不清晰乃至混乱，从而导致教学进展不顺畅。这些过敏行为通常指行为过敏、枝节过敏和期望过敏等。行为过敏指教师对学生的问题行为做出过敏的反应，在课堂上通常表现为教师因学生较轻微的刺激而做出与之不匹配的反应，如批评、指责学生。行为过敏如若不及时纠正，很有可能造成课堂秩序混乱，甚至导致教学无法继续。枝节过敏是指教师在课堂教学中不能从整体上把握课堂进程，不能清晰分辨出教学重点与普通知识，对于教学重点没能给予充足的讲解，反而在细节的、非重点部分花费较多的时间。在教学实践中，青年教师较容易出现枝节过敏。枝节过敏的直接影响是没有突出教学重点和难点，教学节奏混乱，学生不易掌握所学内容，教学进程难以推进。期望过敏是指教师对学生的要求超过了学生应有的水平，容易引起学生的心理压力，甚至放弃学习。期望过敏导致教师与学生不能共同探讨问题，抑制学生学习积极性和主动性，使学生更易产生焦虑、不安等情绪，最终影响课堂教学的推进及效果。

### （二）课堂教学流畅性的保持

流畅的教学是指教学活动间的转向所花的时间很少，即在转向之前给学生信号，使主题之间或活动之间的转换平稳过渡。教师教学过程的不连续性会直接导致学生注意力分散、失去学习积极性和主动性，当教师没有流畅进行教学而是用重复自己的话语或者查找资料寻找下一个教学内容时，就会产生课堂纪律问题。实际上，教学流畅性和节奏是相互联系的，教学节奏的突然变化必然影响到教学的流畅性。

**（三）课堂教学过渡的把握**

课堂教学过渡是一个教学活动向另一教学活动的转换过程，如从教师讲授过渡到学生练习、实验。过渡是课堂管理的“缝隙”，此时课堂秩序容易出乱，因此，在教学过渡时应给学生明确的信号，让学生明白接下来的课堂学习任务，同时需要注意的是过渡时应所有人同时进行，不要一个学生或一组学生进行。

**（四）学生课堂注意的调控**

学生课堂注意是指学生在课堂学习过程中对一定对象的选择与聚焦，它既可以是外部事物，也可以是学生的内心世界。学生课堂注意力的高低直接影响着学生课堂学习的效率。

学生课堂注意一般分为有意注意和无意注意两类。有意注意指有预定目的、需做一定意志努力的注意；无意注意指没有预定目的、不需意志努力的注意。通常来讲，学习目标是影响学生有意注意的重要因素，可以理解为学习目标越明确、具体，学生越容易保持有意注意。实践表明，具体的学习目标使学生深刻理解，有助于调动学生的有意注意。影响学生无意注意的是外界因素，这就要求教师能够随时观察、掌握学生无意注意，并及时、有针对性地调控。当需要学生注意力集中的时候，教师要尽量控制各种可能影响学生学习的课堂刺激，教学活动的设计变化、教学进程中对过渡的把握等都能引起课堂刺激。

在实际教学当中，除了以上调控学生课堂注意的方法外，还有一些常用的、易于教师掌握的方法，具体如下：

1. 声音控制

声音控制既包括教师讲话时音量的大小又包括讲话语调的变化、

节奏的掌控等，教师通过声音一系列的变化可以引起和控制学生的课堂注意。当教师讲话速度、音量等发生明显变化时，学生注意力会集中。

2. 眼神和表情控制

教师在课堂教学中适时地运用眼神和表情的变化来提醒和警示学生，从而提高学生的课堂注意力。教师与学生目光的接触以及教师表情的变化都可以在短时间内迅速与学生交流，使学生明白教师的意图，起到提醒学生的作用。

3. 停顿

在讲述课程重点、难点之前短暂的停顿，能够有效引起学生注意，合适的停顿可以起到吸引人的注意的效果。一般情况下，停顿时间以三秒左右为宜，授课过程中停顿时间不宜过长，过长就会使学生不知所措，甚至有可能导致学生注意力分散；也不可无停顿，无停顿的讲话容易引起听话者的听觉疲劳，长时间的无停顿讲课必然会导致学生无法全身心听讲，导致课堂效率低下。

4. 增加多媒体教学

在以往的课堂教学中，教师主要通过语言、文字的传递进行知识的传递，由于形式单一，学生容易产生视听疲惫、课堂注意力分散等现象，进而导致学习效率低下。因此，教师可根据教学内容及学生需求适当增加视频、音频、图片等多种媒体开展教学，使学生在课堂学习过程中接受不同形式的刺激，有节奏地调动学生的兴奋度，以提高学生的学习兴趣，增加学生的有意注意。

5. 变换活动方式

课堂教学的主题主要是教师和学生。教师要充分利用这两个主题不断变通设计教学活动，通过开展师生讨论、小组交流、学生汇报、学生辩论、相互评价等活动调动学生有意注意。教师需要注意的是，应根据课堂实际情况的变化随时调整活动，选择既适合所学知识的教学目标又适合所教学生的活动方式。

## 二、维持课堂纪律的实施策略

### （一）明确课堂纪律和具体活动规则

每个课堂活动都有各自的参与规则，教师和学生通常没有意识到他们虽然在同一个课堂，却遵守着不同的规则。这种差异往往是极其细微的。例如，在有些课堂上，学生要先举手才能问问题，而在有些课堂上不必举手可以直接提问。因此，教师设计教学活动时要充分考虑这些规则是否适合学生，同时，明确解释不同活动的具体规则也非常重要。

### （二）注意中性行为的中介作用

加拿大教育心理学家江绍伦教授将学生在课堂内的行为分为积极的、中性的与消极的三种。积极行为指能够充分促使教学目标实现的行为；中性行为是积极与消极这两个极端行为间的过渡，指那些既不增进又不干扰课堂教学的行为；消极行为是指对教学目标的实现起干扰作用的行为。教师在课堂教学过程中要时刻注意增加积极行为，同时增强转化消极行为为积极行为或者中性行为的能力，需要指出的是，当有较少的中性行为出现时，教师应采用积极引导来取代批评。

### （三）制止的策略

制止的策略是指教师在恰当的时机对违反课堂纪律的行为进行干预并制止的做法，通常可以按强弱程度分为低、中、高三个档。低强度的制止策略一般指教师通过眼神、摇头、表情或停顿并走近违纪行为的发生地来暗示。中强度制止策略通常指教师以言语、谈话等较弱的方式制止违纪行为。高强度的制止策略是指教师以较重的语气或强制性的非言语方式制止。在日常教学中，教师应以低强度、私下的制止为主，它既不影响课堂教学、不分散学生注意力，又不会伤害学生自尊。此外，也可以通过树立榜样的方式间接制止违纪行为。

**（四）帮助学生实现自我管理**

学生自我管理的形成是教师所有教学行为的最终目的。教育教学中，纵使教师们花费再多的时间，只要能培养学生自我管理的能力，都是值得的。以培养学生自我管理能力为目标的教育虽然短时间内效果不明显，但是从学生综合素质的提高乃至学生一生发展的长远眼光来看，是能使学生受益终身的。

如何引导学生进行自我管理呢？首先，让学生做自己的主人，参与到课堂规则的制定中；其次，在实践中让学生自己体会规则的合理性及不完善的方面；再次，给全班同学共同探讨规则的设计、执行过程中自己的变化等机会；最后，给学生权利修改或者增加课堂规则，最终达到学生自觉进行自我管理的目的。

## 第三节　学习机会策略案例及评析

**案例：**

### 学习机会策略的研究与实践

北京市龙潭中学　李　健

素质教育是当前教育界的主要任务，然而要实施素质教育，首先应该改变教师教学方式和学生的学习方式。改变以接受式学习为中心的单一教学方式，注重课堂管理，保障教学达到良好的效能。

我认为课堂管理的核心思想就是要提高学生学习的效能，使学生进行有效、有用的学习。体验式教学的教学方式通过引导学生主动参与、亲身实践、独立思考、合作探究，发展学生搜集和处理信息的能力以及合作交流的能力，使学生在这一过程中充分获得学习的机会。

在平时的教学过程中，我主要是从以下几个方面来体现这一教学思想的：

## 一、充分的课前准备

课堂教学的时间是有限的，在有限的时间内，要使学生学到更多的东西，就必须使课堂上的时间充分有效。为了保证这一点，教师必须做好充分的课前准备。

体验式的课堂学习对课堂教学设计者提出了更高的要求，它需要教育者在活动开展前进行更加精心的思考和设计，考虑学生的实际情况，准备相关的工具、场景、资料。教师必须理解每一个学生的感悟能力，才能设计出符合实际情况的体验活动，在活动中随时改变设计，或者增加活动内容，促进学生实现由感性认识到理性认识的飞跃。

具体来说，如在立体几何的教学中，学生对于画在黑板平面上的空间图形没有体验，光靠自己的想象无法空间化，无法达到思维上的理解。传统教学只依赖描述，学生似懂非懂，盲目模仿，只能通过长期实践逐步理解。我在课上利用几何画板做出立体图形，再利用它的动画效果，充分调动学生的视觉功能，使学生产生视觉的立体感，从而豁然开朗，有效地参与学习过程。

## 二、高效的课堂效率

追求高效的课堂效率是目前大多数教师研究的热点问题。所以我在教学中十分强调教学目的，尽量最大限度地利用有限时间，做到活动安排与管理都有效、有用，增加学生学习的机会。主要体现在以下两个方面：

（一）落实教师的管理与组织

教师的教学目标要适应学生实际，符合学生的知识基础，提出的问题明确，能放能收；教师应善于表达对学生的期望，适时给予鼓励。

（二）追求高效能的教学过程

1. 教师应该采取合理的教学模式和学具，达到提高学生的学习兴趣及学习效率的目的。

2. 在授课过程中尽量注意语言精练，减少废话及语病；对课堂适时监控，对可能出现的问题进行防范；注重提高自己驾驭课堂的能力，力求完美体现课堂内容，使学生能够欣赏数学的美。

3. 上课时尽量给学生提供充分的思考与探索的机会，使学生有效参与课堂教学，让学生通过富有成效的讨论，热情投入学习。

**三、灵活的体验过程**

学生是体验的主体，教师是体验式学习的设计者，需设计出体验式学习的过程。

（一）使学生主动学习

在这一阶段要激发学生的学习动机，充分调动学生的主观能动性，使学生对自己的学习负起责任，完成学习的过程。

任何一种学习方式都是为学生的有效学习服务的。我们选择的学习方式应充分考虑学生的实际情况和教学内容的需求，这正是教学策略的具体体现。我们学校是北京市一所普通校，学生学习的态度和能力相对较差，在立体几何的期中总复习中，我发现由于学生没有建立空间思维，在解决正方体中的线面关系时遇到很大困难，所以我利用几何画板做出课件，让学生在观察中产生学习的兴趣，激发学习的动机，调动学生原有的知识结构和认知，利用学生原有的经验，通过反复体验，形成新的认知。

（二）寓教于乐，让学生实践感受，初步亲历

教师把传授的知识融入激发学生兴趣的教学方法，尽量使教学过程像娱乐活动一样吸引人，从而让学生体会到学的乐趣。

多媒体的使用能够使平面图形空间化，学生能够多角度观测空间图形的位置关系，深化理解并总结反思，从而突破难点解决问题。

（三）学以致用，使体验内化，使学生反思，同化其个体体验

如果只是一味地观察，学生并不能真正掌握在真实情景下知识的灵活运用及数学的逻辑证明。只有运用所学知识进行思考、做出反应，才能在解决新问题的过程中获得深刻的体验，验证所得。

学生在知识建构之后，需经过反复体验，进一步强化，最后内化为自己的东西。如在立体几何的教学中，就应该让学生亲眼去看、亲自动手、亲自去想，最后得到结论，再加以验证，使其在解决实际问题中获得综合的理解。

（四）虚实结合，调控课堂结构

考虑到学生的不同需求和接受能力的差异，教师设计的教学目标也应各有侧重。在课堂上应调动学有余力的学生积极思考，为他们提供不同于其他学生的学习机会，不能因为迁就学习能力较弱的学生忽略了他们的需求。

教师在实施教学设计的过程中，对于部分学生的不同体验应该及时做出反应，据此灵活改变自己的教学设计，增加活动内容，让学生深刻理解知识内涵、拓展解题思路，从而由感性认识出发获得最终的理性认识。

总之，体验的过程反映在师生间的一问一答、学生的观看、思考、亲自参与设计与自己动手等多种形式中。课堂上由教师演示逐渐转变为学生操作，通过验证学生想法，使其进一步加深理解。

## 四、教学效果

教师的教学活动不应仅仅停留在课本知识的传授上，而应投入一定的时间拓宽知识的覆盖面，使学生注意到知识的迁移和扩展，从而增长见识，诱发学生的求知欲，主动把握学习的机会。体验式学习能够在这一方面取得很好的效果。

### （一）问题解决程度

在正方体一课中利用体验式教学解决了 4 道小题和 7 道大题，是平时 3 节课的容量，这是利用传统课堂教学的描述性讲解根本无法达到的教学目标。学生建立了自己的知识体系并学会了类比的数学思想方法。

### （二）效率

学生的亲历亲见可以使他们建构起合理的空间概念，并极大丰富了自己的原有认知，使分散的知识点形成了一个整体。

学生不仅解决了练习册中相关的正方体问题，还对空间位置关系有了自己独到的见解。

### （三）容量、深度、广度

利用学生对问题的深刻理解，学生已经能够解决高考试卷中的相关问题并自己得到一些常用的结论，创设一些新奇的解决方案。

总之，教师的教学活动要紧紧围绕如何给学生提供更多的学习机会而展开，使学生主动思考与探究，给学生创造有效、有用地参与课堂教学的机会。应该优化教师在教学活动中不可替代的主导作用，学生的主动参与会使教师的教学活动得以有效实施。

掌握适合学生和教师的教学策略，是实现有效教学活动的重要保证，而学生是这种教学活动最大的受益者。

**评析：**

这是龙潭中学的数学教师李健在做了有关“学习机会策略”的研究课后的一篇心得体会。她认为“学习机会策略”的内涵是提高学生学习的效能，使学生进行有效有用的学习。在这节研究课中，她把“学习机会策略”与体验学习方式很好地结合，从课前准备、高效的课堂效率和灵活的体验过程三个方面提出了自己的一些具体做法，如在追求高效能的教学过程方面，她提出教师应该采取合理的教学模式和学具，语言精练，对课堂适时监控，尽量给学生提供充分思考与探索的机会，从而形成学生课堂教学的有效参与，让学生通过富有成效的讨论，热情投入学习。从这篇心得体会中，我们可以看出她既注意到了在课前准备阶段要精心设计教学活动，又提到了在课堂管理方面要注重适时监控，给学生充分的思考与探索的机会，同时针对不同的环节精心设计一些细节，为学生提供学习的机会。但是，她更多的是从教具准备和教师语言、设问等方面为学生提供学习的机会，对如何保持学生的注意力、如何培养学生的自我管理能力等方面尚未提及。为学生争取更多的学习时间和使更多的学生投入学习是“学习机会管理”这一策略要达到的基本目标，其最终目的是实现学生的自我管理，使他们学会学习、学会把握学习的机会。因此，掌握学习机会的本质和实施策略都要以此为根本出发点。

# 参考文献


[1] 巩子坤，陈辉. 论“双基”视野下的接受学习［J］. 数学教育学报，2008（6）：29–32.

[2] 冯忠良. 教育心理学［M］. 北京：人民教育出版社，2001.

[3] 李士崎. PME：数学教育心理学［M］. 上海：华东师范大学出版社，2001.

[4] 丛立新. 学校心理健康教育［M］. 北京：人民教育出版社.

[5] 韩尹红，丁徐华. 接受学习的新定位［J］. 基础教育研究，2004.

[6] 现代汉语词典（修订版）［M］. 北京：商务印书社，2002.

[7] 中国社会科学院语言研究所. 辞海［M］. 上海：上海辞书出版社，1999.

[8] 美国国家研究理事会，科学、数学及技术教育中心，《国家科学教育标准》科学探究附属读物委员会. 科学探究与国家科学教育标准——教与学的指南［M］. 罗星凯，译. 北京：科学普及出版社，2004.

[9] 任长松. 高中新课程与探究式学习［M］. 天津：天津教育出版社，2005.

[10]“科学探究性学习的理论与实验研究”课题组. 探究式学习：含义、特征及核心要素［J］. 教育研究，2001（12）：52–56.

[11] 钟启泉. 现代教学发展论［M］. 北京：教育科学出版社，1998.

[12] 徐学福. 探究教学研究［M］. 桂林：广西师范大学出版社，2005.

[13] 崔相录，曾天山. 中小学探究教学实践 [M]. 济南：山东科学技术出版社，2007.

[14] 柴西琴. 对探究教学的认识与思考 [J]. 课程·教材·教法，2001 (8) .

[15] 袁碧林. 高中数学课堂探究教学研究 [D]. 兰州：西北师范大学，2003.

[16] 左秀兰. 小学数学探究教学概论 [J]. 学科教育，1998 (8)：28–32，35.

[17] 布鲁纳. 发现的行为 [M]. 绍瑞珍，译. 北京：人民教育出版社，1988.

[18] 施良方. 学习论 [M]. 北京：人民教育出版社，1994.

[19] 张大均. 教育心理学 [M]. 北京：人民教育出版社，2003.

[20] 陈琦，张建伟. 建构主义学习观要义评析 [J]. 华东师范大学学报（教育科学版），1998 (1)：62–68.

[21] 国家数学课程标准研制工作组. 普通高中数学课程标准（实验）[M]. 北京：人民教育出版社，2003.

[22] 谢明初. 数学教育中的建构主义：一个哲学的审视 [M]. 上海：华东师范大学出版社，2007.

[23] 喻平. 数学教育心理学 [M]. 桂林：广西教育出版社，2004.

[24] 弗赖登塔尔. 数学教育再探 [M]. 刘意竹，译. 上海：上海教育出版社，1999.

[25] 李鑫. “有意义接受学习” 和 “探究学习” 整合下的有效教学策略研究 [D]. 上海：上海师范大学，2010.

[26] 李倩. 探究式学习在初中地理教学中的应用现状调查及改进策略研究 [D]. 长春：东北师范大学，2010.

[27] 元云曦. 高中生物教学中探究式学习的研究 [D]. 南昌：江西

师范大学生，2006.
[28] 蔡明星. 论探究学习 [D]. 福州：福建师范大学，2004.
[29] 招清. 探究式教学的理论探讨与调查研究——以淄博市中学教师为例 [D]. 济南：山东师范大学，2007.
[30] 胡刚. 探究式教学模式的应用研究——以农村高中地理教学为例 [D]. 武汉：华中师范大学，2008.
[31] 张艳杰. 探究式学习在高中化学教学中的实施策略研究 [D]. 长春：东北师范大学，2008.
[32] 钟启泉，崔允漷，张华. 为了中华民族的复兴为了每位学生的发展——《基础教育课程改革纲要（试行）》解读 [M]. 上海：华东师范大学出版社，2001.
[33] 靳玉乐. 探究教学论 [M]. 重庆：西南师范大学出版社，2001.
[34] 靳玉乐. 探究教学的学习与辅导 [M]. 北京：中国人事出版社，2004.
[35] 中华人民共和国教育部《素质教育观念学习提要》编写组. 素质教育观念学习提要 [M]. 北京：生活·读书·新知三联书店，2001.
[36] 联合国教科文组织总部. 教育——财富蕴藏其中 [M]. 联合国教科文组织总部中文科，译. 北京：教育科学出版社，1996.
[37] 汪霞. 国外中小学课程演进 [M]. 济南：山东教育出版社，2000.
[38] 王枬. 教育基本理论与实践 [M]. 桂林：广西师范大学出版社，1999.
[39] 朱永新. 新教育之梦 [M]. 北京：人民教育出版社，2002.
[40] 刘婉华，罗朝猛. 聚焦研究性学习：从理论到实践 [M]. 广州：中山大学出版社，2002.
[41] 巩昂. 我在美国上中学（高中卷）[M]. 北京：中国盲文出版

社，2005.

[42] 温鲍姆. 探究式教学实践指导 [M]. 郑丹丹，译. 北京：中国轻工业出版社，2006.

[43] 霍益萍. 研究性学习：实验与探索 [M]. 南宁：广西教育出版社，2001.

[44] 全国十二所重点师范大学联合编写. 教育学基础 [M]. 北京：教育科学出版社，2002.

[45] 李剑萍，魏薇. 教育学导论 [M]. 北京：人民出版社，2002.

[46] 扈中平，李方平，张俊芳. 现代教育学 [M]. 北京：高等教育出版社，2005.

[47] 林华民. 新课程下我们怎样当老师 [M]. 北京：华语教学出版社，2007.

[48] 裴娣娜. 教育研究方法导论 [M]. 合肥：安徽教育出版社，2000.

[49] 霍益萍. 让教师走进研究性学习 [M]. 南宁：广西教育出版社，2001.

[50] 孔子. 论语 [M]. 哈尔滨：哈尔滨出版社，2006.

[51] 黄大荣. 古文选译 [M]. 贵阳：贵州人民出版社，1980.

[52] 吴楚材，吴调侯. 古文观止 [M]. 长沙：岳麓出版社，1988.

[53] 任长松. 探究式学习：18 条原则（上）[J]. 教育理论与实践，2002，(1)：47–50.

[54] 任长松. 探究式学习：18 条原则（下）[J]. 教育理论与实践，2002，(2)：56–59.

[55] 罗星凯. 实施科学探究性学习必须正视的问题 [J]. 全球教育展望，2004，(3)：43–46.

[56] “科学探究性学习的理论与实验研究”课题组. 探究式学习：含

义、特征和核心要素［J］. 教育研究，2001,（12）：52–56.
［57］肖川. 教育的真义：价值引导与自主建构［J］. 上海教育科研，1999,（3）：10–12，17.
［58］徐学福. 美国“探究教学”研究 30 年［J］. 全球教育展望，2001,（8）：57–63.
［59］杨光富. 影响研究性学习课程实施的主要因素及其对策［J］. 教育实践与研究，2003,（12）：3–5.
［60］刘磊，傅维利，黄光恒. 关于“新课改”中教师压力的调查研究［J］. 教育研究与实验，2004,（3）：64–68.
［61］赵昌木. 学校管理方式及其对教师成长的影响［J］. 教学与管理，2003,（6）：3–5.
［62］周序. 诱思探究学科教学：教师要引导学生独立思考［N］. 中国教育报，2007–08–05（4）.
［63］张滢. 把教学规律具体化还有很长的路要走［N］. 中国教育报，2007–08–05（4）.
［64］马勇军，骆红山. 对探究教学几个问题的反思［J］. 教育探索，2007,（1）：39–40.
［65］徐学福，宋乃庆. 20 世纪探究教学理论的发展及启示［J］. 西南师范大学学报（人文社会科学版），2001,（4）：92–97.
［66］李正坤. 探究式学习的课堂教学策略［J］. 广西教育，2006,（4）.
［67］汤正康. 对探究性学习的探讨［J］. 吉林教育科学（普教研究），2001,（2）：8–9.
［68］沈岱，曹治安，黄荣金. 生成式的数学概念教学——一次“众数、中位数”教学尝试［J］. 中学教研（数学），2004,（3）：4–11.
［69］岳清泉. 探究性学习的价值、运作与评价［J］. 引进与咨询，2005,（7）：78–79，90.

[70] 黄丽衡，吴伟林. 探究式课堂教学策略在课堂中的运用 [J]. 教书育人，2006,（23）：95–96.

[71] 李定仁，赵昌木. 教师及其成长研究：回顾与前瞻 [J]. 教育理论与实践，2003,（6）：34–38.

[72] 钱旭升. 我国研究性学习的研究综述 [J]. 教育探索，2003,（8）：22–25.

[73] 邹学军. 小学生探究性学习的引导方式 [J]. 广西教育，2005,（10）：18–19.

[74] 周志强. 研究性学习中教师应具备的素质 [J]. 山西教育，2002,（21）：35.

[75] 陶文中. "小学生创造能力培养的研究与实验" 研究报告 [J]. 教育研究，2003,（5）：82–89.

[76] 裘指挥，汪智民. 研究性学习及其课程问题的讨论综述和思考 [J]. 教育探索，2002,（11）：37–39.

[77] 任长松. 探究式学习中的科学观教育：18 条内涵 [J]. 教育理论与实践，2005,（5）：38–42.

[78]《面向 21 世纪上海市小学自然学科教育改革行动纲领》(2000—2010) [EB/OL].（2006–10–10）[2018–07–15]. http：//www.upschool. com. cn/edu/1445/2006/105/10du144022_1. shtml.

[79] 评论员. 全社会都要关心支持教育事业 [N]. 人民日报，2000–02–12（1）.

[80] 许俊良. 高中研究性学习实施现状的调查与思考 [J]. 教育探索，2004,（12）：32–33.

[81] 罗星凯，刘小兵，曾平飞，等. 新课程："双基" 和 "探究" 如何考——关于科学学科中考走向的研究与思考 [J]. 人民教育，2004,（10）.

[82] 杨敏. 研究性学习中的教师素质及其培养 [D]. 南昌：江西师范大学，2003.

[83] 刘淑珍. 如何培养学生进行探究性学习 [J]. 河南教育，2004,(9)：33-38.

[84] 田景正. 综合实践活动课程实施中的问题与策略 [J]. 中国教育学刊，2006,(6)：48-51，68.

[85] 杨光富. 影响研究性学习课程实施的因素及对策分析 [J]. 开放教育研究，2002,(5)：43-45.

[86] 田爱香. 对研究性学习课程实施现状的思考 [J]. 当代教育论坛，2004,(8)：69-70.

[87] 张金芳，余宝华. 研究性学习的实施：困难及对策 [J]. 重庆科技学院学报（社会科学版），2004，19（6）：36-37.

[88] 陶志翔. 网球 [M]. 北京：北京体育大学出版社，1999.

[89] 陈占奎，张昱义. 怎样打网球 [M]. 北京：金盾出版社，2008.

[90] 日本棒球杂志社. 网球技术图解 [M]. 何阳，译. 北京：人民体育出版社，1997.

[91] 陈琦，刘儒德. 当代教育心理学 [M]. 北京：北京师范大学出版社，2007.

[92] 杰瑞·布劳菲，张铁道，译. 教学的基本策略 [J]. 教育科学研究，2002（2）：83-89.

# 后　记

## 一、编著本书的目的

习近平在全国教育大会上的讲话中指出，培养什么人，是教育的首要问题。我国是中国共产党领导的社会主义国家，这就决定了我们的教育必须把培养社会主义建设者和接班人作为根本任务，培养一代又一代拥护中国共产党领导和我国社会主义制度，立志为中国特色社会主义奋斗终生的有用人才。这是教育工作的根本任务，也是教育现代化的方向目标。

素质教育的标准之一是培养学生的实践能力，课程改革的根本目的是构建符合素质教育要求的基础教育课程体系。课程改革过程中，一线教师需要处理的主要矛盾是学生学科成绩与实践能力二者之间的矛盾，二者的重要作用体现在不同方面。认识和处理二者之间的关系，决定着教师的认识水平和教学质量。解决好这一矛盾，对于教学来说，是有效教学的标志；对于教师来说，是教师专业发展的标志；对于学生来说，是学生关键能力提高的标志。

有一种观点认为要想提高学生的学科成绩，就要牺牲学生的实践能力；要想提高学生的实践能力，就会影响学生的学科成绩。这种观点只看到了二者之间的对立关系，没有看到二者的统一关系，是一种片面的观点。这种观点是造成片面追求学科成绩现象的主要原因。

还有一种观点，既看到了二者的对立关系，也看到了二者之间的统一关系，即二者相互依赖、相互制约，这是一种辩证的观点。项目组认可这一观点，并进行了十年的研究与实践，探索解决这一矛盾的主要策略。项目组提出包括动力、课程结构、方法、学习方式、评价等五大类共十五项策略，都是为了让学生达到学科成绩和实践能力共同提高的目的。

## 二、编著本书的经过

本书编著过程主要经历了设计、实践、总结三个阶段。

设计阶段（2001 年），首先结合国内外相关教学理论提出十二项策略，然后发展到五大类十五项策略。

实践阶段（2002 ～ 2006 年），首先在原崇文区进行深入实验，然后在北京市东城、西城、朝阳、海淀、门头沟、顺义等区县部分学校进行实验，最后在山东、河北、广东等省市进行了推广实验。

总结阶段（2006 ～ 2019 年），首先对实验校教师的研究成果进行分类评审，然后由相关研究人员对各项策略的概述、操作程序及典型案例进行梳理，此阶段分为撰写初稿和系统实验并修订书稿两个步骤。

第一步骤：撰写初稿。由原崇文教科所时俊卿所长、宋君贤老师、胡宜平老师、沈兴文老师、张清华老师、李川皓老师、徐玲老师、张艳老师、饶芳老师、侯冬玲老师，每人撰写 1 ～ 2 章，完成了第一版书稿。

第二步骤：系统实验并修订书稿。针对第一版书稿，北京教育学院总项目组在全市组织系统深入的实验，总项目组李方院长、时俊卿主任、石玚处长、马效义老师、张祥兰老师多次深入实验校、走进课堂，搜集第一手材料，王欣老师、刘文娜老师、杨晨老师周密组织，多次召开研讨会，又积累了一批典型案例，对第一版书稿进行修订。具体分工如下：

修订工作分工：房彬负责导言，武娟负责第一章，徐玲、陈宝芯负责第二章，张清华负责第三章，郑淑娟负责第四章，齐小梅负责第五章，张黎阳负责第六章，徐昌负责第七章，张艳负责第八章，马效义、徐昌负责第十章，饶芳负责第十二章，李川皓、陈祺负责第十三章，房彬、黄晶负责第十四章，赵瑛瑛负责第十五章。

新撰写章节分工：武娟负责第九章，高勇负责第十一章。

统稿工作：时俊卿、沈兴文、潘利英。

**三、致谢**

感谢北京教育学院李方院长，他非常重视此书编写工作，协调各方面力量开展研究与实践，先后二十余次深入学校，走进课堂，总体上把握研究方向与思路。

感谢北京开放大学张铁道副校长、北京师范大学李芒教授的支持与指导。

感谢中国教育学会时俊卿主任，从十二项策略到十五项策略，从第一版的编写到再版的修订都付出了智慧与汗水。

感谢北京教育学院科研处石玚处长，积极组织开展研究工作，保障此书编写工作顺利进行。

感谢北京教育学院马效义老师、张祥兰老师，结合各自的学术特长积极调控本书编写工作。感谢北京教育学院王欣老师、刘文娜老师、杨晨老师，认真组织编写组会议。

感谢第一版书稿的作者，由于有了第一版的辛勤付出，让第二版书稿编写工作有了较高的起点。

感谢第二版书稿中修订各个章节的负责人，以及各个案例的作者，每个人都在不同的岗位上承担着诸多任务，大家把编写工作与自己的研究实践结合，此书是大家团结协作的结晶。

感谢语文出版社的万迪欣老师对书稿提出很多宝贵的、非常专业的建议，体现出了深厚的学术底蕴。

由于编者的学识水平所限，书中有不当之处，恳请各位读者不吝指正。

此书面向基础教育教师，鉴于多年的实践经验，笔者建议以区域或学校为单位，由教学干部组织教师集体开展系统的实践应用，这样能够取得比较好的效果。

沈兴文

2019 年 3 月